NUNCA
É HORA
DE PARAR

DAVID GOGGINS

NUNCA É HORA DE PARAR

Liberte sua mente e desenvolva seu potencial inexplorado

Título original: *Never Finished*
Copyright © 2022 por Goggins Built Not Born, LLC
Copyright da tradução © 2023 por GMT Editores Ltda.

Todos os direitos reservados. Nenhuma parte deste livro pode ser utilizada ou reproduzida sob quaisquer meios existentes sem autorização por escrito dos editores.

tradução: Carolina Simmer
preparo de originais: Rafaella Lemos
revisão: Priscila Cerqueira e Rayana Faria
diagramação e adaptação de capa: Natali Nabekura
capa: Erin Tyler
imagem de capa: © CVDR / weareCASEY
impressão e acabamento: Lis Gráfica e Editora Ltda.

CIP-BRASIL. CATALOGAÇÃO NA PUBLICAÇÃO
SINDICATO NACIONAL DOS EDITORES DE LIVROS, RJ

G549n

    Goggins, David, 1975-
        Nunca é hora de parar / David Goggins ; tradução Carolina Simmer. - 1. ed. - Rio de Janeiro : Sextante, 2023.
        272 p. ; 23 cm.

        Tradução de: Never finished
        ISBN 978-65-5564-729-7

        1. Motivação (Psicologia). 2. Autorrealização. 3. Técnicas de autoajuda. I. Simmer, Carolina. II. Título.

23-85090   CDD: 158.1
                                CDU: 159.947

Meri Gleice Rodrigues de Souza - Bibliotecária - CRB-7/6439

Todos os direitos reservados, no Brasil, por
GMT Editores Ltda.
Rua Voluntários da Pátria, 45 – 14º andar – Botafogo
22270-000 – Rio de Janeiro – RJ
Tel.: (21) 2538-4100
E-mail: atendimento@sextante.com.br
www.sextante.com.br

Para minha Estrela do Norte que sempre brilha,
mesmo nas noites mais sombrias.

SUMÁRIO

Introdução	11
1. **Maximize o mínimo potencial**	17
Exercício Tático nº 1	30
2. **Feliz Natal**	35
Exercício Tático nº 2	48
3. **O Laboratório Mental**	57
Exercício Tático nº 3	71
4. **O renascimento de um selvagem**	81
Exercício Tático nº 4	98
5. **Discípulo da disciplina**	103
Exercício Tático nº 5	124

6. A arte de levar um soco na cara   131
   Exercício Tático nº 6   162

7. A hora da verdade   169
   Exercício Tático nº 7   199

8. O jogo só acaba com o apito do juiz   211
   Exercício Tático nº 8   237

9. Desnudando a alma   243

Agradecimentos   267

ORDEM DE ADVERTÊNCIA

ZONA TEMPORAL: 24 HORAS POR DIA, 7 DIAS POR SEMANA

ORGANIZAÇÃO DA TAREFA: MISSÃO SOLO

1. SITUAÇÃO: Seus horizontes foram limitados por barreiras impostas pela sociedade e por você mesmo.

2. MISSÃO: Lutar contra a resistência. Procurar territórios desconhecidos. Redefinir suas possibilidades.

3. EXECUÇÃO:
   a. Leia este livro de cabo a rabo. Assimile a filosofia contida nele. Teste todas as teorias o máximo possível. Repita. A repetição vai afiar suas novas habilidades e estimular seu crescimento.
   b. Não será fácil. Para ter sucesso, você precisará encarar verdades duras e desafiar a si mesmo como nunca. Esta missão exige a aceitação e o aprendizado das lições de cada Exercício Tático para que você descubra quem realmente é e quem pode se tornar.
   c. A conquista de si mesmo é um processo permanente. NUNCA É HORA DE PARAR!

4. CONFIDENCIAL: O verdadeiro trabalho é invisível. Seu desempenho importa mais ainda quando ninguém está olhando.

SOB O COMANDO DE: DAVID GOGGINS

ASSINADO:

PATENTE E SERVIÇO: OFICIAL, NAVY SEAL DA MARINHA DOS ESTADOS UNIDOS, APOSENTADO

INTRODUÇÃO

Este não é um livro de autoajuda. Ninguém precisa de outro sermão sobre os dez passos, as sete fases ou as dezesseis horas semanais que nos livrarão de uma vida empacada e ferrada. Uma visita à livraria mais próxima ou uma visita ao site da Amazon jogam qualquer um no buraco sem fundo da autoajuda. Ler esse tipo de coisa deve ser legal, porque é um mercado que dá dinheiro.

Pena que a maioria dessas ideias não funciona. Não de verdade. Não para sempre. Talvez você faça progresso em uma coisa ou outra, mas, se estiver destruído como eu estava ou preso em uma estagnação infinita enquanto seu verdadeiro potencial é desperdiçado, um livro por si só não vai e não pode resolver sua vida.

Autoajuda é um termo bonito para crescimento pessoal e, embora seja importante sempre nos esforçarmos para ser pessoas melhores, nem sempre isso basta. Há momentos na vida em que ficamos tão desconectados de nós mesmos que precisamos parar e recalibrar as conexões em nosso coração, nossa mente e nossa alma. Porque essa é a única maneira de redescobrirmos e reacendermos a *crença* – aquela centelha na escuridão que tem o poder de desencadear nossa evolução.

A crença é uma força primordial, cheia de garra e potência. Na década de 1950, um cientista chamado Dr. Curt Richter provou isso ao reunir dezenas de ratos e jogá-los em cilindros de vidro de 75 centímetros de profundidade cheios de água. O primeiro rato permaneceu na superfície por um tempo, depois nadou para o fundo, onde procurou uma saída. Ele morreu dentro de dois minutos. Vários outros tiveram o mesmo comportamento. Alguns duraram até quinze minutos, mas todos desistiram. Richter ficou surpreso, porque ratos nadam muito bem, só que, em seu laboratório, eles se afogavam sem lutar muito. Então ele mudou o teste.

Após colocar a próxima leva em seus respectivos cilindros, Richter ficou observando e, ao ver que os ratos estavam prestes a desistir, com a ajuda de seus assistentes tirou-os da água, secou-os com uma toalha e os deixou em segurança por tempo suficiente para o coração e a respiração dos bichinhos voltarem ao normal. Tempo suficiente para que entendessem fisiologicamente que tinham sido salvos. Isso foi feito algumas vezes antes de Richter colocar um grupo de volta naqueles cilindros do mal para ver quanto tempo os ratos resistiriam sozinhos. Desta vez, os animais não desistiram. Eles nadaram o máximo que puderam... por uma média de 60 horas, sem comer nem descansar. Um deles chegou a nadar por 81 horas.

Em seu relatório, Richter sugeriu que a primeira rodada de cobaias desistira porque não tinha qualquer esperança, enquanto a segunda leva tinha persistido por tanto tempo porque sabia ser possível que alguém aparecesse para resolver o problema. Hoje em dia, as análises mais aceitas sugerem que as intervenções de Richter viraram uma chave no cérebro dos ratos, tornando visível para todos nós o poder da esperança.

Adoro esse experimento, mas não foi a esperança que impulsionou os ratos. Quanto tempo a esperança pode durar? Ela pode ter acionado algo no começo, mas nenhuma criatura passaria 60 horas seguidas nadando para salvar a própria vida, sem comer, motivada apenas pela esperança. Os ratos precisavam de algo bem mais forte para permanecerem respirando, nadando e lutando.

Quando alpinistas encaram os picos mais elevados e as encostas mais íngremes, costumam estar amarrados a cordas presas em âncoras no gelo ou na pedra – para não deslizarem pela montanha e caírem para a morte caso escorreguem. Eles podem cair por uns 3 metros, depois levantar, sacudir a poeira e tentar de novo. A vida é a montanha que todos nós escalamos, mas a esperança não é uma âncora. Ela é delicada, suave, efêmera demais.

Não há solidez por trás da esperança. Ela não é um músculo que podemos fortalecer, não tem raízes profundas. É uma emoção que vem e vai.

Richter encontrou algo em seus ratos que era praticamente inabalável. Ele pode não ter notado que os animais se adaptaram à sua provação de vida ou morte, porém eles precisaram bolar uma técnica mais eficiente para preservar energia. A cada minuto que passava, eles se tornavam mais e mais resilientes, até começarem a acreditar que sobreviveriam. A confiança deles não diminuiu conforme as horas passavam; na verdade, ela aumentou. Eles não estavam torcendo para serem salvos. Eles se recusavam a morrer! Na minha opinião, foi a crença que transformou ratos de laboratório normais em mamíferos marinhos.

A crença possui dois níveis. O primeiro é o superficial, que treinadores, professores, terapeutas e pais adoram pregar. "Acredite em si mesmo", dizem todos eles, como se o poder do pensamento por si só fosse capaz de nos manter de pé quando as chances estão contra nós na batalha da vida. Porém, quando bate a exaustão, a dúvida e a insegurança tendem a penetrar e dissipar esse frágil tipo de crença.

Mas também existe a crença nascida da resiliência. Ela surge quando enfrentamos camadas de dor, exaustão e desculpas, ignorando a tentação onipresente de desistir até que encontremos uma fonte de energia que nem sabíamos que existia. Ela elimina todas as dúvidas e nos dá a certeza da nossa própria força e do fato de que, mais cedo ou mais tarde, contanto que permaneçamos firmes e fortes, venceremos. Esse é o nível de crença capaz de colocar em xeque as expectativas dos cientistas e de mudar tudo. Não é uma emoção que possa ser compartilhada nem um conceito intelectual, e ninguém é capaz de oferecê-la a você. É algo que precisa vir de dentro.

Quando estamos perdidos no oceano, sem ninguém para nos salvar, existem apenas duas opções. Podemos nadar com afinco e encontrar uma forma de resistir pelo tempo que for necessário, ou estaremos fadados a nos afogar. Nasci com buracos no coração e com traço falciforme, tive uma infância marcada pelo estresse tóxico e por transtornos de aprendizagem. Eu tinha um potencial mínimo e, quando completei 24 anos, já sabia que corria o risco de desperdiçar minha vida.

Muita gente se confunde e acredita que minhas conquistas estavam diretamente relacionadas ao meu potencial. Minhas conquistas não são equivalentes ao meu potencial. O pouquinho de potencial que eu tinha estava escondido tão fundo dentro de mim que a maioria das pessoas jamais o encontraria. Eu não apenas o encontrei como aprendi a maximizá-lo.

Eu sabia que minha história não precisava se resumir aos destroços que eu via ao meu redor e que havia chegado a hora de decidir se eu tinha a força para dar o meu máximo, pelo tempo que fosse necessário, para me tornar um ser humano mais autossuficiente. Lutei contra a dúvida e a insegurança. Eu queria desistir todos os dias, mas, com o tempo, a crença surtiu efeito. Acreditei que conseguiria evoluir, e essa mesma crença me deu a força e o foco necessários para perseverar sempre que me senti desafiado ao longo de duas décadas. Com frequência, eu mesmo me desafio para ver até onde consigo ir e quantos capítulos posso acrescentar à minha história. Ainda procuro novos territórios, ainda permaneço curioso sobre quanto consigo subir depois de chegar ao fundo do poço.

Muita gente sente que algo está faltando em sua vida – algo que o dinheiro não compra – e que esse é o motivo de sua infelicidade. Essas pessoas tentam preencher o vazio com bens materiais que conseguem ver, sentir, tocar. Mas a sensação de vazio não vai embora. Ela diminui um pouco até a situação piorar de novo. Então o incômodo familiar na boca do estômago retorna, lembrando que a vida que estão vivendo não é a expressão completa de quem elas são ou podem se tornar.

Infelizmente, a maioria das pessoas não está desesperada o suficiente para tomar uma providência. Quando você fica preso a emoções conflituosas e às opiniões dos outros, é impossível acessar a crença e fácil se afastar do impulso de evoluir. Você pode ter muita vontade de tentar algo diferente, de estar em algum lugar diferente ou de se tornar alguém diferente, mas, ao se deparar com qualquer minúscula resistência à sua determinação, dá meia-volta e se contenta em continuar sendo a mesma pessoa insatisfeita de antes. O incômodo permanece, a vontade de ser alguém diferente permanece, porém você segue refém do momento presente. E isso não acontece só com você.

As redes sociais aumentaram e disseminaram o vírus da insatisfação, e é por isso que o mundo agora é habitado por pessoas confusas que consomem gratificações efêmeras, que buscam sua dose imediata de dopamina sem significado nenhum. Em vez de permanecerem focadas no crescimento, milhões de mentes foram infectadas pela escassez e se sentem inferiores. O diálogo interior delas se torna cada vez mais tóxico enquanto essa população de vítimas fracas e mimadas se multiplica.

É engraçado questionarmos tantos aspectos da nossa vida. Nós nos perguntamos o que aconteceria se tivéssemos uma aparência diferente, se tivéssemos nascido com mais privilégios ou se déssemos sorte de vez em quando. Pouquíssimas pessoas questionam a própria mente deturpada. Em vez disso, elas colecionam ofensas, dramas e problemas, acumulando-os até estarem inchadas de inveja e velhos arrependimentos, que viram bloqueios no caminho para se tornarem a versão mais verdadeira e competente de si mesmas.

No mundo todo, centenas de milhões de pessoas escolhem viver dessa maneira. Há, porém, outra forma de pensar e outra forma de existir. Ela me ajudou a recuperar o controle sobre a minha vida. Ela me ajudou a superar todos os obstáculos pelo caminho, até meu fator de crescimento se tornar praticamente infinito. Ainda sou assombrado, mas troquei meus demônios por anjos malvadões, e agora sou bem-assombrado. Sou assombrado pelos meus objetivos do futuro, não pelos fracassos do passado. Sou assombrado pela pessoa que ainda posso me tornar, pela minha eterna sede de evolução.

O trabalho costuma ser doloroso e o mais ingrato possível e, apesar de eu ter desenvolvido técnicas e habilidades que podem ajudar ao longo do caminho, não existe um número certo de princípios, horas ou passos para esse processo. Trata-se de esforço, aprendizado e adaptação constantes, que exigem disciplina e crença inabaláveis. Quase um desespero. Veja bem, eu sou o rato de laboratório que se recusou a morrer! E estou aqui para ensinar você a atravessar o inferno.

A maioria das teorias sobre desempenho e possibilidades é desenvolvida no ambiente controlado de um laboratório estéril e difundida em salas de aula universitárias. Mas eu não sou de teorias. Sou pura prática. Da mesma forma que o grande Stephen Hawking explorou a matéria escura do universo, sou intensamente apaixonado por explorar a matéria escura da mente – toda a nossa energia, capacidade e poder inexplorados. Minha filosofia foi testada e comprovada no meu próprio laboratório mental pelos muitos fracassos, conquistas e tribulações que moldaram minha vida no mundo real.

Após cada capítulo, você encontrará um Exercício Tático. Nas Forças Armadas, esses são treinamentos, exercícios ou práticas que servem para aperfeiçoar habilidades. Neste livro, são verdades duras que todos nós devemos encarar, além de filosofias e estratégias que você pode usar para superar quaisquer obstáculos no seu caminho – e prosperar na vida.

Como eu disse, este com certeza não é um livro de autoajuda. É um campo de treinamento para o seu cérebro. É um livro que pergunta: "O que você está fazendo com a sua vida?" É o alerta que você não quer receber e de que provavelmente nem sabia que precisava.

Levante-se!

Vamos ao trabalho!

CAPÍTULO 1

MAXIMIZE O MÍNIMO POTENCIAL

Eu estava sentado entre milhares de soldados veteranos em um centro de convenções abarrotado em Kansas City, na Convenção Nacional dos Veteranos de Guerras no Exterior (VFW, na sigla em inglês). Eu não era apenas um membro ativo da organização: eu era o convidado de honra. Tinham pagado a minha passagem para que eu fosse receber o prestigioso Prêmio Americanismo do VFW – uma honraria anual para pessoas que demonstraram compromisso com o patriotismo, em servir e melhorar a sociedade americana e em ajudar seus colegas veteranos. O vencedor mais famoso havia sido um dos meus heróis. O senador John McCain sobrevivera cinco anos e meio como prisioneiro na Guerra do Vietnã. Eu sempre havia admirado a coragem que ele demonstrara na época e, ao longo de sua vida muito pública, sempre fora um exemplo do que acredito ser a maneira como os homens devem lidar com momentos difíceis. Agora, meu nome estaria junto ao dele.

Eu estava prestes a receber a maior honraria da minha vida até então. Deveria estar morrendo de orgulho, mas estava perplexo. Passei mais de uma hora sentado na plateia, entre minha mãe, Jackie, e meu tio, John Gardner. Foi tempo suficiente para contemplar a importância daquele momento, mas só conseguia pensar nos motivos pelos quais eu não deveria estar ali. Só conseguia pensar que ninguém deveria conhecer o nome David

Goggins, que dirá citá-lo em uma frase junto com o do senador McCain. Não porque eu não merecesse, mas porque as circunstâncias que a vida me apresentou jamais deveriam ter me levado até ali.

Pois é, sou um vencedor agora, mas nasci um perdedor. Há muitos perdedores de nascença pelo mundo. Todos os dias vários bebês nascem em meio à pobreza e em famílias disfuncionais, como aconteceu comigo. Alguns perdem os pais em acidentes. Outros sofrem maus-tratos e negligência. Muitos nascem com deficiências, algumas físicas, outras mentais ou emocionais.

É como se todo ser humano recebesse uma *piñata* ao sair vivo do útero. Ninguém sabe o que vai encontrar lá dentro, mas seu conteúdo moldará sua vida. Alguns de nós abrem a sua e recebem uma chuva de doces. Esses têm uma vantagem relativa – pelo menos no começo. Algumas *piñatas* vêm completamente vazias. Já outras, seria melhor que assim estivessem. Elas vêm carregadas de pesadelos, e a assombração começa assim que o bebê toma seu primeiro fôlego. Esse foi o meu caso. Nasci sob uma redoma de terror.

Conforme os apresentadores se revezavam ao microfone, fui mergulhando nas minhas próprias profundezas sombrias, revivendo as inúmeras surras sangrentas que meu pai dera na minha mãe, no meu irmão e em mim. Pensei em como fugimos para Brazil, Indiana, e acabamos indo morar a 16 quilômetros de uma célula ativa da Ku Klux Klan. E adivinha onde os filhos desses caras estudavam? Lembrei da enxurrada de ameaças racistas que recebia constantemente de alguns colegas de turma, de como passei pela escola colando em todas as provas e não aprendi nada.

Pensei no noivo da minha mãe, Wilmoth, que poderia ter se tornado uma figura paterna se não tivesse sido assassinado antes de se tornar meu padrasto. Recordei minhas várias tentativas de passar na Bateria de Aptidão Vocacional das Forças Armadas (ASVAB, na sigla em inglês), um teste padronizado exigido de todos os recrutas militares, para realizar o sonho de me tornar paraquedista de resgate. Depois que finalmente consegui passar na prova e me alistei, abandonei o treinamento quando os exercícios táticos na água ficaram difíceis demais. Essa decisão brilhante me levaria ao emprego de dedetizador noturno na Ecolab, ganhando mil dólares por mês e pesando 135 quilos aos 24 anos de idade.

Na época, eu me sentia vazio, sem qualquer autoestima ou respeito próprio. Continuava sendo atormentado pelos velhos demônios que me perseguiam desde o nascimento, e a realidade nua e crua era que me faltavam todas as coisas de que eu precisava para me tornar o homem que eu queria ser.

Veja bem, não fiquei pensando nessas coisas para me punir. Eu estava revirando a memória em busca do catalisador, do momento que reacendera o fogo e despertara algo primal dentro de mim. Eu precisava me lembrar exatamente como e quando tinha virado o jogo para construir uma vida honrada de serviço, mas não conseguia. Fiquei tão imerso nas minhas profundezas mentais que nem ouvi quando chamaram meu nome. Se minha mãe não tivesse cutucado meu braço, eu nem teria me mexido. Mesmo agora, não me lembro de subir os degraus até o palco ao lado dela, porque eu continuava alternando entre o passado e o presente que me desorientava.

Fiquei ouvindo enquanto liam meu currículo, entrando em detalhes sobre as doações que eu tinha angariado para ajudar veteranos e os objetivos que conquistei ao longo da carreira. Quando dei por mim, estavam pendurando uma medalha no meu pescoço e a plateia aplaudia de pé. Esse foi o sinal mais óbvio de que aquele perdedor de nascença havia renascido em algum lugar pelo caminho. Algum momento impulsionara minha metamorfose.

Quando chegou a minha vez de falar ao microfone, observei todos os rostos desconhecidos. Membros de uma fraternidade da qual sempre farei parte. O fato de aquele reconhecimento vir deles era a maior honra do mundo, mas eu não sabia como agradecer. Na época, eu já era um palestrante requisitado e me sentia confortável diante de plateias grandes e pequenas. Juntando isso ao meu trabalho como recrutador do Exército, fazia mais de uma década que eu falava em público profissionalmente. Era raro sentir um frio na barriga; porém, naquele dia em Kansas City, fiquei nervosíssimo, e minha mente continuava atordoada. Tentei me acalmar e comecei agradecendo ao meu avô, o sargento Jack.

– Ele seria o homem mais orgulhoso do mundo se pudesse me ver aqui – falei. Me emocionei, fiz uma pausa, respirei fundo para me recompor e recomecei: – Quero agradecer à minha mãe, que... – Virei para minha mãe e, quando nossos olhos se encontraram, o momento que mudou para sempre minha vida finalmente veio à tona, e a força dessa constatação foi avassaladora. – Quero agradecer à minha mãe, que...

Minha voz falhou de novo. Eu não conseguia mais segurar o choro. Fechei os olhos e chorei. Assim como um sonho que dura apenas segundos mas parece se estender por horas, o tempo se alongou, e cenas do maior momento de virada da minha vida – a última vez que vi meu pai – tomaram minha mente. Se eu não tivesse feito aquela viagem, você nunca teria ouvido falar de mim.

Finalmente compreendi e fiquei comovido ao entender o esforço necessário para que eu chegasse até aqui

❈ ❈ ❈

Eu tinha 24 anos quando entendi que havia algo de errado comigo. Minha alma parecia entorpecida, e esse torpor, essa ausência de sentimentos profundos, ditava os rumos que minha vida tomara. Era por isso que eu desistia dos meus objetivos e dos meus maiores sonhos quando as coisas ficavam difíceis. Desistir era apenas outra mudança de planos. Nunca me incomodei muito com isso, porque, quando você está entorpecido, não consegue avaliar o que acontece com você no seu íntimo. Eu ainda não entendia o poder da mente e, por causa disso, virei um rapaz gordo que trabalhava como assassino de baratas em restaurantes.

Eu tinha justificativas para a minha situação, é claro. Meu entorpecimento era um mecanismo de sobrevivência. Eu fora obrigado a desenvolvê-lo por causa das surras do meu pai. Aos 7 anos, eu já tinha a disposição mental de prisioneiro de guerra. O torpor me permitia aguentar as surras e manter algum resquício de respeito próprio. Mesmo depois de fugir com minha mãe, continuei sendo perseguido por tragédias e fracassos, e o entorpecimento era minha forma de lidar com o fato de que a única coisa que eu sabia fazer era continuar sendo um perdedor.

Quando você é um perdedor de nascença, seu objetivo é sobreviver, não prosperar. Você aprende a mentir, a enganar, a fazer o necessário para se encaixar. Talvez você se torne um sobrevivente, mas é uma vida infeliz. Assim como acontecia com as baratas que eu precisava matar, você se pega correndo pelas sombras em busca das suas necessidades básicas, fazendo o possível e o impossível para não deixar seu verdadeiro eu vir à luz. Perdedores de nascença são as maiores baratas de todas. Fazemos o que precisa ser feito, e essa postura costuma gerar desvios de caráter bem graves.

Eu com certeza tinha os meus. Desistia de tudo, era mentiroso, gordo e preguiçoso, e estava em depressão profunda. Dava para sentir que perdia o controle aos poucos. De saco cheio e frustrado, amargurado e raivoso, eu não conseguiria aguentar minha vida patética por muito mais tempo. Se eu não mudasse, e rápido, sabia que morreria como um perdedor ou algo pior. Talvez acabasse como meu pai, um trambiqueiro que se tornava violento em um piscar de olhos. Eu estava dominado pela tristeza e buscava algum argumento mental que me impedisse de desistir para sempre. A única coisa em que consegui pensar foi voltar para a casa em Paradise Road que ainda me assombrava. Eu precisava ir a Buffalo, Nova York, olhar nos olhos do meu pai. Porque, quando você está no inferno, a única forma de achar uma saída é confrontar o Diabo em pessoa.

Torci para encontrar algumas respostas que me ajudassem a mudar minha vida. Ou pelo menos era isso que eu dizia a mim mesmo enquanto cruzava a fronteira de Ohio para Indiana e seguia para o nordeste. Fazia doze anos que eu não via meu pai. A decisão de cortar relações tinha partido de mim. Na época, o sistema judicial permitia que os filhos escolhessem o que preferiam fazer ao completarem 12 anos. Era algo que eu tinha resolvido mais por respeito e lealdade à minha mãe. Depois que saímos de Buffalo, meu pai havia parado de bater na gente, mas a única sensação que nunca consegui entorpecer era a que eu tinha ao ver minha mãe sofrendo nas mãos dele. Mesmo assim, com o passar dos anos, eu tinha questionado essa decisão e começado a me perguntar se minhas lembranças, se as histórias que eu contava a mim mesmo eram verdade.

Durante a longa viagem de carro, não ouvi música. Só escutei as vozes que competiam dentro da minha cabeça. A primeira me aceitava do jeito que eu era.

A culpa não é sua, David. Nada disso é culpa sua. Você está fazendo o melhor que pode dentro das suas possibilidades.

Eu tinha passado a vida inteira escutando essa voz. *A culpa não é sua* era meu mantra favorito. Ele explicava e justificava muita coisa na minha vida e no beco sem saída que estava diante de mim – e era entoado 24 horas por dia. No entanto, pela primeira vez, outra voz se intrometeu. Ou talvez tenha sido a primeira vez que parei de ouvir apenas o que eu queria escutar.

Positivo. Você não tem culpa de ter nascido azarado, mas... a responsabilidade é sua. Por quanto tempo ainda vai continuar deixando o seu passado atrapalhar a sua vida antes de finalmente assumir o controle do seu futuro?

Comparada com a primeira voz mais carinhosa, esta era gélida, e me esforcei para ignorá-la.

Quanto mais perto chegava de Buffalo, mais jovem e indefeso eu me sentia. A menos de 250 quilômetros de distância, senti como se tivesse 16 anos. Ao sair da rodovia e entrar pelas ruas da cidade, senti que tinha 8, a idade em que guardara todas as minhas coisas em sacos de lixo para irmos embora daquela merda de lugar. Ao entrar na casa, voltei a agosto de 1983. A pintura nas paredes, o piso, os eletrodomésticos e os móveis, estava tudo igual. Embora parecesse bem menor e antiquada, aquela ainda era a casa assombrada que eu lembrava, carregada de anos de memórias ruins e uma energia sombria perceptível.

No entanto, meu pai foi caloroso e mais afetuoso do que nas minhas lembranças. Trunnis sempre tinha sido encantador, e ele parecia feliz de verdade em me ver. Enquanto conversávamos sobre a vida, me peguei rindo das piadas dele, levemente confuso com o homem diante de mim. Após um tempo, ele deu uma olhada no relógio e pegou o casaco. Ele abriu a porta para sua esposa, Sue, e para mim antes de seguirmos para o carro.

– Aonde vamos? – perguntei.

– Você se lembra do cronograma – disse ele. – Está na hora de abrir.

A primeira coisa que notei no Skateland foi que a fachada precisava de uma pintura. Lá dentro, o piso e as paredes estavam manchados e descascando, e um cheiro esquisito pairava no ar. O escritório também estava caindo aos pedaços. O sofá em que dormíamos quando éramos pequenos, onde minha mãe o pegara no flagra com outras mulheres em mais de uma ocasião, não tinha sido trocado. Estava imundo, e foi lá que fiquei sentado após fazer um tour pelo lugar, enquanto meu pai subia para colocar discos de hip-hop para tocar no Salão Escarlate.

Fiquei tonto e atordoado. Era estranho ver como meu coroa tinha decaído. Ele não era a figura forte, severa e exigente de que eu me lembrava. Ele era velho, fraco, barrigudo e preguiçoso. Nem parecia mais tão malvado. Ele não era o Diabo. Era um ser humano. Será que eu vinha contando uma história falsa para mim mesmo? Esperando naquele escritório, imerso no passado, fiquei me perguntando a respeito do que mais eu poderia ter me enganado.

Então, por volta das dez horas, o baixo da música que vinha do andar de cima estrondou e o teto começou a tremer e balançar. Em poucos segundos, ouvi gritos, risadas e aquela batida ritmada junto com a música. Da mesma forma que uma canção pode fazer você voltar no tempo, a batida do baixo me levou para meus dias mais sombrios. Fui jogado de volta no pesadelo da minha infância.

Fechei os olhos e me vi como um garoto do primeiro ano, me revirando naquele mesmo sofá, tentando sem sucesso dormir após trabalhar a noite toda. Minha mãe também estava lá, se esforçando para amenizar nossa dor com jantares "caseiros" preparados no fogareiro elétrico que ficava no escritório atulhado. Vi a impotência e o medo em seu olhar, e isso trouxe de volta todo o estresse, o sofrimento, a frustração e a depressão que o acompanhavam. Essas lembranças eram reais! Não havia como negá-las!

Fiquei enojado por estar sentado naquele sofá. Fiquei mal por ter baixado a guarda e me divertido na companhia do meu pai, mesmo que por alguns minutos. Senti como se estivesse traindo minha mãe, e quanto mais eu permanecia ali, vendo o teto estremecer, mais a raiva crescia dentro de mim, até que levantei e subi correndo a escada dos fundos até o Salão Escarlate, onde meu demônio bebia uísque – o elixir com gosto defumado que lhe dava poder.

Quando era garoto, eu raramente via o espaço no auge do movimento, e, apesar de ele ter perdido boa parte da beleza, continuava vivo. O que antes havia sido uma boate sofisticada, oferecendo funk para uma multidão bem-vestida, tinha se tornado uma birosca lotada que tocava hip-hop. Trunnis estava na cabine do DJ, orquestrando a energia, colocando os discos para girar, virando um copo de uísque atrás do outro até a hora de fechar. Eu o observei trabalhar, beber e paquerar, e quanto mais bêbado ele ficava, mais minha memória entrava em sincronia com a realidade. Depois de fecharmos tudo, nos levei de carro para uma lanchonete Denny's, para tomarmos café, como nos velhos tempos. Mais de quinze anos tinham se passado, porém o ritual permanecia o mesmo.

A essa altura, Trunnis já estava enrolando a língua, irritado ao perceber que isso me incomodava. Enquanto esperávamos a comida chegar, ele me encarou com raiva, falando mal dos meus avós e dizendo que eles tinham acabado com a família dele. A bebida sempre trazia à tona o que ele tinha de pior, e eu escutara aquela mesma conversa tantas vezes que ela havia parado de me afetar. Mas, quando ele começou a falar da minha mãe, não aguentei.

– Não começa com isso – falei baixo.

Mas ele me ignorou. Continuou esbravejando sobre como todo mundo tinha virado as costas para ele, sobre como todos nós éramos fracos e patéticos. Sua saliva voava. A veia em sua têmpora latejava.

– Trunnis, pare, por favor – pediu Sue.

Havia algo em seu tom, na mistura de medo e receio, que reconheci. Ela não estava se impondo e dizendo o que sentia. Estava implorando. Aquilo me lembrou demais da minha mãe e de como ela se sentia impotente quando Trunnis embarcava em seus acessos de raiva. Ele era o tipo de cara que levaria uma mulher à nossa casa às 15h55, sabendo que minha mãe chegaria às 16 horas, só para que ela os pegasse no flagra, para mostrar que era ele quem mandava ali e que poderia fazer o que bem entendesse e quando bem entendesse. Também era por isso que me batia na frente dela e que batia nela na minha frente.

No dia em que partimos, Sue se mudou para a nossa casa, mas ele vivia falando para ela e para quem quisesse ouvir que minha mãe era linda e inteligente, como se ainda fosse perdidamente apaixonado. Ele precisava que Sue sentisse que não era boa o bastante para ele e que nunca seria.

Pela primeira vez na vida, senti pena de Sue e entendi que a especialidade de Trunnis era usar o desrespeito como arma. Era a tática que usava para forçar mulheres e crianças a se submeterem a ele. Ele sabia que, ao sufocar sua vítima mentalmente, ela perderia todo o respeito por si mesma e a vontade de lutar, tornando mais fácil manipulá-la e dominá-la. Era isso que ele queria. Não amor. Ele ansiava por dominância e subserviência. Isso era o seu oxigênio. Ele capturava almas com violência e raiva. Queria que as pessoas mais próximas se sentissem feridas e vazias. Décadas depois, minha mãe ainda tem dificuldade em se respeitar, tomar decisões e confiar em si mesma.

O rosto de Trunnis estava vermelho pelo álcool, a mandíbula trincada de tensão enquanto ele continuava falando. Não restava dúvida de que ele era o mesmo tirano abusivo de que eu me lembrava, mas não porque odiasse minha mãe ou Sue, ou meu irmão e eu, mas porque era um velho doente, ferrado da cabeça, que acreditava que não valia nada e não queria nem conseguia se segurar.

Anos depois, eu descobriria que ele tinha sido vítima de maus-tratos na infância. O pai dele o fazia ficar parado diante de um forno de carvão quentíssimo em um cômodo escuro e, depois de um período de espera torturante, o surrava com um cinto, usando o lado da fivela. Se ele se esquivasse do cinto, o pai o queimava, então precisava aceitar os golpes e tentar não se mover. Ele nunca lidara com o próprio trauma, então as lembranças foram se transformando em demônios e, sem que ele percebesse, a vítima havia se tornado o abusador.

Sempre que ficava bêbado e a festa acabava, ele implicava com os mais fracos para se sentir melhor. Espancava. Humilhava. Às vezes, ameaçava matar. Porém, assim que um episódio de abuso acabava, ele o apagava da memória. Como se as surras que levávamos nunca tivessem acontecido. Ele gostava de achar que era um homem grandioso, mas, como não assumia a responsabilidade por nenhum dos seus erros, a realidade era que ele não era homem de forma nenhuma. Acho que fui parar naquela mesa do Denny's com ele porque parte de mim torcia para que Trunnis pedisse desculpas, só que, na cabeça dele, não havia motivo para se desculpar. Ele era um poço de delírios, e esses delírios tinham humilhado todos nós. E eram contagiosos.

Ele passara anos tirando meu sangue, me fazendo duvidar de mim mesmo. Seus demônios eram transferidos para mim a cada golpe do cinto de couro, e cresci acreditando em delírios. Eu não tinha me tornado um psicopata maldoso, mas, assim como ele, nunca assumia a responsabilidade pelos meus próprios defeitos ou fracassos.

Ficar sentado ali, ouvindo seus delírios, fez meu sangue ferver. O suor se acumulava na minha testa, e eu só conseguia pensar em vingança. Agora era a vez dele de sofrer nas minhas mãos. Eu queria tirar seu sangue para compensar a minha dor. Eu queria dar um murro naquele homem bem ali, no meio do Denny's. Eu estava por um triz de permitir que meu pai me transformasse no mesmo tipo de maníaco violento que ele era!

Ele reconheceu o fogo nos meus olhos porque era como se olhasse no espelho, e isso o deixou morrendo de medo. O clima na mesa mudou. Ele interrompeu sua lenga-lenga no meio de uma frase. Seus olhos ficaram injetados e arregalados e, sob a luz fluorescente da lanchonete, ele parecia fraco e pequeno. Concordei com a cabeça ao reconhecer, naquele exato momento, a mentira que havia inspirado minha viagem a Buffalo.

Eu não tinha dirigido de Indianápolis para dar o primeiro passo rumo a uma vida melhor. Não, eu estava ali em busca de um passe livre. Eu queria encontrar mais provas de que todos os meus inúmeros fracassos e decepções vinham da mesma fonte: meu pai, Trunnis Goggins. Eu torcia para que as coisas todas em que passara anos acreditando realmente fossem verdade, porque, se Trunnis de fato fosse o Diabo em pessoa, eu teria alguém para culpar – e meu objetivo era encontrar uma desculpa. Eu precisava que ele fosse o defeito da minha vida para conseguir uma garantia vitalícia de que nada era responsabilidade minha.

Trunnis tinha seus defeitos, sem dúvida. Ele havia acabado de me relembrar disso. Mas ele não era o meu defeito. A segunda voz tinha razão. A menos que eu assumisse a responsabilidade pelos meus demônios, os que ele tinha colocado em mim, eu não teria chance de me tornar nada além de um eterno perdedor ou um trambiqueiro desgraçado que nem ele.

Quando a comida chegou, Trunnis se empanturrou enquanto eu refletia sobre todo o poder que lhe dera ao longo dos anos. Ele não tinha culpa por eu ter sofrido racismo e mal ter conseguido me formar no ensino médio. Sim, ele batia em mim e no meu irmão, torturava minha mãe.

Ele era um sádico, mas não morava comigo desde que eu tinha 8 anos. Quando eu pegaria minha alma de volta? Quando passaria a tomar minhas próprias decisões e assumiria meus fracassos, meu futuro? Quando eu finalmente aceitaria a responsabilidade pela minha vida, tomaria uma atitude e recomeçaria do zero?

O trajeto de volta para Paradise Road foi todo em silêncio. Trunnis me observou com um misto de tristeza alcoolizada, sentimento de perda e raiva enquanto eu pegava as chaves do meu carro da bancada da cozinha e saía porta afora. Meu plano era passar o fim de semana lá, só que eu não aguentaria ficar nem mais um minuto na presença dele. Apesar de isto nunca ter sido dito com todas as letras, acredito que nós dois sabíamos que aquela seria a última vez que nos veríamos.

A parte curiosa era que eu já não odiava Trunnis, porque finalmente o entendia. Na viagem de volta para casa, diminuí o volume da voz carinhosa na minha cabeça e me conectei à realidade. Em vez de desculpas, estava na hora de encarar exatamente quem eu tinha me tornado, o lado feio, e isso significava reconhecer que meu excesso de sensibilidade era uma parte importante do problema.

Na vida, todos nós passamos por circunstâncias fora do nosso controle. Às vezes, são momentos dolorosos; outras vezes, são trágicos ou desumanos. Embora o Espelho da Responsa – que cobri de notas adesivas cheias de verdades, tarefas diárias e alguns objetivos mais abrangentes – tivesse me ajudado a alcançar certo ponto, essas medidas eram superficiais. Eu nunca tentara mergulhar e solucionar os meus problemas pela raiz, então desmoronava sempre que a vida exigia que me aprofundasse e perseverasse para alcançar algo que poderia levar a um sucesso duradouro.

Eu tinha passado a vida inteira em águas rasas, torcendo para minha sorte mudar e todos os meus sonhos se realizarem. Naquela noite, na viagem de volta para Indiana, aceitei a dura verdade de que torcer e sonhar são apostas arriscadas e que, se eu quisesse melhorar, precisaria começar a viver cada dia com urgência. Porque essa é a única forma de virar o jogo.

A realidade pode ser brutal quando você se despe de todas as desculpas e é exposto exatamente a quem é e no que se tornou, mas a verdade também pode ser libertadora. Naquela noite, aceitei a verdade sobre mim mesmo. Finalmente engoli a realidade e, agora, meu futuro era incerto. Tudo era possível contanto que eu adotasse uma nova disposição mental. Eu precisava me tornar uma pessoa que se recusava a desistir, que conseguiria encontrar um caminho alternativo não importava o que acontecesse. Eu precisava me tornar à prova de balas, um exemplo vivo de resiliência.

Imagine sementes espalhadas por um jardim. Algumas recebem mais luz solar, mais água, são plantadas em um solo rico e nutritivo e, por estarem no lugar certo na hora certa, conseguem brotar e se tornar árvores frondosas. As sementes plantadas na sombra ou que não recebem água suficiente talvez nunca se transformem em nada, a menos que alguém as mude de lugar – salvando-as – antes que seja tarde demais.

E então existem as sementes que buscam a luz por conta própria. Elas se esticam para fora das sombras e encontram o sol. Elas buscam a luminosidade sem que ninguém precise colocá-las na luz. Elas tiram forças de onde não têm.

Isso é resiliência.

Quando nascemos, nosso instinto natural é buscar formas de prosperar. Mas nem todo mundo faz isso, às vezes por bons motivos. Eu cresci na escuridão. Minhas raízes eram fracas. Eu mal estava preso ao chão. Meu espírito, minha alma e minha determinação não recebiam a força da luz; porém, naquela viagem de volta para casa, percebi que apenas eu tenho o poder de determinar meu futuro e que precisava tomar uma decisão. Eu podia continuar vivendo no Refúgio das Baixas Expectativas, onde era confortável e seguro acreditar que nada do que acontecia na minha vida era minha culpa ou minha responsabilidade e que meus sonhos não passavam disso – fantasias que jamais se realizariam, porque o tempo e as oportunidades nunca estariam a meu favor. Ou eu poderia deixar isso tudo para trás e entrar em um mundo de possibilidades, de muito mais sofrimento, de trabalho duríssimo, sem qualquer garantia de sucesso. Eu poderia escolher a resiliência.

Aos 24 anos, uma força poderosa crescia dentro de mim, esperando para ser liberada. Não demorou muito para que eu a usasse para completar duas Semanas Infernais, para me tornar um Navy SEAL e para concluir o treinamento de Army Ranger. Eu competiria em ultramaratonas e quebraria o recorde mundial na barra fixa. Graças àquela noite em Buffalo, Nova York, quando aceitei meu destino e decidi me dedicar à resiliência, encontrei disposição para me encher de garra e encontrar luz onde ela não existia.

Eu nunca tinha sido prisioneiro de guerra, como John McCain e muitos outros, mas fora prisioneiro da minha própria mente por 24 anos da minha vida. Depois que me libertei e comecei a evoluir, aprendi que são raros os guerreiros que aceitam a adversidade de nascer no inferno. Contando apenas com a força de vontade, eles decidem enfrentar tudo que podem para transformar todos os dias em um campo de treinamento de resiliência. São essas pessoas que não se contentam com *bom o suficiente*. Elas não se satisfazem em simplesmente ser melhores do que antes. Elas permanecem em evolução constante, na busca por alcançar sua versão mais elevada. Com o tempo me tornei uma dessas pessoas, por isso fui homenageado na Convenção do VFW.

✣ ✣ ✣

– Quero agradecer à minha mãe, que... – A plateia ofereceu outra salva de palmas enquanto meu choro se acalmava, e voltei ao momento presente. – Que nunca me levantou quando caí. Ela sempre me deixou levantar sozinho quando eu levava uma rasteira.

Depois que terminei de falar, a emoção havia passado. Honrado e agradecido por ter recebido um prêmio que a maioria das pessoas consideraria a maior conquista de sua carreira, saí do palco rumo ao desconhecido. Dizem que o ferro forja o ferro, mas eu tinha deixado a vida militar para trás, e não havia mais ninguém que me pressionasse diariamente. *Dane-se*. Eu sempre estive destinado a me tornar um guerreiro. E estava contente em ser aquele que afiava a própria espada sozinho.

EXERCÍCIO TÁTICO Nº 1

Trabalhei como paramédico em diferentes períodos ao longo de quinze anos. Quando uma ambulância chega ao local de um acidente grave, imediatamente somos catapultados para a chamada "hora de ouro". Na grande maioria dos casos, 60 minutos é o tempo total de que dispomos para salvar uma vítima em estado grave. O cronômetro começa no instante em que o acidente ocorre e só para quando o paciente entra no hospital. Quando chegamos ao local da ocorrência, já estamos atrasados, logo é essencial avaliar cada paciente com rapidez e precisão.

Alguns são classificados como "Levar Embora", porque precisam de intervenções específicas e urgentes que não podemos resolver sozinhos. Outros são identificados como "Ficar Aqui". Apesar de sua condição ser possivelmente complicada, esses pacientes têm problemas que precisamos solucionar no local para garantir que sobrevivam à viagem até o hospital. Uma das primeiras coisas que fazemos é verificar vias aéreas, respiração e circulação. Precisamos nos certificar de que as vias aéreas estejam livres, que os pulmões estejam inflando e que eles não apresentem sangramento excessivo. No geral, esses problemas são óbvios, mas de vez em quando encontramos algumas lesões capazes de nos distrair.

Imagine uma perna estilhaçada, contorcida acima da cabeça da vítima. Quando você encontra uma parte do corpo fora do lugar, é fácil se concentrar só nisso. É uma cena tão horrível que o instinto humano manda lidar com essa questão primeiro e ignorar todo o restante. Já vi muitos colegas caírem nesse poço sem fundo, mas uma perna gravemente quebrada e deslocada não costuma matar ninguém, a menos que nos distraia do fato de as vias aéreas do paciente também estarem bloqueadas, de ele estar gorgolejando porque há fluidos nos pulmões ou de ele correr o risco de sofrer uma hemorragia interna. Uma lesão capaz de nos distrair, no mundo das emergências médicas, é qualquer coisa que faça o profissional se esquecer do protocolo. Isso pode acontecer com todo mundo, e por esse motivo somos treinados a nos manter alertas a distrações desse tipo. É, de fato, questão de vida ou morte.

O mesmo pode ser dito sobre as lesões que eu carregava comigo. Quando fiz 24 anos, estava distraído demais com os maus-tratos, a negligência e as provocações racistas que sofri na juventude para conseguir encarar todas as coisas problemáticas na minha vida que eram minha responsabilidade direta. Nada do que aconteceu comigo poderia ser considerado uma condição fatal, mas eu passava tanto tempo pensando nas coisas que meu pai tinha feito e me sentia tão sozinho que me recusava a viver. E, quando você passa a vida se arrependendo ou se perguntando "Por que eu?", acaba morrendo sem conquistar nada.

A viagem para Buffalo foi pura distração. Eu não estava pronto para fazer o esforço necessário para mudar minha vida, então saí em uma missão para coletar evidências. Na verdade, quando finalmente entendi isso, já era quase impossível eu me tornar um SEAL. Eu estava tão pesado que, se tivesse alguns quilos a mais, jamais teria conseguido perder o peso necessário no tempo que me restava. Precisei tomar medidas extremas – como fazer duas refeições minúsculas enquanto treinava de seis a oito horas por dia, ao longo de dez semanas. Mas, quando comecei a perder peso e a mudar minha disposição mental, me dei conta de que eu nunca tinha sido tão solitário quanto pensava. Eu sempre tinha falado para mim mesmo que ninguém conseguiria me entender nem compreender todas as coisas pelas quais eu tinha passado, mas, ao olhar ao meu redor, percebi que muitas pessoas por aí têm lesões capazes de distraí-las e estão mergulhadas até o pescoço no passado. Hoje em dia, elas me procuram o tempo todo.

Algumas foram vítimas de maus-tratos quando eram crianças ou perderam os pais muito cedo. Outras cresceram se sentindo feias ou burras. Sofreram bullying, viviam apanhando ou não tinham nenhum amigo na escola. Nem sempre é o campo minado da infância que nos sabota. A vida adulta também é um campo fértil para complicações psicológicas e emocionais. Todo dia pessoas decretam falência, enfrentam ações de despejo, passam por um divórcio, sofrem lesões catastróficas. Elas são traídas ou roubadas por seus supostos entes queridos. Sofrem abuso sexual. Perdem tudo que têm em um incêndio ou uma enchente. Seus filhos morrem.

É muito fácil se perder no nevoeiro da vida. As tragédias chegam para todos nós, e qualquer acontecimento que cause sofrimento permanecerá com a gente por mais tempo do que deveria se deixarmos. Porque nossas histórias tristes nos permitem ser complacentes. Elas nos oferecem a liberdade e a justificativa para continuarmos preguiçosos, com a mente fraca, e quanto mais demoramos para elaborar a dor, mais difícil é tomar nossa vida de volta.

Às vezes, fraqueza e preguiça estão enraizadas no ódio e na raiva, e até recebermos a confissão, o pedido de desculpas ou a compensação que acreditamos merecer, ficamos empacados, sentindo pena de nós mesmos, como se estivéssemos nos rebelando contra nossos algozes ou até contra a vida em si, cheios de superioridade moral. Alguns de nós nos convencemos de que merecemos coisa melhor. Achamos que nosso sofrimento nos dá o direito de ficar nos lamentando ou passamos a acreditar que merecemos ter sorte, porque já passamos por coisas demais. É claro que sentir que você merece uma vida melhor não muda nada. Saiba que o relógio não para de avançar e, em algum momento, se você não tomar uma atitude, a sua hora de ouro vai acabar.

As pessoas que se perdem no passado, que enchem o saco de amigos e parentes recontando a mesma história trágica o tempo todo, sem mostrar qualquer sinal de progresso, me lembram um paraquedista distraído com seu paraquedas emaranhado. Ele sabe que tem um reserva pronto para ser usado, mas desperdiça tanto tempo tentando consertar o que está embolado que se esquece de verificar o altímetro e, quando finalmente consegue cortar o primeiro paraquedas e puxar a corda do segundo, é tarde demais. Parte do problema é que ele fica morrendo de medo de puxar a segunda corda e descobrir que o outro equipamento também não funciona – porque aí, sim, vai estar realmente enrascado. Essa é uma armadilha mental criada pelo medo. Não podemos nos dar ao luxo de permanecer com medo de nos livrar do peso morto para nos salvar.

Passei tempo demais sendo esse paraquedista. Meu pai era violento. Minha mãe estava destruída. Sofri bullying, era alvo de piadas, ninguém me entendia. Pois é, que coisa. Mesmo assim, minhas vias aéreas estavam livres e não havia sinal de hemorragia. Fisicamente, eu estava vivo, bem, e era perfeitamente capaz de remover todo esse lixo da minha vida. Desperdicei muito tempo repetindo a mesma ladainha para mim mesmo. Eu precisava seguir em frente. Estava na hora de escrever uma nova história.

Se um ato de Deus ou da natureza destruir a sua vida, a boa notícia é que você não tem ninguém a quem culpar. Mesmo assim, a aleatoriedade da situação pode parecer muito pessoal, como se você tivesse sido amaldiçoado pelo destino. Por outro lado, caso sinta que sofreu nas mãos de alguém, pode estar esperando uma confissão ou um pedido de desculpas para seguir em frente, mas lamento dizer que esse pedido de desculpas – essa confissão chorosa com que você tanto sonha – nunca virá. A boa notícia é que você não precisa de ninguém para libertá-lo dos seus traumas. Isso é algo que pode fazer por conta própria.

Meu pai nunca me pediu desculpas. Ninguém nunca me pediu desculpas por nada do que passei. Cheguei à conclusão de que, apesar de não ter merecido passar por nada daquilo, eu era o meu maior problema e o meu maior obstáculo. Eu tinha entregado todo o meu poder nas mãos de Trunnis Goggins. Precisei tomá-lo de volta. Precisei enfraquecer meu demônio. Diminuí-lo até que ele se tornasse a figura minúscula e patética que era, humanizando-o. Assim como seria impossível sair bem-resolvido do corredor polonês que foi minha infância, precisei enxergar que ele era um bundão com defeitos terríveis causados por tudo que ele passou. Quando entendi isso, fazer o esforço para quebrar esse ciclo ou permanecer amaldiçoado era uma decisão que só cabia a mim.

Assim como os paramédicos na cena de um acidente de trânsito, todos nós devemos ter pressa e nos conectar com aquele relógio que fica correndo em nossa mente. Porque existe um limite de tempo para tudo que fazemos na vida. Todos os nossos sonhos e desejos têm um prazo de validade escrito com tinta invisível. Janelas de oportunidade podem se fechar e se fecham mesmo, então é essencial parar de perder tempo com bobagens. Nenhum de nós tem a menor ideia do que está por vir nem de quando nosso tempo pode acabar, e é por isso que me esforço ao máximo para ignorar tudo que seja contraproducente. Não estou sugerindo que nos comportemos feito robôs, mas precisamos entender que andar para a frente faz a vida ganhar embalo. Precisamos ter em mente que, às vezes, o caos se abaterá sobre nós e que uma estrada antes livre pode ser destruída por uma enchente num piscar de olhos.

Quando isso acontece, muitas pessoas procuram um lugar aconchegante para se encolher e esperar escondidas, até a tempestade passar. "Eu sou humano", dizem elas. Ao ser assoladas pelo caos, elas se sentem esgotadas e impotentes, incapazes de encontrar uma forma de seguir em frente. Entendo esse impulso, mas, se eu tivesse caído na mentalidade de "Eu sou humano", jamais teria saído do buraco fundo em que estava metido aos 24 anos. Porque, no instante em que profere essas palavras, você agita o pano branco da rendição e sua mente para de buscar combustível. Eu não sabia se conseguiria encontrar um caminho para sair da escuridão. Minha única certeza era que eu não poderia jogar a toalha, e você também não pode. Porque não tem toalha no nosso canto do ringue. Só tem água e alguém para tratar nossos cortes. E, se essas forem as suas únicas opções, você não tem escolha a não ser continuar lutando até passar por cima de cada coisinha que antes bloqueava o seu caminho.

> Você já passou tempo demais perdido em pensamentos. Chegou a hora de se concentrar em coisas que vão catapultar sua vida para a frente. #NeverFinished #DistractingInjuries [Nunca é hora de parar; lesões capazes de nos distrair]

CAPÍTULO 2

FELIZ NATAL

No dia seguinte ao Natal de 2018, eu e Kish tomamos café da manhã com meu irmão, Trunnis Júnior, minha mãe e minha sobrinha Alexis em um lugar de Nashville convenientemente chamado Loveless Café, ou *café sem amor*. Era o lugar perfeito para uma refeição da família Goggins, levando em consideração nosso histórico com o dia supostamente mais feliz do ano. Quando eu era garoto, meus amigos faziam estardalhaço a respeito do Natal. Passavam semanas falando sobre a data e o que desejavam ganhar de presente. Assistiam aos mesmos filmes natalinos de sempre e cantavam as mesmas velhas músicas de sempre. Para mim, aquele era apenas um dia normal do calendário, igual a todos os outros, por causa do jeito como fui criado.

Em Buffalo, o Natal era uma oportunidade de marketing para meu pai. Enquanto a maioria das crianças brincava com seus brinquedos novos e vestia roupas bonitas, nós raspávamos chicletes do piso da pista de patinação, depois o encerávamos e preparávamos todo o espaço para o evento que duraria a noite toda. Depois que fugimos para Indiana, minha mãe estava tão traumatizada que pouco se lixava para festas de fim de ano. Como estava preocupada em encontrar trabalho, um lugar para morar e começar a ter uma vida social, o Natal – e minha experiência das festas – nem sequer constava de sua lista de prioridades.

Fazia três anos desde a última vez que eu tinha visto meu irmão e falado com ele, nos dias logo após a morte de sua filha mais velha. Nossa relação sempre foi complicada, porque tínhamos perspectivas muito diferentes a respeito da nossa infância. Quando meu pai batia na gente, meu irmão sempre tentava manter a paz, e isso o fazia sempre inventar desculpas para o nosso pai, não importava quão cruel ele fosse. Meu irmão queria que a gente fosse uma família de comercial de margarina. Quando nosso pai atacava nossa mãe, ele fazia questão de correr para o quarto, enquanto eu fazia questão de assistir. Eu via as coisas como elas eram de verdade, e isso me transformou em um lutador. Já Trunnis Júnior se lembra das coisas como desejava que elas fossem. Nunca o culpei por isso. Todos nós estávamos tentando encontrar uma forma de sobreviver. Minha mãe não tinha como nos defender. Ela apanhava do mesmo jeito que a gente. Parecia que havia quatro versões diferentes do mesmo reality show sendo exibidas naquela casa, ao mesmo tempo. Era impossível não sentir e assimilar essa dissonância.

Quando eu tinha 9 anos, meu irmão decidiu abandonar nossa vida em Indiana e ir morar com nosso pai. Nunca mais fomos próximos depois disso. No entanto, ele sempre será meu único irmão. Quando eu soube que Kayla havia morrido, larguei tudo para ir ficar ao lado dele. Sempre vou amá-lo e o admiro por ter sobrevivido à nossa infância, por ter virado um pai maravilhoso e conseguido terminar seu doutorado. Ainda assim, temos um passado muito difícil em comum, e o vivenciamos de formas diferentes demais para nos sentirmos à vontade um com o outro quando nos encontramos. Por isso não fiquei nem um pouco surpreso quando ele contou o que pretendia fazer depois do café da manhã.

– Nós vamos para Buffalo – disse ele com um sorriso –, para mostrar a cidade às crianças e visitar o coroa.

Olhei para minha mãe, que acompanharia a família nessa viagem ao passado. Ela não conseguiu me olhar nos olhos. Apesar de nós dois nem sempre nos lembrarmos das coisas da mesma forma, sabemos que sobrevivemos ao inferno. Como qualquer bom historiador revisionista, Trunnis Júnior continua tentando se convencer do contrário. É por isso que Buffalo continua sendo sua cidade favorita. Ele vai para lá sempre que pode e toda vez visita o túmulo do nosso algoz.

Para sobreviventes de traumas, é muito tentador se entregar à negação para se anestesiar. Ela permite que você reescreva o passado e conte mentiras para si mesmo. Na história do meu irmão, Buffalo era um lugar feliz e nosso pai era um pilar da comunidade. Quando éramos garotos, ele perdoou nosso pai mais rápido do que um padre no confessionário e, na vida adulta, sua memória seletiva dá um brilho mais bonito à infância que teve, fazendo-o sentir-se menos problemático. Entretanto, reconhecendo isto ou não, houve muito sofrimento. Se ele tivesse vivido as coisas da mesma forma que eu e minha mãe, não a sujeitaria àquele passeio por sua terra da fantasia pessoal, como se Buffalo não fosse a câmara de tortura da qual ela precisou fugir tantos anos antes.

Em 2018, eu já tinha dominado meus demônios da infância. Os esqueletos no meu armário estavam presos a cordas que era eu quem controlava. Minha mãe não negava o que tinha acontecido, mas, assim como meu irmão, preferia evitar a própria dor. Ela detestava falar sobre o que vivera com meu pai e até mesmo pensar no assunto. Depois, ao descrever aquela viagem de volta a Buffalo com Trunnis Júnior, ela contou que tinha se sentido aturdida. Não parecia conhecer nada. Até a casa em Paradise Road. Ela não havia reconhecido uma única construção ou nome de rua. Era como se sua memória tivesse sido apagada e ela estivesse vendo tudo – a casa, Skateland, todos os lugares que costumava frequentar – pela primeira vez.

O trauma faz isso. Ele censura lugares, nomes e incidentes para que você não precise se esforçar para elaborar os momentos difíceis. Se, assim como meu irmão, você guardá-lo no fundo da mente – tão fundo que se torna impossível alcançá-lo – ou, como minha mãe, se tentar ignorá-lo porque confrontá-lo seria difícil demais, chegará o dia em que se dará conta de que não reprimiu apenas as memórias ruins. Pedaços inteiros da sua vida terão escapado por entre os seus dedos.

Minha mãe poderia ter ido para Buffalo com um objetivo. Aquilo poderia ser sua volta olímpica. Quando saímos de lá, Trunnis disse que ela se tornaria uma prostituta e eu, um bandido. Em vez disso, ela se tornou vice-presidente sênior de uma faculdade de Medicina em Nashville, ganhando um salário de seis dígitos por ano. Trunnis Júnior é professor universitário e um pai de família. Eu sou um Navy SEAL aposentado e tinha acabado de ser homenageado pelo VFW e de publicar um livro novo. Mas ela não foi ao túmulo de Trunnis para lhe dizer nada disso. Ela lidou com o momento pairando em uma bolha criada para sobreviver a mais um fim de semana em Buffalo. Assim como a maioria das pessoas, ela não queria sentir a própria dor, então não conseguiu encontrar forças nela.

Muitos de nós ficamos encurralados pelo próprio cérebro, presos a demônios de um passado distante que podem até estar mortos. Nós nos recusamos a falar ou mesmo reconhecer o que aconteceu, de forma que, quando superamos o que houve, não conseguimos enxergar isso nem sentir. Minha mãe tinha saído de Buffalo arrasada e se tornara uma profissional bem-sucedida, mas continuava com medo do demônio que tinha roubado sua alma. Ela poderia ter escrito uma carta para Trunnis, dizendo o que ele tinha perdido e como a havia levado a se tornar uma nova mulher. Ela poderia tê-la lido em voz alta para o túmulo dele. Não para que ele soubesse tudo isso, mas para que ela entendesse isso! Ela precisava recuperar a própria alma e se apresentar para si mesma!

A negação nos protege, mas também nos limita. Aceitar nossa verdade por inteiro, inclusive todos os nossos defeitos, imperfeições e erros, nos permite evoluir, expandir nossas possibilidades, buscar redenção e explorar nosso verdadeiro potencial. Até você se livrar de todo o peso que carrega nas costas, será impossível saber qual é o seu real potencial. A verdade por inteiro não pode nos assombrar se trabalhar a nosso favor.

Eu e Kish pegaríamos um voo para a Flórida naquela noite, para uma comemoração tardia de Natal com a família dela, que é muito unida. O Natal sempre foi importante para Kish e, apesar de uma festa de fim de ano no aconchego do lar me parecer uma chatice, ela é a mulher mais fantástica que já conheci. Nós nos tornamos companheiros de vida e de negócios, e eu queria deixá-la feliz. Se isso significava uma viagem para um Natal antiquado na Flórida, paciência. Mas não haveria fotos de todo mundo usando o mesmo pijama, disso eu tinha certeza!

Nós tínhamos algumas horas para matar antes do voo, e Kish as usou para analisar as vendas do meu primeiro livro, *Nada pode me ferir*. O lançamento havia acontecido menos de um mês antes, e ele já vendera mais exemplares do que eu sonhava ser possível. Após mais de cinco anos e vários atrasos, o livro que eu tinha imaginado finalmente ganhara o mundo e era um sucesso.

Embora algumas pessoas não tenham se surpreendido com o bom desempenho, várias outras com certeza foram pegas de surpresa. Versões anteriores dele tinham sido ignoradas e rejeitadas por várias editoras que não se interessaram pela minha história. Um exemplo: em 2016, apresentei uma proposta de mais de cem páginas para Ed Victor. Ele era uma lenda no mercado editorial e me foi apresentado por ninguém menos que Marcus Luttrell, com quem havia trabalhado no best-seller *O grande herói*. Ed também tinha sido agente de astros do rock, como Eric Clapton e Keith Richards, e de alguns dos maiores romancistas do mercado. Segundo Ed, ele cresceu "enxergando a vida como uma longa estrada cheia de sinais verdes". Em uma matéria da imprensa, contou que os critérios que usava para determinar o potencial de publicação de projetos se resumiam a três perguntas. "A pessoa é incrível? A obra é boa? E vai render muito dinheiro?" A minha proposta de livro não passou nessa avaliação específica. Mas preciso lhe dar crédito. Ele não dourou a pílula ao me dar a notícia ruim em seu e-mail de rejeição.

De: Ed Victor
Data: 27 de junho de 2016, 06:46:16
Para: David
CC: Jennifer Kish
Assunto: Seu livro

Prezado David,

Falei que lhe daria uma resposta até segunda-feira, e cá estou eu... mas você não vai gostar do que tenho a dizer.

Minha avaliação do valor do livro – e do potencial de vendas – não se alinha com a sua de forma alguma. Posso estar enganado – com certeza já estive no passado! –, mas não acredito que essa obra justifique um adiantamento generoso nem que vá vender uma quantidade imensa de exemplares...

> Quando avisei que seria sincero na minha reação a esse projeto, você me disse que, se minha resposta fosse não, eu o veria no topo da lista de livros mais vendidos do *The New York Times* um dia e me arrependeria amargamente da minha decisão. Talvez você tenha razão, mas, como minha avaliação do valor e das perspectivas comerciais do livro está muito abaixo da sua, eu não seria o agente ideal para ele. Você precisa de alguém que esteja 101% entusiasmado e que se esforce para provar que estou completamente errado (não seria a primeira vez).
>
> ...
>
> Atenciosamente,
> Ed
>
> P.S.: Avisarei ao Marcus sobre a minha decisão, já que foi ele que intermediou nosso contato.

Um cara que cresceu encontrando apenas sinais verdes realmente não se identificaria com uma vida assolada por sinais vermelhos, buracos e placas de "pare". Isso não devia ser surpresa nenhuma. Mas ele era o especialista do mercado e não acreditava que minha história fosse acessível. Isso era um problema e me deixou desanimado naquele momento, mas não com raiva. E nunca duvidei do meu valor. Eu sabia que a minha vida, minha história e minha abordagem não eram tradicionais. O padrão não funcionava para mim. Eu não poderia ser embalado e vendido segundo os critérios do mercado. Beleza. Quando eu tinha me encaixado perfeitamente em qualquer coisa? Nunca. Mesmo assim, consegui alcançar o sucesso.

O que Ed Victor encarava como uma desvantagem – a dificuldade em me definir e me vender – era, na realidade, minha maior vantagem. Minha abordagem, meu passado e minhas conquistas provavam uma coisa: eu era o melhor azarão de todos. Isso valia para toda a minha vida e, se ninguém conseguia ver meu potencial, cabia a mim mostrar o que estavam perdendo.

Há bibliotecas cheias de livros falando sobre como ser feliz e sobre o poder da positividade, mas ninguém nos prepara para os tempos sombrios. E a força da minha história é a garra que tive durante os momentos difíceis pelos quais passei para me tornar a pessoa que inspira os outros a nunca se contentarem com nada. Ed e todos os outros especialistas do mercado com quem conversei não tinham o menor interesse nisso porque não entendiam. Isso significava não que o livro não venderia, mas apenas que eu precisava enfatizar ainda mais os pontos que me tornavam único, continuar acreditando em mim mesmo e no meu trabalho e trabalhar mais duro ainda.

Em 2017, assinei contrato com um novo agente literário e montei outra proposta, que me rendeu um adiantamento de 300 mil dólares de uma grande editora. Era uma boa grana, mas, enquanto eu esperava a conclusão dos trâmites do contrato, comecei a hesitar. Será que eu estava pronto para vender minha história para outra pessoa? Será que eu queria ou mesmo precisava que um editor me ajudasse a contá-la?

Só eu sabia quanto sangue havia derramado e quantas vezes eu fora batizado em suor para conseguir chegar até ali. Foram tantas noites viradas e tantas manhãs iniciadas antes do nascer do sol que perdi a conta. Eu tinha levado centenas de rasteiras da vida. Eu tinha levado minha mente, meu corpo e minha alma ao limite. Assim como Andy Dufresne em *Um sonho de liberdade*, eu tinha passado mais de vinte anos cavando a parede da minha prisão mental com um martelo cego, e precisava ter a última palavra sobre o texto final e sobre quem lucraria com a minha história. Após muitos dias e noites remoendo o assunto, percebi que a única maneira de garantir isso seria publicando o livro por conta própria.

Depois que cancelei o acordo, meu agente me xingou. Ele disse que eu estava fora da sua carteira de clientes e que teria sorte se conseguisse vender 10 mil exemplares. Basicamente, me deu um "Feliz Natal, Goggins" e me largou. E não foi o único. Quase todo mundo a quem pedi conselhos – pessoas que sabiam como o mercado funcionava e como ser bem-sucedido – disse que eu era um idiota.

Paciência.

Não podemos ter medo de decepcionar as pessoas. Temos que viver a vida que queremos. Às vezes, isso significa ser a pessoa que fica à vontade completamente sozinha em meio a uma sala cheia de gente.

Agora, isso significa não ficar nervoso ou que tudo vai ser moleza? Óbvio que não. Quando você está prestes a saltar de um C-130 a 20 mil pés, tudo bem se os seus joelhos começarem a ceder, porque você sabe que lhe resta pouco tempo e está prestes a enfrentar uma queda livre. Mas, no instante em que pula do avião, você precisa se comprometer com o salto. Senão vai ficar se debatendo perigosamente, descontrolado, e cair rápido demais. É preciso comprometimento para ter foco e manter o corpo em uma posição estável. E nunca olhe para baixo. Concentre-se no horizonte. Essa é a sua perspectiva. O seu futuro.

Em vez de receber um bom adiantamento, gastei 90% das minhas economias – mais do que o adiantamento que eu receberia – para publicar um livro com a mesma qualidade de uma grande editora, e produzi meu próprio audiolivro com uma visão completamente diferente. Foi arriscado, mas pioneiros nunca seguem as estradas tranquilas pelas quais milhares de pessoas já viajaram. Eles se metem na mata e abrem seu próprio caminho. Por toda minha vida, nunca me encaixei no que era esperado de mim. Venho destruindo padrões há quase duas décadas, e essa foi a maior aposta que já fiz em mim mesmo.

– Você está na lista dos livros mais vendidos do *The New York Times* – disse Kish.

Ela ergueu o olhar do laptop e abriu um sorriso. Ela estava orgulhosa e eu também. Não porque me importasse com a lista dos mais vendidos do *The New York Times*, ou mesmo com o fato de o livro estar vendendo, mas porque eu sabia que era um relato sincero sobre a minha vida e o tanto que lutei para publicá-lo. E admito que, após ouvir que entrar em qualquer lista de livros mais vendidos "estava definitivamente fora de cogitação" e "era impossível" para um livro de estreia autopublicado, era gratificante superar as expectativas mais uma vez.

No quinto ano da escola, eu era praticamente analfabeto. Naquela noite, imaginei que conversava com aquele garoto de 11 anos que tinha muita dificuldade nas aulas e queria muito ser aceito. Se eu lhe dissesse que, um dia, ele se tornaria um escritor na lista de mais vendidos, sua resposta seria rir da minha cara.

Balancei a cabeça, dei uma risadinha e tomei um punhado de vitaminas. Do nada, meu coração disparou. Levei dois dedos à minha carótida e verifiquei meu relógio. Meus batimentos cardíacos estavam estáveis em 50 batidas por minuto, pularam para 150 e depois voltaram ao normal, sem qualquer ritmo.

Como paramédico e alguém que se recuperou de várias cirurgias no coração, eu soube de cara que se tratava de uma fibrilação atrial, que ocorre quando as câmaras superiores do coração, os átrios, e as câmaras inferiores, os ventrículos, saem de sincronia. Eu tinha sofrido um episódio semelhante nove anos antes, após minha primeira cirurgia cardiovascular, quando um dos *patches* falhou. Será que outro tinha falhado também, ou isso era algo diferente?

Não falei nada para Kish de imediato. Ela tinha passado meses trabalhando sem parar para me ajudar a transformar *Nada pode me ferir* em um sucesso e mal podia esperar para chegar em casa e passar um tempo com sua família. Em vez disso, tentei controlar minha frequência cardíaca com manobras vagais, ao equalizar a pressão nos meus seios nasais com a técnica de Valsalva e pressionar os joelhos contra o peito, forçando um engasgo ou tosse, e ao massagear o seio carotídeo. Essas técnicas resetam a pressão no corpo e fazem o coração voltar ao ritmo normal. Respirar fundo também pode ajudar, mas nada disso deu certo, e quanto mais tempo aquilo durava, mais tonto eu ficava e maior era o perigo.

A fibrilação atrial pode fazer coágulos de sangue se transformarem em embolias que bloqueiam vasos sanguíneos no cérebro ou no coração, causando derrames e insuficiência cardíaca. Pessoas com traço falciforme, como eu, têm um risco maior de desenvolver coágulos. Horas se passaram. Fingi que estava tudo bem enquanto meus batimentos cardíacos desenhavam um eletrocardiograma medonho na minha mente, mas, quando Kish fechou a mala e se virou para mim, pronta para zarpar para a Flórida, ela viu que algo estava muito errado. Nós iríamos não para o aeroporto, mas para o pronto-socorro.

O dia após o Natal costuma ser vazio na maioria dos lugares públicos, mas o fim de ano sempre lota as salas de emergência. Talvez seja culpa das bebidas alcoólicas, das brigas de família, da solidão ou de uma mistura dessas três coisas. Quando eu tinha 14 anos, o noivo da minha mãe, Wilmoth, levou um tiro e morreu no dia seguinte ao Natal, e é por isso que, sempre que o calendário se aproxima do final de dezembro, penso mais nos meus traumas do que no Papai Noel.

O hospital estava lotado quando passamos pelas portas de vidro automáticas. Desabei sobre um dos poucos assentos livres na sala de espera, completamente tonto. Paramédicos, médicos e enfermeiros formavam um borrão enquanto corriam entre consultórios, empurrando pacientes em macas e velhas cadeiras de rodas sacolejantes pelo piso ruidoso de azulejo. O alto-falante estalava. Luzes fluorescentes zumbiam no teto. Kish se sentou ao meu lado e preencheu a papelada enquanto eu fechava os olhos e respirava fundo de novo.

Minutos depois, ou talvez horas, fiz a mesma coisa diante de um jovem médico em uma área de atendimento fechada por uma cortina. Ele não era cardiologista e, quando expliquei que passei por duas cirurgias no coração, sua reação à notícia foi despreocupada demais para o meu gosto. Ele ouviu meus batimentos cardíacos, me prendeu a sensores e observou minha pulsação rabiscando o monitor de frequência cardíaca. Então anunciou o que eu tinha acabado de lhe dizer.

– O senhor está em fibrilação atrial.
– Positivo.

Eu o encarei com um olhar irritado. Kish percebeu.

– O que pode fazer por ele, doutor? – perguntou ela.
– Vamos administrar uma medicação no soro e avaliar como ele responde.

Um enfermeiro apareceu, colocou um acesso venoso, e o medicamento pareceu fazer efeito. Em poucos minutos, meu coração desacelerou e a tontura melhorou, mas, quando o médico voltou, uma hora depois, pareceu confuso ao ler os monitores.

– Bom, seus batimentos se acalmaram, mas o senhor continua em fibrilação atrial – disse ele. – Vou chamar um cardiologista lá de cima e pedir a opinião dele.

Eu não precisava ouvir a opinião do cardiologista sobre o meu destino. Eu tinha estudado casos de fibrilação atrial. Se técnicas de respiração, equalização e medicamentos não forem suficientes para sincronizar as câmaras, o próximo passo é dar um choque no coração, para reiniciá-lo feito um computador travado. Eu já tinha visto vídeos do procedimento e fiquei apavorado.

É engraçado, minhas duas cirurgias no coração nunca me deixaram com medo. Eu sabia que corria risco de vida durante as duas, mas minha mortalidade não me afetou naquela época, e aceitei essa possibilidade dando de ombros. Naquela noite em Nashville, eu tinha ideias muito diferentes sobre a vida e a morte.

Nada pode me ferir havia me transformado, e minha metamorfose mais recente ia muito além do sucesso comercial e do entusiasmo do público pela minha história. Escrever aquele livro me permitiu elaborar pela última vez os horrores pelos quais passei, e publicá-lo me ofereceu uma página em branco para recomeçar. As pessoas sempre tinham muitas opiniões sobre mim. *Nada pode me ferir* finalmente me permitiu falar a minha verdade, e eu sentia que estava no controle. Agora eu conseguia me sentir em paz com a minha vida, com tudo que fizera com ela e todas as minhas conquistas. E aí, como se seguisse uma deixa, meu coração falhou feito um disco arranhado, e lá estava eu, de volta na mira da vida.

Era um feliz Natal e tanto.

Enquanto Kish ligava para os pais dela e secava as próprias lágrimas, encarei uma possibilidade amarga. Eu acreditava que meu papel neste planeta era sofrer e superar para ensinar outras pessoas a fazer o mesmo, mas, agora que essa fase da minha vida parecia estar terminada, tive que me perguntar: eu tinha me tornado dispensável de repente? Oscilei entre sentir pena de mim mesmo e ficar fulo da vida. Minha ansiedade estava nas alturas. Eu não estava rindo na cara da morte como no passado. Eu estava com medo. Desesperado por viver mais.

Uma técnica de enfermagem chegou e raspou meu peito. Ela colocou um eletrodo no meu tórax e outro nas costas. Então o médico veio e pediu para Kish se sentar na sala de espera. Ele leu os monitores, olhou para mim e apertou o botão. Duzentos joules atravessaram meu corpo, e tudo desapareceu. Por um centésimo de segundo, fiquei suspenso entre batimentos cardíacos. Ele me deu outro choque, e gritei ao retomar a consciência. Kish me ouviu tomar o nome do Senhor em vão lá da sala de espera, algo que nunca faço. Essa foi a intensidade da dor. Mas deu certo. Meu coração voltou à sincronia.

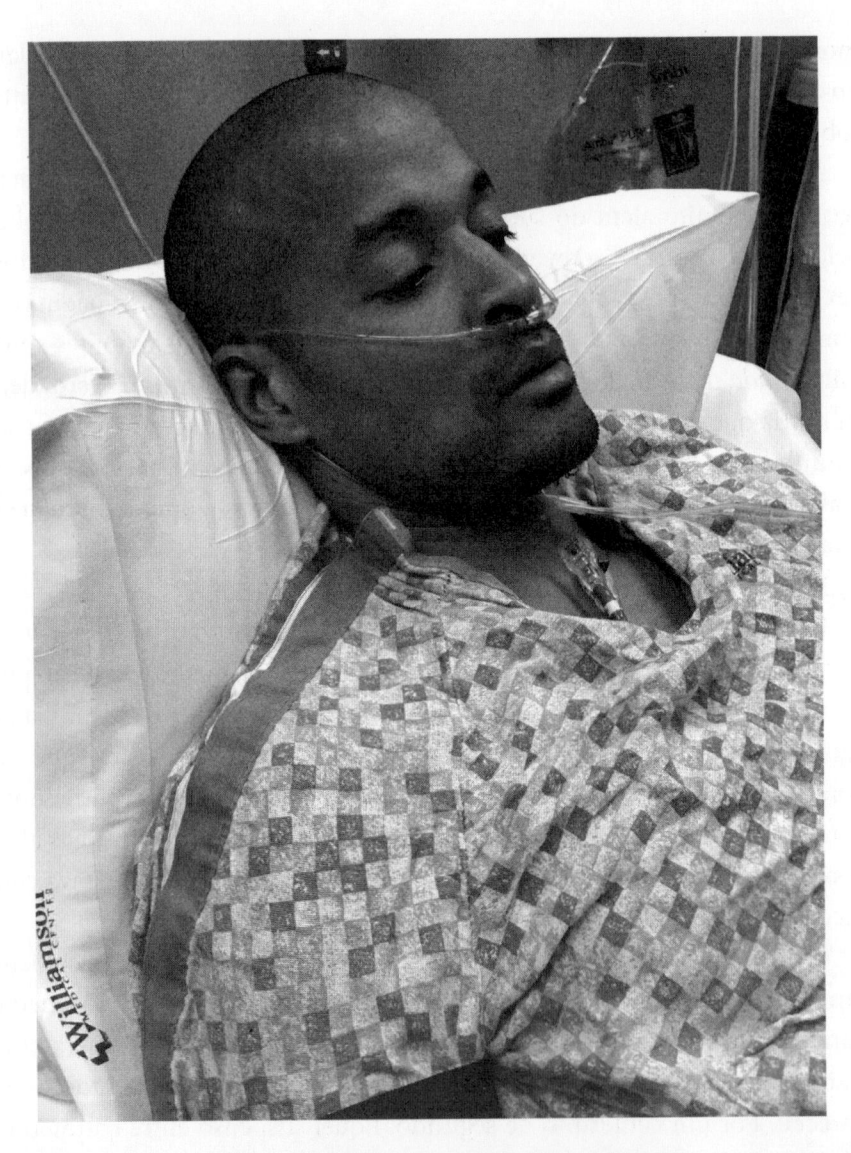

Tentando controlar o medo de levar choque

O médico me mandou de volta para casa com batimentos normais, uma bateria de pedidos de exames para garantir que não havia nada estruturalmente errado com o meu coração e uma alma agitada. Assim é a vida. Uma hora, você está falando sobre a lista de livros mais vendidos do *The New York Times* e, na outra, está correndo o risco de não sobreviver até o dia seguinte. As coisas literalmente acontecem com essa rapidez.

Nada é permanente. A vida é a maior oponente de todas. Ela não tira folga e não liga se você ganhou muito dinheiro ou recebeu uma promoção no trabalho. Não importa quão durão e bem-sucedido você pense que é. Confie em mim: um caminhão está vindo na contramão de uma curva fechada, pronto para acertar você no seu momento mais confortável.

Eu sabia disso, mas também achava que meus problemas cardíacos eram coisa do passado. Agora vejo como era ridículo pensar assim. Quando você vive ralando, acha que chegará um momento em que a estrada difícil, toda esburacada e cheia de pneus estourados, vai ficar lisinha, mas isso nunca acontece. Na verdade, se você passar a vida esperando essa estrada tranquila, não estará preparado quando um buraco se abrir no meio do asfalto novinho em folha e arremessar você para o acostamento em uma noite quente e agradável. É isso que "Feliz Natal" significa na minha língua. Não tem nada a ver com o feriado. Tem a ver com os "presentes" que a vida embrulha para a gente, que ficam espalhados pelo caminho para tropeçarmos.

Essa é outra forma de dizer que perdi algo essencial naquele hospital. Enquanto voltávamos para casa com o dia amanhecendo, eu me sentia como Sansão, correndo careca na rodinha de hamster da minha mente. Eu não sabia mais quem era. Será que ainda era aquele selvagem ou agora não passava de outro medroso?

Algumas pessoas podem se incomodar com o termo, mas, para mim, chamar alguém de "selvagem" é o maior dos elogios. Um selvagem é aquele que vai contra as expectativas, que tem uma determinação indomável e que sempre se levanta após levar uma rasteira.

Se os médicos tivessem me orientado a parar de correr e puxar ferro na academia, eu cancelaria tudo. Não daria mais nenhuma palestra e fecharia minhas redes sociais. Sempre fui um homem de atitude e serviço, e sei que não conseguiria inspirar outras pessoas simplesmente falando sobre meus feitos do passado. Criei minhas redes sociais com uma condição: eu não podia falar uma coisa e fazer outra. Antes de dormir naquela noite, decidi que, se meu corpo parasse de cooperar, *Nada pode me ferir* seria meu canto do cisne e eu desapareceria.

EXERCÍCIO TÁTICO Nº 2

Nunca desperdice nada. Aprendi essa lição em Brazil, Indiana, quando um colega de turma me deu um presente depois da aula. Eu não ganhava muitos presentes quando era garoto; então, quando ele me deu aquele, fiquei morrendo de ansiedade. Eu queria arrancá-lo de dentro do pacote para descobrir o que era. Ao primeiro som alto de papel sendo rasgado, meu avô ficou atento. Ele enfiou a cabeça no cômodo e analisou a cena.

– Vai com calma – disse ele. Então me entregou uma tesoura. – Esse papel de presente é bom. Dá para ser reaproveitado.

Muitos de nós crescemos com avós calejados pela Grande Depressão, que entendiam que estamos lidando com recursos finitos. Até aqueles que tinham uma vida boa sabiam que o conforto e a abundância podiam acabar a qualquer momento, e acho que puxei um pouco isso. Até hoje detesto desperdício. Como todas as minhas sobras de comida e, quando meu tubo de pasta de dente acaba, não apenas o enrolo para espremer tudo que puder, como abro o tubo com uma tesoura e o guardo em um saquinho até terminar de usar cada gota.

Tudo deve ser aproveitado. Especialmente a energia de emoções voláteis e potencialmente perigosas, como o medo e o ódio. Você precisa aprender a lidar com elas – a aproveitá-las – e, depois de dominar essa prática, qualquer emoção ou situação negativa que surgir no seu caminho como se tivessem lhe jogado uma granada poderá ser usada como combustível para você ser uma pessoa melhor. Só que, para chegar a esse ponto, você precisa literalmente escutar a si mesmo.

Em 2009, eu estava treinando para uma prova de ciclismo de quase 5 mil quilômetros chamada Race Across America, mais conhecida como RAAM. Eu ainda trabalhava em tempo integral para as Forças Armadas, então precisava acordar mais cedo para encaixar meus treinos de 80 a 160 quilômetros antes do expediente. Meus treinos de fim de semana chegavam a 320 quilômetros – às vezes, eu chegava a 800 –, com frequência no acostamento estreito de estradas movimentadas.

Eu fazia tudo isso porque a distância da RAAM me intimidava. A monotonia de permanecer preso em uma bicicleta por dias seguidos sem dormir me assustava. Eu pensava tanto na prova que não conseguia dormir direito. Para desmistificar a experiência, fiz questão de narrar cada treino em um gravador portátil. Eu descrevia tudo que via e sentia com o máximo de detalhes possível.

No geral, minhas impressões se limitavam a mim na bicicleta com carros, Harleys e caminhões passando a toda. Eu respirava aquela fumaça de escapamento, sentia o vento batendo na minha cara e saboreava o gosto arenoso da estrada aberta. Quando entrava em estradas rurais, às vezes passava 80 quilômetros sem encontrar nenhum carro, mas aquela linha branca permanecia lá. Não importava se o acostamento era largo, estreito ou inexistente, a linha branca estava sempre ali.

Eu escutava as gravações durante a noite e imaginava a linha branca mil vezes. Fiquei hipnotizado por sua simplicidade, o que me ajudou a minimizar todo o resto em torno da prova. E, apesar de acabar não participando da RAAM naquele ano por causa de uma cirurgia de emergência no coração, eu sabia que tinha encontrado um método para minimizar meus medos e desenvolver confiança que continuaria usando por anos a fio.

Não consigo nem contar quantas horas passei
pedalando sobre a linha branca

Quando comecei a ganhar a vida dando palestras em grandes empresas e clubes esportivos, precisei estar disposto a contar minha história de vida difícil para pessoas bem-sucedidas – inclusive milionários e bilionários que já tinham escutado de tudo. Não era a mesma coisa dos eventos de recrutamento das Forças Armadas, em que eu falava com estudantes de ensino médio facilmente impressionáveis. Toda a minha ansiedade ao falar em público voltou. Mais uma vez, peguei o gravador. Falei naquele microfone sobre meus medos e traumas – sobre os quais poucas pessoas sabiam – e descobri uma estranha e inesperada alquimia. Meus medos e traumas se transformaram em energia e confiança.

Muitas pessoas escrevem sobre seus momentos mais sombrios em um caderno ou diário na esperança de conseguir ganhar algum entendimento sobre a situação à qual sobreviveram ou que estão lutando para superar. Passei anos escrevendo em um caderno, mas há níveis nesse método, e um registro por escrito é apenas o começo. Gravações de áudio são mais interativas e acessíveis – e causam um efeito mais profundo na mente.

Caso você tenha sofrido bullying, maus-tratos ou agressão sexual e esteja disposto a falar a verdade sem filtros em um microfone para depois ouvi-la várias e várias vezes, após certo tempo ela se tornará apenas mais uma história. Uma história poderosa, sem dúvida, mas o veneno será neutralizado, e o poder será seu.

Não é uma tarefa simples. Caso você tenha sobrevivido a traumas intensos, não vai querer pensar no que estava fazendo no dia em que tudo aconteceu, no que ouviu e em como se sentiu. Muito menos em como sua vida virou de cabeça para baixo depois. Mas faça isso assim mesmo. Quanto mais detalhes e contexto você puder acrescentar à gravação, mais rápido conseguirá caminhar pelas ruas com seus fones de ouvido e a cabeça erguida. Quando as pessoas virem você andando, poderão pensar que está escutando uma música do Eminem. Mas não: é o seu trauma mais profundo, a cena da sua suposta destruição, repetindo-se vez após outra. Cada vez que você ouvir a si mesmo, mais e mais poder vai recuperar, ganhando energia transformadora suficiente para mudar a sua vida.

A maioria das pessoas não quer nem pensar sobre seus momentos mais sombrios, que dirá falar sobre eles. Elas se recusam a especular sobre as dificuldades do passado porque têm medo de se sentirem expostas. Acredite em mim: há ouro nessa mina. Sei disso porque eu era o cara negro com o chapéu de caubói, atolado na lama em busca de pepitas. E se você tiver a coragem de descrever o seu pior pesadelo em voz alta e depois escutá-lo até que ele seja absorvido e sature sua mente, até você conseguir ouvi-lo sem ter qualquer reação emocional ou perda de controle, ele não terá mais a capacidade de fazer você se esconder ou chorar. Ele o tornará forte. Forte o suficiente para subir em um palco e contar ao mundo inteiro o que fizeram com você e como isso não o destruiu. Tudo isso o tornou poderoso.

Gravar seus pensamentos não é apenas uma ferramenta confiável para neutralizar o trauma. Isso pode mudar a dinâmica de praticamente qualquer situação ou estado de espírito. Se você usá-la da forma certa, pode ser um modo de se manter sincero consigo mesmo. Uma vez, alguns anos atrás, pouco depois de aumentar a corrida do meu treino diário de 15 quilômetros para 30 ou mais, eu me sentia exausto e dolorido, cansado demais para correr, e fiquei dizendo a mim mesmo que precisava tirar um dia de folga. Enquanto eu relaxava no sofá, me liguei nisso. Então peguei meu gravador e comecei a chorar minhas pitangas no microfone. Eu queria escutar como aquilo soava em voz alta. Fui verdadeiro comigo mesmo. Recordei minhas corridas recentes, as lesões incômodas, descrevi como achava que seria bom tirar um dia de folga. Dei bons argumentos explicando como era necessário passar um dia descansando, mas, quando ouvi a gravação, o júri de uma pessoa só não ficou convencido. Porque, de repente, o rei que era meu bebê chorão interior estava nu. Nu com a mão no bolso em plena luz do dia, era impossível ignorá-lo e mais difícil ainda engoli-lo. Levantei do sofá e meti o pé na estrada em uma questão de segundos.

Muitas pessoas acordam com receios ou dúvidas todo santo dia. Elas não querem treinar, não querem estudar ou não querem trabalhar. Talvez tenham uma prova ou uma apresentação que esteja causando nervosismo ou saibam que o treino do dia será puxado. Enquanto elas enrolam na cama, começam seu diálogo interior, aquela conversa mole, complacente, que não as ajuda a levantar e se mexer. A maioria das pessoas acaba levantando depois de um tempo, mas passa horas entorpecida porque não está completamente comprometida com a própria vida. O diálogo mental as deixa entorpecidas, e elas passam metade do dia agindo como sonâmbulas antes de finalmente despertarem.

A maneira como falamos com nós mesmos nos momentos de dúvida é crucial, independentemente do grau de importância da situação. Porque palavras se tornam ações, e ações constroem hábitos que podem encobrir nossa mente e nosso corpo em camadas de dúvida, hesitação e passividade, nos separando de nossa própria vida. Se qualquer parte disso lhe parece familiar, pegue seu celular e grave seu diálogo interior assim que acordar. Não se contenha. Despeje todos os seus medos, sua preguiça e todo o estresse no microfone. Depois escute. Em nove de dez vezes, você não vai gostar do que vai escutar. Talvez se encolha de vergonha. Você não iria querer que sua namorada ou namorado, seu chefe ou seus filhos escutassem suas fraquezas sem filtros. Mas você deve ouvi-las.

Porque assim você pode dar um novo propósito a elas. Pode usá-las para se lembrar das mudanças que precisa fazer. Escutar pode inspirar você a se comprometer com a sua vida de forma mais intensa, a dar o seu melhor no trabalho, nos estudos ou na academia. Pode desafiar você a reescrever a narrativa, de forma que o ato de deitar a cabeça no travesseiro não venha acompanhado da sensação de que mais um dia valioso foi desperdiçado.

Repita o processo na manhã seguinte, mas, dessa vez, quando terminar de escutar toda sua ladainha sobre as coisas que não quer fazer, sente na cama e faça uma segunda rodada. Finja que está incentivando um amigo ou um ente querido que está passando por algum desafio. Seja respeitoso sobre os problemas em questão, mas positivo, enérgico e realista. Essa é uma habilidade que exige repetição e, se você a fizer com regularidade, verá que não demorará muito para seu diálogo interior sair da dúvida e do medo e se tornar otimista e empoderado. As condições da sua vida podem não mudar muito no começo, mas suas palavras farão a sua abordagem mudar, e isso permitirá que você transforme tudo depois de um tempo. Porém, você precisa falar a verdade e estar disposto a escutá-la. Não tenha medo das suas fraquezas e dúvidas. Não sinta vergonha nem finja que elas não existem. Essas coisas vieram à tona por um motivo, então utilize-as para dar uma guinada na dinâmica da sua vida.

Ultimamente, tenho usado essa técnica para lidar com o ódio que recebo na internet. A maioria das pessoas na minha situação não lê comentários nem e-mails negativos. Elas contratam gente para filtrá-los e apagá-los. Eu encaro o ódio como mais uma fonte de combustível. Vejo sua beleza e seu poder, e nunca o desperdiço. Quando os comentários negativos chegam – e eles sempre chegam – faço capturas de tela e os leio no microfone. Em 2021, publiquei uma imagem do meu joelho esquerdo inchado, e isso inspirou uma onda de comentários negativos. Algumas pessoas alegavam que sabiam que meu colapso era inevitável e encaravam aquilo como uma vitória pessoal. Outras simplesmente gostavam de me ver sentindo dor.

"Não aguento mais escutar essa matraca", escreveu uma delas.

"Espero nunca mais ver essa bunda preta correndo", escreveu outra.

Elas estavam tentando colocar o dedo na minha ferida. Elas queriam me causar dor, e causaram, torcendo para aquilo me colocar ainda mais para baixo. Não conseguiram. Eu adorei esses comentários. Gostei tanto que viraram minha trilha sonora. Imprimi todos, me gravei lendo cada um, e passei a escutá-los em looping. Sempre que tenho um dia ruim, os escuto. Às vezes ando pela casa saboreando-os em som estéreo.

A maioria das pessoas só tira proveito das mensagens positivas. Elas querem que tudo e todos sejam legais e simpáticos. Elas se nutrem com a fofura e fogem da escuridão, do amargor do ódio. Mas os elogios e os incentivos não oferecem tanto combustível quanto o ódio. Felizmente, o mundo está cheio de críticos invejosos e inseguros. Se você não receber comentários negativos nas redes sociais, encontre o seu combustível nos comentários sem noção de amigos ou na dúvida de um professor ou treinador. Tenho certeza de que é doloroso se sentir menosprezado, subestimado, criticado ou excluído. Apenas saiba que o calor que você sente ao fazer isso é uma energia livre, pronta para ser queimada. Não se encolha em um canto com medo de ser desrespeitado pelos outros. Reembrulhe as coisas que você sente e escuta até elas trabalharem a seu favor!

Essa é a mentalidade de um vencedor. Na vida, vencedores encaram como energia pura tudo que vivenciam, escutam, veem e sentem. Eles treinam a mente para encontrar esse tipo de coisa. Mergulham nos cantinhos mais obscuros para escavar pepitas douradas de traumas, dúvidas e ódio. Eles não seguem uma vida descartável. Não descartam nada e aproveitam tudo. Encontram força no bullying e no coração partido, em suas derrotas e seus fracassos. Eles colhem tudo isso de pessoas que os odeiam pessoalmente e dos chatos da internet também.

Algumas pessoas adormecem com a ajuda de aplicativos de meditação. Outras abrem as janelas para sons noturnos ou colocam para tocar ruído branco, sons de baleias ou a cantiga de ninar do mar batendo em uma costa solitária. Quando eu deito na cama à noite, escuto meus haters.

E é óbvio que esses fracotes covardes não têm a menor ideia de com quem estão se metendo.

Eu sou o cara que transforma toda palavra negativa deles no meu progresso positivo. Pego o que me oferecem, embrulho naquele papel de presente que guardei na infância, e o devolvo para eles na forma de mais um treino, mais uma corrida longa, mais um ano de aprimoramento. Sinceramente, eu devia agradecer a essas pessoas. Elas me tornam mais forte e mais determinado a alcançar meus objetivos. E isso só aumenta o ódio delas por mim.

> Chegou o momento de criar sua própria trilha sonora. #NeverFinished #TapeRecordYourself [grave a si mesmo]

CAPÍTULO 3

O LABORATÓRIO MENTAL

Cinco semanas após o Natal, era inegável que minha vida inteira tinha mudado. A atenção inesperada e a fama que vieram com o lançamento de *Nada pode me ferir* eram tão emocionantes quanto desnorteantes. Após décadas ralando nas sombras, longe da opinião pública, agora eu estava no centro do palco.

Sempre me senti mais à vontade nas margens. Durante minha carreira militar, eu saía para minhas maiores corridas e *ruckings* antes de todo mundo acordar. Enquanto os outros relaxavam ou caíam na farra após um dia difícil ou uma semana de trabalho, eu ficava em casa para estudar minhas tabelas de salto, para dobrar e desdobrar meu paraquedas ou correr e puxar ferro na academia até tarde da noite. Tudo que eu fazia no meu tempo livre era para o meu próprio crescimento e satisfação pessoal. Com certeza não era para chamar atenção. Sim, frequentemente tinham uma visão errada sobre mim.

Eu carregava uma pedra do tamanho do mundo sobre os ombros, tentando apenas atravessar a escuridão que me perseguia. Meu medo era que, se eu parasse de melhorar, se tirasse uma folga daquilo tudo, todas as minhas inseguranças e minha preguiça voltariam a me assolar. Sempre que eu me sentia fisicamente exausto ou mentalmente esgotado, visualizava minha versão gorda de 24 anos me encarando com um sorriso imenso na cara.

Um sorriso que dizia: *Eu continuo aqui, seu perdedor. Eu sou quem você é de verdade, e não vou a lugar nenhum.*

Eu encarava cada dia como uma oportunidade de tirar proveito da negatividade que havia colonizado meu cérebro e ficava fascinado com o poder da mente e como ela pode trabalhar contra ou a favor de nós. Com frequência, ela fica à mercê do turbilhão de emoções e situações que causam confusão e sugam nosso foco, nossa força e determinação, coisas que têm a tendência natural a ir e vir feito a maré. Minha infância me deixou muito ciente dessa fragilidade inerente que todos temos. Porém, anos depois, aprendi como controlar e canalizar toda minha potência para conquistar coisas que nunca imaginei serem possíveis para mim. E fiz isso ao construir aquilo que hoje chamo de meu Laboratório Mental.

A construção começou após minha última viagem para Buffalo. Foi então que finalmente parei de reclamar por tempo suficiente para entender que o campo de treinamento de que eu precisava estava ao meu redor. Minha vida de bosta era a matéria-prima que eu buscava e, se prestasse atenção nos meus impulsos, inseguranças e atitudes, se deixasse de lado a vergonha e permanecesse disposto a dissecar minhas dúvidas, minha ansiedade e meu medo, eu encontraria força e motivação para transformar a minha vida.

Em pouco tempo, eu estava devorando os livros estudando para o teste da ASVAB e passava de seis a oito horas na academia ou na pista de corrida diariamente para me qualificar para o treinamento dos Navy SEALs. E não demorei muito para perceber que, assim como a vida em si, treinos pesados e longas sessões de estudo tendiam a colocar um holofote em todos os meus pontos fracos. A vontade de continuar me empanturrando com besteiras, meu impulso natural de seguir o caminho do menor esforço em praticamente tudo, minha falta de motivação geral e a falta de foco durante as maratonas de estudo para a ASVAB revelaram minha disposição a me acomodar na mediocridade. Porém, o que mais me abalava era meu fracasso no treinamento de paraquedismo de resgate. Ele era meu companheiro constante durante essas semanas, me seguindo aonde quer que eu fosse.

Eu tinha chegado ao campo de treinamento da Força Aérea na minha melhor forma, e oito semanas depois, quando iniciei o treinamento de paraquedismo de resgate, minha condição física era impecável. Eu tinha lido a ordem de advertência de cabo a rabo e me preparado para cada exercício, imaginando que força e velocidade seriam suficientes. Mas me faltava estrutura psicológica para seguir com o processo e, após um exercício tático assustador na piscina, meu medo de água me manteve refém até eu desistir. Quanto mais eu dissecava essa situação, mais entendia como eu precisava desse novo Laboratório Mental.

Levando em consideração que eu pesava quase 140 quilos e precisava perder mais de 45 em menos de três meses, eu sabia que não conseguiria me apresentar no Comando de Guerra Naval Especial em Coronado na minha melhor forma física. Mas isso não era necessário. A raiz dos meus problemas não era e nunca tinha sido a questão física. Era apenas mental.

No meu laboratório, cada treino físico se tornou um teste da minha força mental. Parei de me importar com a minha aparência. Ninguém precisa de um tanquinho quando tem a mente blindada com aço. A partir desse ponto, cada corrida, cada hora na barra e todas as minhas sessões noturnas de estudo se tornaram experimentos conduzidos para testar quanto tempo minha mente aguentava à medida que eu colocava mais e mais pressão. Eu estava criando um homem mentalmente preparado para fazer tudo que fosse necessário para se tornar um SEAL. Mesmo que isso significasse passar por três Semanas Infernais e correr com pernas quebradas.

Esses mesmos experimentos continuaram pelos vinte anos seguintes e, durante todos os meus inúmeros desafios, tombos e fracassos, cultivei um alter ego – um selvagem que se recusava a desistir sob quase qualquer circunstância. Alguém capaz de superar todos os obstáculos. Eu me senti compelido a compartilhar o que aprendi no laboratório, porque sabia que poderia ajudar pessoas, e o que começou como uma lenta exposição da minha motivação interior nas redes sociais cresceu e se tornou uma confissão profunda em *Nada pode me ferir*. Qualquer um que tenha acessado as redes ou lido o livro sabe exatamente de onde eu vim e o que me motiva. Mas uma coisa que nunca compartilhei é que havia dois lados na minha psique e na minha alma.

Se você não se sente bom o suficiente, se a sua vida carece de significado e o tempo parece estar escapando por entre os seus dedos, só há uma opção. Recriar a si mesmo no seu próprio Laboratório Mental. Um lugar em que você pode ficar sozinho com seus pensamentos e refletir sobre o que e quem quer ser ao longo de sua curta vida neste planeta. Se parecer certo, crie um alter ego para acessar parte da matéria escura da sua própria mente. Foi o que eu fiz. Na minha cabeça, David Goggins não era o selvagem que conquistava todas as coisas difíceis. Era Goggins quem fazia isso.

David era o garoto que tinha nascido com um olho fechado e crescido com medo, aprisionado. Não há nada inerentemente especial em mim. Apenas parei de me concentrar no que me atrapalhava e aprendi a usar a rejeição, o sofrimento e o fracasso como ferramentas para tirar proveito da matéria escura na minha mente – toda a minha força, minha paixão e meus desejos não utilizados. Quase nunca era divertido. Eu sofria bem mais do que sorria, mas isso me ajudou a criar meu alter ego. Goggins era empoderado pelo lado sombrio da minha alma que se recusava a ser negado e tinha apenas um objetivo: tornar-se a pessoa mais casca-grossa do mundo!

Todos nós temos um Laboratório Mental à nossa disposição, embora as pessoas em sua maioria não saibam que têm acesso a um lugar onde podem se transformar. Então elas ficam trancadas do lado de fora. Quando chegam à meia-idade, as portas estão fechadas com uma corrente enferrujada e um cadeado. O equipamento lá dentro está empoeirado e quebrado. Ervas daninhas crescem pelo chão e pelo telhado.

Por duas décadas, as portas do meu laboratório também permaneceram fechadas – mas porque eu me tranquei lá dentro! No entanto, após o susto que levei com meu coração, percebi que, sem me dar conta, em algum momento eu tinha saído do meu Laboratório Mental feito um sonâmbulo e as portas se fecharam e se trancaram atrás de mim.

Então, no dia 6 de fevereiro, recebi um e-mail que retorceu a faca. Ele vinha de Bob Babbitt, o homem que me apresentara a Greg Welch, um dos maiores triatletas da história, no Campeonato Mundial Ironman de 2008. Welch tinha passado por treze cirurgias cardiovasculares desde que tinha 30 e muitos anos, e isso o forçara a se aposentar cedo. No meu pânico, eu tive certeza de que aquilo era algum tipo de mau agouro, mas Babbitt só queria saber algo simples. Ele perguntou se eu cogitaria correr a ultramaratona Leadville Trail 100 no verão seguinte para angariar fundos para a sua instituição de caridade, a Challenged Athletes Foundation [Fundação de Atletas com Deficiência, CAF na sigla em inglês].

Sendo entrevistado pelo grande Greg Welch
no Ironman em Kona, em 2008

Desde 1994, a CAF arrecadou 134 milhões de dólares e patrocinou 35 mil atletas com deficiências físicas para que conseguissem o treinamento e apoio de que precisam. É uma causa nobre, para dizer o mínimo, mas fazia cinco anos desde minha última corrida de 160 quilômetros na Badwater, que não consegui concluir, então não respondi de imediato. Em vez disso, fui até o espelho do banheiro e me encarei. Não era Goggins que me olhava de volta. Era David, e ele estava mais tímido do que nunca.

Eu tinha dúvidas se teria capacidade física de completar a corrida, que dirá competir no mesmo alto nível das muitas ultramaratonas de que tinha participado no meu auge. Esses pensamentos eram dolorosos, porque me mostravam que, apesar de fazer mais de um mês desde a minha ida ao hospital, eu ainda era uma sombra de quem tinha sido e me sentia muito frágil. Como os médicos ainda não sabiam qual era o meu problema, eu não tinha sido liberado para treinos puxados e, enquanto meu coração passava por vários exames, minha motivação permanecia baixa. Após décadas pegando pesado, eu estava preso em ponto morto, muito distante da fera mental que um dia tinha sido.

Quando sua vida inteira foi marcada por obstáculos, armadilhas e buracos, há dias em que é quase impossível encontrar motivação para seguir em frente. Tudo é exaustivo demais e, naquele momento, eu não tinha ideia de quanta força ainda me restava. Procurei uma resposta, um compromisso, as últimas faíscas da confiança que costumava ser um fogo interior abrasador.

Enquanto a Badwater é a ultramaratona mais conhecida no mundo, a Leadville Trail 100 sem dúvida vem em segundo lugar. A corrida começa e termina nos arredores de uma velha cidade de mineração nas Montanhas Rochosas em Leadville, no Colorado, que fica a pouco mais de 3 mil metros acima do nível do mar e é menos confortável do que o resort de esqui chique e as cidades com vibe hippie que a cercam. O percurso é ralação na ida e na volta, com várias subidas grandes, totalizando mais de 4.500 metros de ganho de elevação. Eu já tinha corrido a Leadville e sabia que menos da metade de todos os inscritos conseguia terminar a maratona dentro do limite de 30 horas. E esses eram maratonistas sem doenças cardíacas não identificadas nem traço falciforme (que aumenta a propensão ao mal de altitude). E treinar para uma maratona em terrenos elevados é muito mais difícil quando você mora no nível do mar. Além disso, com a minha agenda de palestras lotada, eu sabia que teria meses de viagens e só treinamentos de bosta no futuro próximo. Eu seria obrigado a correr em cidades desconhecidas, por avenidas cheias de sinais de trânsito e calçadas lotadas ou em áreas residenciais que eu mal conhecia, em estradas cheias de cruzamentos. Para a Leadville, um treinamento ideal é obrigatório para que você tenha uma performance minimamente aceitável.

Ah, eu tinha muitas desculpas convenientes para não topar. Minha hesitação revelava muita coisa. Meu diálogo interior tentava me convencer a desistir de uma maratona de que eu não tinha nem cogitado participar. É isso que a mente comum faz. Os motivos para dizer *não* para algo que sabemos exigir toda a nossa dedicação sem qualquer garantia de sucesso virão com tudo até desistirmos antes mesmo de começarmos. Foi então que entendi que eu tinha virado um molenga.

Às vezes, as maiores decisões da vida – as que determinam sua trajetória por semanas, meses, anos ou até décadas no futuro – surgem de repente. Eu tinha muitos motivos válidos para recusar o pedido de Babbitt, mas não podia fazer isso. Principalmente porque eu mal aguentava me olhar no espelho e não suportava meu tom de fraqueza.

Claro, eu estava ocupado, mas podia encontrar tempo para treinar. Durante meu auge nas ultramaratonas, eu participava de eventos quase todo fim de semana e ainda trabalhava em tempo integral. Nessa época, eu tinha trancafiado as portas do meu Laboratório Mental e passava dia e noite lá dentro. Eu me inscrevia em corridas de 160 quilômetros como se elas fossem aulas de spinning ou de HIIT de 45 minutos. Eu criava obstáculos para mim mesmo apenas para ganhar experiência. No quesito saúde, meu coração não tinha me dado problema nenhum por dez anos seguidos. Eu poderia usar meu passeio natalino ao hospital como uma muleta, mas o fato de eu continuar me apoiando nessa muleta me dizia que algo subversivo estava acontecendo na minha psique e na minha alma.

– Foi isso que você virou? – perguntei enquanto olhava de cara feia o homem no espelho. E não era o espelho imundo e manchado da minha juventude. Este brilhava como cristal. – Um cara que acorda e come bacon e ovos, assiste ao canal de esportes, dá palestras e posa para fotos? Você não é aquele selvagem. Não mais. Então, o que você é?

Lutadores profissionais não treinam para suas maiores lutas em casa. Eles seguem para as montanhas ou para a floresta, para um lugar onde possam se concentrar em relativo isolamento e sem todos os luxos que os cercam. Eles não levam seus familiares, apenas seus treinadores. E cada movimento tem o objetivo de redescobrir sua natureza primal e aquela fome que os tornou durões e os transformou em campeões.

Na minha época nas Forças Armadas, eu era um lutador que nunca esmorecia. Eu não perdia esse traço primal. O que me endurecia eram as tarefas horríveis para as quais me voluntariava e destruía sem hesitação, uma de cada vez. Meu objetivo diário era acordar antes de todo mundo. Às vezes, isso significava cinco da manhã, quatro – ocasionalmente, três –, porque eu precisava que as primeiras pegadas na areia ou na trilha fossem as minhas. Se, por algum motivo estranho, isso não acontecesse, eu fazia questão de ralar por mais duas ou três horas enquanto os outros dormiam. Eu era o competidor incondicional, um selvagem em tempo integral. Então a vida ficou confortável, e acabei caindo numa nova disposição mental.

Todo o esforço que eu dedicara para conquistar minha mente negativa havia me transformado. Meus demônios e inseguranças, que tinham sido minhas principais fontes de energia por duas décadas, deixaram de ter a mesma força no meu cérebro. Eu finalmente havia conseguido colocar cada um deles em seu devido lugar e, nesse vazio, uma nova identidade surgiu. Para escrever meu livro, desenvolvi a mentalidade de um artista, e o grande sucesso dele foi a única armadilha que eu não tinha previsto. Apesar de o dinheiro nem sempre trazer felicidade, ele com certeza pode trazer satisfação. E a satisfação está a um passo da complacência.

E minha aparência era como mandava o figurino. Eu era sarado, e se você tentasse correr comigo, acharia que eu continuava mandando bem. Mas, apesar de treinar duas vezes por dia, eu era na melhor das hipóteses um selvagem em meio expediente, um Guerreiro de Fim de Semana. Guerreiros de Fim de Semana fazem coisas difíceis quando conseguem encaixá-las na agenda cheia. Eles as fazem para riscar uma tarefa da lista, e apenas quando querem. Então, após uns dois dias longos e difíceis, pegam leve. Ser um selvagem em tempo integral é um estilo de vida. Não existe "querer". Só existe "dever". Se eu ainda fosse um selvagem de verdade, ainda me esforçando para ser a pessoa mais casca-grossa do mundo, o e-mail de Babbitt não inspiraria um debate molenga, eu não pensaria em termos de devo ou não devo. Ele teria acendido um pavio.

É importante crescer, mas você não pode perder de vista quem realmente é. Seu âmago é sua estabilidade. É o que determina como você segue a vida. Fisicamente, quando seus músculos do core estão fracos, você literalmente se torna um fracote. Psicologicamente, quando seus valores centrais entram em questão, é fácil se perder, e eu não podia me distanciar de todo o trabalho duro que fizera para construir aquela vida nova. Mas o meu pote de biscoitos estava cheio de mofo – de vitórias antigas, de uma época diferente, com a qual eu não me identificava mais. Meu pote de biscoitos sempre tinha sido uma fonte de energia, cheio de conquistas que eu podia usar para me lembrar de tudo que havia superado e do que era capaz. Eu sabia que precisava jogar tudo fora e começar do zero, mas algo dentro de mim continuava relutante em voltar para as provas de fogo.

A resistência mental e a resiliência desaparecem se não forem usadas com consistência. É o que eu sempre digo: se você não está melhorando, está piorando. Ninguém permanece igual. E eu não segui meu próprio conselho. Eu estava treinando não para ganhar, mas para manter, e apesar de ser possível manter o tônus muscular e certo nível de resistência cardiovascular, não existe manutenção para a mente selvagem.

Se você parar de puxar ferro com as mãos, vai perder os calos. A mente funciona do mesmo jeito. É preciso lutar para manter a disposição de levantar todos os dias para correr atrás do que você quer, porque, caso contrário, ela vai escapulir. Cirurgias, doenças, agendas cheias de trabalho e compromissos familiares são ótimas desculpas para descansar hoje, o que torna ainda mais fácil descansar de novo amanhã, mas esse é um caminho sem volta! A forma como vivo e as coisas que faço sempre giraram em torno da mente. Muito antes de o corpo amolecer, a mente amolece. Por sorte, eu não tinha perdido tanto o rumo, mas minha mente amoleceu um pouco porque fazia anos que eu não era desafiado a ir ao extremo das minhas capacidades.

Por mais que eu quisesse recusar o pedido de Babbitt, passei dias sem conseguir tirar a Leadville da cabeça, e esses dias se transformaram em semanas. A proposta casual dele estava me assombrando, e quanto mais eu pensava no meu coração, em outras questões de saúde e na minha agenda lotada, menos essas variantes pareciam fazer diferença. Eu já tinha lidado com treinamentos piores, menos horas de sono e mais viagens na época das Forças Armadas. Quando treinei pela primeira vez para a Badwater, meus pés e tornozelos ficaram tão destruídos que não consegui nem correr durante as primeiras quatro semanas de preparação. Eu precisei malhar no elíptico ou na máquina de remada, e nunca cogitei deixar que lesões me detivessem. Quando o inverno se transformou em primavera, já estava claro que eu precisava reencontrar minha natureza primitiva, mas, mesmo assim, não me comprometi com a Leadville.

Ao longo de oito semanas, vivi um purgatório pessoal. Dependendo do minuto, da hora ou do dia, eu dizia a mim mesmo que toparia, para depois listar todos os motivos válidos pelos quais seria melhor não participar da maratona. Então, em abril, depois que meu cardiologista me liberou para treinar pesado, testei as águas da Leadville como o selvagem de meio expediente que eu tinha me tornado. Não me comprometi com Bob, mas intensifiquei meu treinamento... até certo ponto. Em vez de correr 160 quilômetros por semana, me contentei em ficar nos 80, mas não conseguia me concentrar nessas corridas. Eu mal me lembrava das coisas que via ou sentia na estrada.

Isso era estranho, porque, ao contrário da maioria das pessoas, não sou capaz de relaxar mentalmente enquanto corro nem uso esses quilômetros para pensar na minha lista de tarefas. Preciso manter o foco, porque não sou um corredor naturalmente talentoso. Só consigo correr relativamente rápido e por bastante tempo por causa do meu volume de treinamento e porque, quando corro, me concentro na minha passada e permaneço consciente de onde e como meus pés entram em contato com o solo e da posição da minha cabeça e dos ombros. Eu me imagino correndo com uma bandeja de copos cheios na cabeça. Não quero balançar nem me quicar. Permaneço imóvel mas relaxado, e deixo meu core e minhas pernas me impulsionarem para a frente.

Obviamente, é difícil manter tanto foco por horas a fio. Quando corro bem, registro cada deslize na minha postura, cada passo errado. Consigo lembrar exatamente onde e quando eles aconteceram, e costumo reanalisá-los nas minhas memórias depois. Porque não corro para queimar calorias nem para manter minha resistência cardiovascular. Para mim, trata-se de alcançar a grandeza mental e física. O fato de eu ter perdido contato com isso indicava que eu tinha me tornado apenas mais um corredor – e nunca gostei de ser mais um de nada.

Se eu quisesse arrasar na corrida e me reencontrar, teria que exigir mais de mim mesmo todos os dias. Eu precisava afiar meu foco. Pedi a Kish para ela não marcar nenhuma palestra. De qualquer forma, essa coisa de negócios nunca me interessou e, apesar de eu apreciar o respeito e o apoio das pessoas e empresas com quem trabalhava, eu sabia que aquilo tinha um efeito corrosivo na minha mente.

O ego é uma força incrível. Quanto mais eu escutava sobre o meu próprio sucesso, mais tentador era ficar de boa, relaxado, como se eu finalmente tivesse cruzado a linha de chegada. Apesar de saber que a jornada não tem fim e que sempre há mais trabalho a ser feito, quando a vida para de esmurrar a sua cara e lhe oferece elogios de bandeja, é fácil acreditar que você é o cara. Especialmente se esse nível de respeito tiver sido conquistado pelo seu próprio esforço. Mas elogios – vindos de supervisores, parentes ou qualquer outra pessoa – têm um lado negativo. Eles podem acalmar o selvagem interior e fazê-lo achar que não precisa mais dar duro.

Para regular meu ego era necessário dar um basta em tudo que me causasse moleza. Eu tinha que voltar para o Laboratório Mental e encontrar aquele selvagem que eu era antes. Parei de atender a maioria das ligações e de responder mensagens, me desliguei do mundo exterior e me conectei com o interior. O que é outra forma de dizer que montei um plano de treinamento barra-pesada de dez semanas, correndo um total de 2 mil quilômetros. A maioria das pessoas diria que correr 160 quilômetros por semana é um exagero, porque correr esse tanto por quase três meses seguidos não permite que o corpo se recupere de forma adequada. Apesar de 16 quilômetros por dia sempre ter sido minha medida ideal, eu agora tinha que mostrar à minha mente e ao meu corpo que não estava mais de brincadeira. Eu precisava daquela quilometragem. Eu precisava chegar em Leadville sabendo que tinha treinado o suficiente.

No dia 4 de junho, mandei um e-mail para Babbitt e disse que, se ainda houvesse uma vaga, eu estava disposto a correr em nome da CAF. Como eu era um selvagem em meio expediente, fiz isso três dias depois do prazo final. Prova de que o paradeiro de Goggins ainda era desconhecido e que era David quem continuava tomando todas as decisões. Mas Babbitt conseguiu me colocar na maratona e, uma semana depois, eu e Kish aterrissamos em Avalon, Nova Jersey, para várias semanas de treino.

Avalon fica em uma ilha plana feito uma panqueca, com 11 quilômetros de extensão e salpicada pelas espaçosas casas modernas onde a família de Kish passa as férias de verão. É um lugar bonito, cheio de famílias sorridentes aproveitando a praia. A água é quente, a areia branca fica lotada, e grupos tendem a se reunir na baía para assistir ao pôr do sol toda noite segurando casquinhas de sorvete cremoso. Pelo menos é isso que dizem. Eu não sei. Passei o tempo todo correndo.

Corri entre 24 e 32 quilômetros todos os dias no calor úmido do verão na Costa Leste. Treinar em altitude não era uma opção, então calor e umidade extremos no nível do mar teriam que bastar. Na maioria dos dias, eu cruzava a ilha várias vezes para cumprir minha meta. Eu nunca verificava as condições meteorológicas antes de sair de casa e, no começo, levava uma única garrafa de água comigo, mas logo descobri que isso não era suficiente. Após uma hora, a garrafa já estava vazia, e eu precisava terminar a corrida a seco.

Fiz todos os testes possíveis com a minha hidratação. Tentei levar duas garrafas. Preparei o percurso deixando garrafas em arbustos, mas, em 4 de julho, quando o calor passou de 32 graus e o índice de umidade ficou acima de 85%, as garrafas ficaram tão quentes que não adiantaram de nada. Voltei a carregar apenas uma garrafa. Após bebê-la, meu plano de hidratação era o mesmo que eu usava em longas maratonas nos trópicos na minha época de militar. Sempre que eu ficava com sede, lambia a porcaria dos meus lábios.

Umidade e hidratação não eram meus únicos problemas em Avalon. Havia os bichos. Eu corria atravessando nuvens de mosquitos famintos e, perto da água, enfrentava as famosas moscas verdes da ilha – que picavam e não me deixavam em paz. Ah, e não posso me esquecer dos pássaros. Dei a sorte de graúnas-de-asa-vermelha fazerem seus ninhos em Avalon todo verão, geralmente nas ruas calmas longe das praias que eu preferia. Sempre que eu chegava a meio quilômetro de qualquer ninho, um pássaro voava para cima de mim e tentava enfiar as garras na minha cabeça. Eles voavam em círculos, grasnavam e atacavam até eu sair de seu território. É claro que havia quilômetros e quilômetros de ninhos e dezenas de pássaros zangados. Após alguns dias, aprendi a tirar minha camisa bem antes da hora do ataque e usá-la para acertar aquelas feras aladas e afastar os bombardeiros. Pois é, a gente dava um show e tanto.

À medida que as semanas passavam, as condições foram piorando. E foi aí que comecei a me divertir. Havia dias que eu saía de casa sem tomar café, mal tendo jantado na noite anterior. Eu queria correr meus 32 quilômetros abatido, porque sabia que um momento assim aconteceria nas Montanhas Rochosas. Era preciso treinar meu corpo para fazer o percurso mesmo com o tanque vazio e mostrar a mim mesmo que eu era capaz de encontrar energia mesmo quando não restava nada.

Uma tarde, cheguei ao meu limite no quilômetro 24. Meu ritmo despencou de pouco mais de 4 minutos por quilômetro para quase 6. Minha água havia acabado, é claro. Mas, por mais difícil que estivesse, eu me peguei gostando de estar tonto, desidratado e faminto. Senti prazer com o sofrimento, porque ele me mostrou que eu ainda tinha forças para me forçar até superar meu limite, e massacrei o último quilômetro em 4 minutos.

Um dos dias mais quentes do ano aconteceu em meados de julho, quando o termômetro marcou mais de 37 graus e a umidade superou os 80%. O índice de calor estava absurdo, e a qualidade do ar também estava horrível. O condado emitiu um aviso aconselhando moradores a ficarem em casa. No idioma do Goggins, isso significava que era o dia perfeito para uma corrida de 35 quilômetros.

Avalon sempre lota no verão. A ciclovia engarrafa e as lanchonetes e padarias têm longas filas de espera de clientes ansiosos. Naquele dia, as ruas estavam silenciosas. Por 16 quilômetros, não vi ninguém. No quilômetro 17, um carro passou tão devagar por mim que percebi que o motorista havia me reconhecido. Dito e feito, ele fez o retorno e voltou para o meu lado.

– David Goggins! Cara, eu sabia que era você! – Olhei de soslaio para o homem. Ele parecia razoavelmente em forma e atlético. Também parecia confuso, e talvez um pouco preocupado, ao me ver correndo no asfalto. – Cara, por que você está na rua num dia desses?

Dei de ombros e balancei a cabeça.

– Porque você não está.

No começo, não pensei muito sobre meu comentário atrevido. Mas, conforme continuei correndo, me pus a saboreá-lo. Eu tinha escolhido o pior dia do verão para a minha corrida mais longa da semana. Por quê? Porque ninguém mais cogitaria fazer algo assim, e isso me dava a oportunidade de provar mais uma vez para mim mesmo que eu era incomum entre os incomuns. Eu não era exatamente o selvagem do treinamento dos SEALs, mas estava mais perto dele do que tinha chegado em anos.

Corri com um estado de espírito que não alcançava desde a Strolling Jim, uma corrida de estrada no Tennessee que eu vencera em 2016. Eu tinha feito aquele percurso com um foco tranquilo e corrido os 66,3 quilômetros como se fosse uma maratona, em um ritmo de 4:25 por quilômetro. Eu tinha alcançado o líder faltando 12 quilômetros para a linha de chegada e concluído tudo em menos de cinco horas, vencendo com 3 minutos de vantagem. No calor brutal de Avalon, descobri aquele mesmo estado de corpo e espírito e entendi que o homem que eu acreditava ter sido enterrado pelo excesso de conforto e sucesso permanecia dentro de mim, esperando para ser libertado.

A virada na Strolling Jim... ou era o que eu pensava

    O mundo precisa de médicos, advogados e professores, mas também precisa de selvagens dispostos a provar que todos nós somos capazes de muito mais. Após dez semanas me matando e oito semanas de treinamento no calor, eu estava a caminho de redescobrir algo que parecia perdido.

EXERCÍCIO TÁTICO Nº 3

Muitos sonhos morrem quando estamos sofrendo. Pense nisso. Nós idealizamos nossos maiores sonhos, nossos objetivos mais audaciosos, quando estamos quentinhos e em segurança. Mesmo que você esteja passando por dificuldades financeiras, emocionais, espirituais ou físicas, é provável que a ideia do seu grande plano para vencer na vida tenha surgido em um momento de conforto, quando você estava com tempo para avaliar a sua situação e como chegou onde está. Não há como pensar no quadro geral quando você está no calor da batalha. É nos momentos de calmaria, mesmo que temporários, que quase tudo parece possível. Então é neles que você sonha e começa a fazer planos.

Depois você começa a colocá-los em prática, e desafios inesperados lhe dão uma rasteira. Sempre que nos envolvemos num esforço intenso em direção a um resultado que afetará profundamente nossa vida no futuro, somos desafiados ao máximo – e esses momentos cruciais podem exigir tanto de nós que estamos fadados a, mais cedo ou mais tarde, sentir que fomos vencidos. Quando isso acontece, muitas pessoas entram em pânico, porque passam a acreditar que são impostoras e seu sonho não passava de fantasia. Em um piscar de olhos, elas deixam de ser motivadas e focadas e se convencem de que nem adianta tentar. Então desistem. Na hora. Bem ali. Na beira do abismo, não conseguem entender que podem fazer algo para impedir que aquela espiral de desistência as leve pelo ralo.

Elas podem tomar a Decisão de Um Segundo e escolher pensar em vez de reagir.

Durante a minha segunda Semana Infernal, na Turma 231, eu estava muito motivado. Eu e Bill Brown éramos líderes da Equipe de Bote Dois, e competíamos entre nós para ver quem seria o cara mais durão da turma inteira. Mas havia outro sujeito no grupo que tinha chamado minha atenção – vamos chamá-lo de Mora. Ele tinha mais ou menos o nosso tamanho, era forte e sarado, e sempre que as coisas ficavam difíceis na praia ou no Triturador, se aproximava de mim. Ele não fazia parte da nossa equipe de bote, mas queria se alimentar da minha energia, porque eu e Bill Brown tínhamos um desempenho tão fora da curva que fazíamos o inferno parecer não apenas aceitável, mas fácil.

No segundo dia da Semana Infernal, Mora me encontrou no refeitório. Ele tinha uma expressão perdida no rosto e medo no olhar. Eu estava ocupado enchendo meus bolsos molhados e cheios de areia de sachês de manteiga de amendoim, porque precisava de combustível para suportar o castigo que estava por vir. Mesmo consumindo uma quantidade imensa de calorias, dali a duas horas eu ficaria com fome de novo e poderia comer qualquer coisa, até manteiga de amendoim crocante de areia e salpicada com poeira de bolso. Mora me encarou como se eu fosse uma criatura de outra época, e eu era mesmo. Após dois dias de tortura nas ondas e exercícios no bote sem dormir nada, eu tinha perdido completamente a civilidade e me tornara um homem das cavernas. Mora, por outro lado, parecia um homem moderno traumatizado, e isso era um sinal de que havia algo errado.

– Escuta, Goggins – sussurrou ele enquanto seus olhos percorriam o salão. – Não quero mais continuar aqui.

A panela de pressão da Semana Infernal o afastara temporariamente de seu sonho e de sua mente racional, e ele parecia estar à procura de uma saída de emergência. Ele era o pânico em forma de gente, e eu sabia disso porque tinha me sentido exatamente assim quando a primeira onda me acertou na primeira hora daquela mesma Semana Infernal.

O Oceano Pacífico estava um gelo quando aquela muralha de água de quase 2 metros de altura me capturou, me girou três vezes e me arremessou na areia molhada. Era como se o próprio mar dissesse: "Cai fora daqui!" E eu escutei, porque meus pulmões ainda ardiam da pneumonia que tinha me tirado da Turma 230 apenas dois meses antes. E porque a água era minha criptonita.

Ainda havia 130 horas de Semana Infernal pela frente, e eu sabia que durante boa parte dela eu ficaria no mar gelado. Esse coquetel de desgraça tomou conta do meu cérebro e passou a enviar sinais bem mais problemáticos do que a dúvida. Eu não me perguntei se seria capaz de fazer aquilo ou se estava preparado. A voz na minha cabeça dizia: *Na verdade não quero ser um Navy SEAL.*

Por mais de um ano, minha jornada para me tornar um SEAL tinha me dominado por inteiro. Eu nunca havia desejado tanto uma coisa nem me comprometido tão completamente com o processo, mas, quando você está preso em um festival de sofrimento, há instantes em que as condições se tornam intoleráveis, e um impulso de autossabotagem que é fruto do choque e do medo parecerá clareza. Eu estava prestes a desistir de um sonho que teria o poder de mudar o curso de toda a minha vida.

Dei uma olhada na direção de Bill Brown, aceitando o fato de que ele logo seria o cara mais durão da Turma 231. Então, com a água agitada batendo nos meus joelhos, percorri o horizonte com os olhos e vi um destróier partindo para o mar aberto. Os instrutores tinham nos avisado que, se não completássemos o treinamento, teríamos que trabalhar em um navio como aquele, onde ficaríamos presos raspando tinta por seis meses. Do jeito que falavam, davam a entender que era a missão mais horrível do mundo, mas para mim, naquele momento, parecia o paraíso.

A maioria dos instrutores dos SEALs adora os desistentes. Quando você diz que está com frio demais e mudou de ideia, eles adoram pegá-lo pela mão e guiá-lo para o banho mais quente da sua vida, porque, na cabeça deles, isso prova que eles são melhores do que você. Depois que você entra nesse banho, em menos de um minuto fica tão quentinho que até esquece como era sentir frio, e então se dá conta de que o calor custou um pedaço da sua alma, se não toda ela, o que pode levar a um arrependimento de uma vida inteira.

O tempo era um fator crucial! Eu não podia rastejar de volta para a areia e tirar dez minutos para acalmar meus ânimos. Eu estava no olho de um furacão psicológico e, ao meu redor, a água continuava borbulhando e rosnando. Parte do problema era que a água fria me deixara sem ar. Eu estava arfando, com uma respiração superficial por causa do pânico. Para pensar com clareza, precisava de oxigênio. Respirei fundo uma vez, duas vezes, e pensei no meu possível futuro nesse tempo.

Eu me imaginei cambaleando de volta para a areia e tirando o capacete. Dali a poucos dias, teria sido expurgado das Forças Armadas e mandado de volta para Indiana, onde teria que me sujeitar a uma série de empregos de salário mínimo e de pouco impacto, que eram os únicos para os quais eu tinha qualificação: segurança, salva-vidas na piscina pública local ou dedetizador. Isso foi a verdadeira clareza. Todas as minhas aspirações iriam por água abaixo se eu deixasse a tortura das ondas para trás, porque eu era reservista e, se surtasse e desistisse, a Marinha não me aceitaria em navio nenhum.

Eu não podia me dar ao luxo de perder o controle. O treinamento dos SEALs – e aquele mar gelado – era o meu lugar, então eu precisava me acalmar e enfrentar o desafio de cabeça erguida. Respirei fundo enquanto a próxima onda enorme se aproximava. Ela quebrou em cima de mim, mas consegui nadar rumo ao grupo e entrelaçar meus braços aos dos meus colegas de equipe. Eu não iria mais demonstrar fraqueza. Não sentiria mais medo. Eu ficaria na água pelo tempo que fosse necessário!

Dez minutos depois, quando fomos chamados de volta para a areia, os homens na minha equipe de bote estavam rígidos, tremendo. Eles sentiam tanto frio que não queriam nem que a barra da camisa molhada encostasse na pele deles. A gente precisava se aquecer rápido, e o único jeito de fazer isso durante a Semana Infernal é ir com tudo. Fiz um sinal para Bill, segurei a frente do bote e berrei ordens. Como se fôssemos um só, metemos a mão na massa como se a Semana Infernal fosse o habitat natural da Equipe de Bote Dois.

Com frequência, é o choque que inicia a espiral. No meu caso, o impacto da água gelada acionou minha reação de luta ou fuga, que vem acompanhada de uma onda de adrenalina que acelera o coração e a respiração e potencializa todas as inseguranças. O corpo e a mente reagem assim porque querem protegê-lo, mandando você sair daquele sofrimento. Essa era exatamente a reação de Mora no refeitório. O medo e o pânico tinham tomado conta dele.

Quando eu estava na beira do abismo, consegui me acalmar fisicamente respirando fundo algumas vezes, e isso me ajudou a enxergar além da onda de adrenalina. Meus batimentos cardíacos continuavam acelerados e o pânico permanecia, mas eu tinha recuperado a compostura o suficiente para tomar a Decisão de Um Segundo consciente de continuar na luta. Isso exigiu força mental, porque a água não tinha esquentado de repente. Eu continuava com frio, na pior, com 130 horas de inferno pela frente. Mas consegui enxergar que a vida que eu desejava estava do outro lado da tortura nas ondas. Não cedi às emoções nem desisti. Quando as pessoas fazem isso, não estão decidindo de fato desistir. Essa é apenas uma reação automática causada pelo estresse.

Entendo que seja difícil não ceder a tantas emoções, à dor intensa e ao desconforto. A essa altura, tudo que você quer é que aquilo acabe. Você imagina sua cama em casa e lembra como é bom deitar ao lado da sua companheira ou do seu companheiro. Sabe que sua mãe vai recebê-lo com um abraço de perdão, que sua família compreenderá, porque essas pessoas amam você acima de tudo. Tem certeza de que elas vão consolá-lo e cuidar de você, e nos momentos em que sente muita dor e está morrendo de medo, tudo isso parece bom demais para ignorar.

Mas é preciso lembrar que essas imagens do lar na verdade não estão enraizadas no amor, mas no seu medo, disfarçado de amor. Eu e Mora compartilhávamos do mesmo sonho grandioso. Nós dois ficamos abalados. Eu me recuperei dominando a Semana Infernal de um jeito que ninguém tinha visto antes. A mente de Mora já estava perdida quando o encontrei no refeitório. Ele não estava pensando de forma consciente. Suas emoções o controlavam, e não ao contrário. Eu não poderia ajudá-lo àquela altura, porque ele já tinha perdido a batalha. Não sei quando desistiu oficialmente. Na Semana Infernal, você fica tão envolvido com a sua equipe, tão focado em ajudar uns aos outros a chegar ao outro lado, que, após algumas horas, talvez olhe para o lado e descubra que metade da turma desistiu. Só sei que, em algum momento, ele tocou o sino e foi viver com esse arrependimento.

Tudo na vida se resume a como enfrentamos esses segundos cruciais.

Quando a pressão psicológica, física ou emocional chega ao ápice, as glândulas suprarrenais vão à loucura e você perde o controle. O que diferencia um verdadeiro selvagem das outras pessoas é a capacidade de recuperar o controle mental nesse milésimo de segundo embora tudo pareça perdido.

É isso que as pessoas não enxergam. A vida não é construída em horas, dias, semanas, meses ou anos. A Semana Infernal dura 130 horas, mas não são elas que matam. Não é a dor, a exaustão nem o frio. São os 468 mil segundos que você precisa vencer. Quando tudo se torna esmagador e você simplesmente não aguenta mais, basta um desses segundos para acabar com você. Eu precisei me manter vigilante e gerenciar minha mente a cada um desses segundos para ter sucesso.

A vida, assim como a Semana Infernal, é construída pelos segundos que você precisa vencer, vez após outra. Não estou dizendo que precisamos estar hipervigilantes em cada segundo da vida, mas que, quando vamos atrás de algo que exige tudo de nós e que é muito importante, esse é o nível de alerta necessário.

Quando você está tentando perder peso, parar de beber ou de usar drogas, seus momentos de fraqueza podem ser contados em segundos, e você precisará estar pronto para vencê-los. Você pode ser a estudante de Medicina que passou a vida inteira sonhando em ser médica e acabou reprovada em uma matéria importante logo de cara. No auge do pânico, pode ser tentador ir direto para a secretaria e trancar o curso. Talvez você seja um aspirante a advogado com um emprego garantido em um escritório renomado, mas acabe reprovado no exame da Ordem de novo e decida abandonar sua carreira antes mesmo de ela começar. Tudo porque você se convenceu de que seria impossível voltar de novo ao escritório após outra humilhação ou retomar os estudos e correr o risco de ser reprovado no exame mais uma vez.

Apesar de testes escolares e profissionais serem conduzidos em ambientes controlados, uma nota baixa pode acelerar o coração e gerar insegurança com a mesma rapidez de uma muralha de 2 metros de água gelada. Às vezes, a nota toma proporções tão imensas, especialmente em uma mente jovem, que é fácil sentir que todo mundo está olhando para você, vendo o seu fracasso, e que será impossível se recuperar.

Momentos de dúvida são inevitáveis quando assumimos uma tarefa árdua. Já usei a Decisão de Um Segundo para recuperar a compostura e vencer centenas de pequenas batalhas durante ultramaratonas, na barra fixa e em situações estressantes no trabalho. E o primeiro passo é botar o pé no freio.

O melhor combatente em qualquer situação é aquele que tem compostura suficiente para botar o pé no freio no meio do tiroteio. Ele sabe que precisa avaliar a situação e o cenário para encontrar uma forma de seguir em frente, e que é impossível tomar uma decisão consciente se ele ou sua equipe ficarem correndo feito baratas tontas. Botar o pé no freio em uma batalha não é tão fácil quanto parece, mas é a única forma de dar a si mesmo tempo para respirar em meio ao pânico e recuperar as rédeas da sua mente hiperativa para conseguir tomar uma atitude. A batalha não parou. Os tiros continuam e não há tempo a perder. Naquele um segundo, você precisa respirar e decidir entrar na briga.

Quando você se pegar atordoado, correndo o risco de perder o controle, apenas pense: *Está na hora de pisar no freio.* Respire fundo algumas vezes e visualize seu futuro. Se você desistir, o que acontecerá? Qual é o plano B? Não se trata de fazer uma contemplação profunda. Não dá tempo de pedir uma pizza e debater o assunto com seus entes queridos. É uma questão a ser resolvida em segundos!

Preparar um diálogo interior produtivo antes de começar o festival de sofrimento pode ajudar. Lembre a si mesmo que ninguém é excelente em todos os aspectos do trabalho, pelo menos não de cara, e nenhum maratonista faz uma prova inteira sem encontrar desafios. Não importa quão desanimadora a situação pareça, é preciso permanecer firme nos seus objetivos.

Caso você esteja na faculdade de Medicina, seu objetivo é se formar e se tornar médico. Em Coronado, meu objetivo era me tornar um Navy SEAL. Muitos homens cederam sob a pressão da Semana Infernal, mas os treinamentos físicos com toras eram moleza para mim. Eu tinha que me lembrar disso todas as vezes que recebíamos ordens de ir para a minha câmara de tortura pessoal, o Oceano Pacífico.

Lembrar a si mesmo dos seus pontos fortes e das coisas que você faz bem pode ajudar. Assim, quando precisar lidar com algo difícil, a situação não se tornará intolerável. Diga a si mesmo: *Sou bom nisso. Sou ótimo naquilo. Agora está tudo uma porcaria, mas faltam só vinte minutos para acabar.* Talvez sejam vinte quilômetros, vinte dias ou vinte semanas, mas não importa. Toda experiência no mundo é finita. Ela vai acabar em algum momento, e isso a torna viável, mas o resultado depende dos segundos cruciais que você deve vencer!

Esse tipo de coisa tem consequências. Desistir de um sonho é algo que fica gravado em você. É algo que pode mudar sua visão de si mesmo e as decisões que tomará no futuro. Vários homens tiraram a própria vida após desistir do treinamento dos SEALs. Outros se casaram com a primeira pessoa que encontraram, porque estavam desesperados por aprovação. É claro que o oposto também é verdadeiro. Se você conseguir aguentar o sofrimento, pisar no freio e tomar uma Decisão de Um Segundo consciente em uma encruzilhada essencial, aprenderá a ter perseverança e a ganhar força vencendo o momento. Você saberá o que precisa ser feito e qual é a sensação de superar todas aquelas dúvidas ruidosas – e isso também ficará gravado em você. É uma habilidade poderosa que pode ser usada inúmeras vezes no caminho para o sucesso, não importa a situação ou as circunstâncias da vida.

Nem sempre desistir é a decisão errada. Mesmo em batalhas, às vezes é preciso bater em retirada. Talvez você não esteja pronto para o desafio que está enfrentando. Talvez não tenha se preparado tão bem quanto pensava. Talvez outras prioridades precisem da sua atenção. Acontece. Mas certifique-se de tomar uma decisão consciente, e não apenas reagir. Nunca desista quando o sofrimento e a insegurança estiverem no auge. Se for necessário bater em retirada, desista no momento em que as coisas estiverem fáceis, não difíceis. Controle seu raciocínio e encare o teste mais difícil primeiro. Assim, se você se render, saberá que não foi uma reação ao pânico. Em vez disso, terá sido uma decisão consciente, baseada na razão, com tempo para pensar em um plano B.

Mora desistiu por impulso. Em geral, quando fazemos isso, não recebemos outra chance. Muitas das maiores oportunidades na vida aparecem uma vez só, apesar de, às vezes, elas voltarem a bater à nossa porta. Quinze meses após aquela manhã no refeitório, nós nos reencontramos em Coronado. Era o dia da minha formatura e ele estava na nossa turma Hooyah, os novos recrutas que usam camisas brancas, indicando que estão no primeiro dia da primeira semana. De todos os duzentos e poucos novatos, ele era o único que não sorria. Ele sabia demais. Depois da cerimônia, ele veio até mim, estendeu a mão e me deu os parabéns.

– Não esquece – falei – que muitos sonhos morrem quando estamos sofrendo, irmão.

Ele concordou uma vez com a cabeça e desapareceu na multidão. Um mês depois, fiquei sabendo que ele concluiu a Semana Infernal. Após cinco meses, ele se formou e se tornou um Navy SEAL.

Vinte e dois anos depois, pensei em Mora enquanto olhava para meu espelho impecável, brilhante, cogitando o convite de Babbitt para a Leadville. Eu estava vivendo no luxo por mais tempo do que queria admitir. Naquela nova vida, a água nunca era gelada e eu corria o risco de perder para sempre a capacidade de tomar uma Decisão de Um Segundo, por achar que não precisava mais dela. Eu tinha acesso a tudo do bom e do melhor. Minha casa era climatizada. E isso traz uma sensação boa, especialmente quando você acredita que só tem todas essas coisas porque fez por merecer.

Por que me obrigar a passar por um treinamento de dez semanas ou por uma maratona de 160 quilômetros no ar rarefeito do Colorado? Eu sabia como uma experiência assim era terrível e tudo que ela exigia, mas também sabia que aquela era uma das Decisões de Um Segundo mais importantes da minha vida. Não se tratava de uma situação de luta ou fuga. Eu não estava dominado pelo medo da morte. Não estava prestes a fracassar ou ser humilhado, e meu coração batia em um ritmo lento e estável. Aquela era uma versão madura do impulso inconsciente de desistir. Do tipo que você só percebe quando acha que conquistou tudo, e aí se depara com ele na sua cola.

Sabe, não respeito gente que vive o tempo todo no luxo. Se eu dissesse não para Babbitt, não estaria desistindo dele. Estaria desistindo de mim mesmo. O medo me faria deixar de ser a pessoa de quem eu tanto me orgulhava. Não há nada de errado em ter sucesso e alcançar certo nível de conforto, mas eu realmente não me importo com o que você fez ontem. Talvez você tenha terminado o Ultraman ou se formado em Harvard. Não faz diferença. O respeito é conquistado todos os dias, acordando cedo, desafiando-se com novos sonhos ou desenterrando antigos pesadelos, acolhendo o sofrimento como se você não tivesse nada e nunca tivesse conquistado porcaria nenhuma na vida.

Há 86.400 segundos em um dia. Perder apenas um deles pode mudar o resultado do seu dia e, talvez, da sua vida. #NeverFinished #OneSecondDecision [decisão de um segundo]

CAPÍTULO 4

O RENASCIMENTO DE UM SELVAGEM

Duas semanas antes da maratona, eu e Kish fomos para Aspen, para nos aclimatar. Porém, após uma semana de dois treinos por dia, incluindo longas corridas pela manhã e trilhas em velocidade acelerada subindo a montanha Ajax toda tarde, meu corpo começou a dar para trás. Eu dormia mal, meus pulmões pareciam pegar fogo. Até subir um lance de escada me deixava ofegante. Minhas pernas estavam tão pesadas que não havia cadência nenhuma. Kish me acompanhava em todas as corridas e tinha notado que meu ritmo diminuía a cada dia. No nosso quarto de hotel após mais um treino decepcionante, ela sentiu minha frustração.

– Você não precisa fazer isso consigo mesmo, David – disse ela. – Você já correu essa prova. Se nunca mais correr na vida, ainda assim você terá feito mais do que a maioria das pessoas sequer sonha em fazer.

Sentei na beirada da cama e me virei para ela. A preocupação estava estampada em seu olhar. Ela ainda não tinha superado o último susto com o meu coração e sofria ao ver o ar rarefeito acabando comigo. Mas eu só conseguia pensar na última vez que tinha aceitado correr uma maratona de 160 quilômetros.

Havia sido a Badwater 135, em julho de 2016. Naquela época, fazia anos que eu passava duas horas por dia me alongando e, conforme meus músculos se tornavam mais flexíveis, me convenci de que estava alcançando um maior potencial mental e físico. No começo de maio eu tinha vencido a Strolling Jim, no Tennessee, e me sentia confiante ao seguir para o Vale da Morte algumas semanas antes da Badwater para fazer um simulado da prova. Entretanto, após 11 quilômetros de corrida, o calor ficou tão intenso que minha frequência cardíaca disparou, e então a coisa mais louca aconteceu. Eu parei.

Eu era o cara que saboreava temperaturas abrasadoras. Nunca venço nenhum maratonista mundialmente renomado contando apenas com a velocidade, mas, se for encarando um calor terrível, tenho chance. Essa era a minha mentalidade, era nisso que eu sempre tinha acreditado, mas lá estava uma falha repentina no meu sistema operacional, "arquivo não encontrado". Quando o dia da maratona chegou, eu não estava nem perto da bacia de Badwater, a linha de largada da corrida.

– Quer que eu ligue para os caras? – perguntou Kish. Eu tinha convidado dois amigos para serem a minha equipe na corrida. Dali a algumas horas eles embarcariam para ir me encontrar. – Não será melhor cancelar a viagem deles e dizer que a Leadville não vai mais rolar?

Kish tinha razão, já que, na minha condição, correr 160 quilômetros em grande altitude desnecessariamente era a definição de uma péssima ideia. E agora ela me dizia que eu estava a um telefonema de distância da salvação, e eu nem precisava fazer isso por conta própria. No entanto, apesar de o meu corpo certamente estar abalado, minha mente começava a endurecer.

Eu não repetiria 2016! E daí se minhas pernas não tinham força, se Kish conseguia acompanhar meu ritmo a cada corrida e se a Ajax estava me dando uma surra? A altitude não era o problema. A única dificuldade que eu conseguia enxergar era o fato de fazer cinco anos que eu não participava de uma maratona de 160 quilômetros e tinha esquecido que me sentir esgotado antes da prova era normal. No meu auge, eu nunca tirava folga antes de um evento, o que significava que jamais cheguei à largada com pernas relaxadas e descansadas. Naquela época, chegar em primeiro, segundo, terceiro ou último lugar não fazia diferença. Eu tinha caminhado por 160 quilômetros para terminar a Badwater e, se fosse preciso, faria o mesmo na Leadville.

Em outras palavras, tudo estava como mandava o figurino. Mesmo com meu preparo físico vacilante, minha mente ganhava força a cada hora que eu passava na pista. Eu estava voltando a pensar como um selvagem, contando com a constatação de que eu já tinha conseguido vencer subidas íngremes em grandes altitudes, apesar de me sentir horrível. Assim eu podia contar com essa experiência para manter minha confiança mesmo nos momentos desconfortáveis, quando estava com fome, com sono e desidratado, enfrentando as subidas mais íngremes e difíceis da prova.

Uma mente despreparada prefere períodos apropriados de descanso e pernas relaxadas. Ela reza por uma manhã bonita e fresca no dia da corrida e uma brisa que sopre a favor nas duas direções. E talvez por uma chuvinha a cada 5 quilômetros, mas só por alguns segundos, para refrescar. Não o suficiente para tornar o caminho enlameado ou escorregadio.

Uma mente preparada anseia pelas piores condições, porque sabe que a pressão desperta seu melhor e enfraquece quase todos os concorrentes. Ela não se importa se suas pernas estão funcionando bem, se a temperatura está perfeita, se há uma ladeira horrível ou uma cordilheira inteira esperando para acabar com a sua raça. Quando há travessias por rios congelantes, ela não se preocupa em sentir frio nos pés. Ela não presta atenção em distâncias e com certeza está pouco se lixando para o tempo que vai demorar para alcançar a linha de chegada. A mente preparada é uma coisa magnífica, e a minha estava quase. Meu plano nutricional estava organizado, meus diálogos interiores e visualizações estavam no ponto. E sabe que garantia isso me dava?

Absolutamente nenhuma!

Muita coisa tinha mudado desde minha corrida anterior. Antes eu participava desses eventos para tirar uma folga da humanidade. Eles eram o lugar aonde eu ia para entrar em um estado mental e físico animalesco, e era fácil desaparecer ali, porque poucas pessoas curtiam o esporte. No começo dos anos 2000, havia cerca de apenas vinte provas de 160 quilômetros no ano inteiro, das quais só participava um grupo limitado de maratonistas barra-pesada, ávidos por sofrimento. Agora, todos os anos, há mais de duzentas corridas de 160 quilômetros só nos Estados Unidos. Na minha ausência, as ultramaratonas entraram na moda, e a largada da Leadville era surreal. O campo estava apinhado com mais de oitocentos atletas felizes e tagarelas, tirando selfies e fazendo lives.

A energia era palpável enquanto nos alongávamos, nos preparando para enfrentar uma pista que começava e terminava no mesmo lugar, passando principalmente pela Colorado Trail, que varia entre 2.800 e 3.800 metros de altitude. A maioria não estava ali para vencer. No geral, menos da metade dos competidores termina a corrida dentro do limite de tempo de 30 horas.

Havia muito tempo eu tinha aprendido que, não importava o tipo de prova ou desafio em que embarcasse, a única concorrência que interessava era eu mesmo. Muita gente encara isso como mais um convite para pegar leve. Não faça isso, por favor. Mesmo sem participar de uma maratona de 160 quilômetros há anos, pendurei uma isca – algo para perseguir – no fundo da minha mente, para manter o foco. A vida não se resume a vencer ou fracassar. O que importa é o impacto e o esforço. Iscas me ajudam a maximizar essas duas coisas e quase sempre geram um resultado melhor. Se eu pretendia correr a Leadville, faria isso da melhor forma possível. Não importava quanto me sentisse mal fisicamente, eu não tinha ido até ali para apenas ver se conseguiria terminar a prova em 30 horas. Meu objetivo era terminar em menos de 24.

Demorou alguns quilômetros para eu me aquecer, mas fiquei agradavelmente surpreso com meu ritmo e minha forma. O plano era o mesmo de sempre. Eu caminharia rápido nas subidas e correria nas descidas e nos terrenos planos. A maioria dos ultramaratonistas usa essa estratégia, porque correr por subidas íngremes queima suas reservas e não se traduz numa vantagem de tempo relevante. Durante um evento demorado como a Leadville, é melhor gastar sua energia em outra coisa.

Eu tinha analisado bem o percurso nos dias anteriores à prova para me preparar. Não apenas queria me acostumar com o terreno, mas também mostrar a Kish onde ela e o restante da equipe precisariam ficar. Visitamos os lugares que se tornariam pontos de apoio e mapeamos tudo, sem deixar nada ao acaso. Eu estava completamente preparado, mas, durante períodos de exaustão nas Montanhas Rochosas, não importa quanto você analise o percurso, é fácil se enganar e achar que está chegando ao topo de uma subida quando não está nem perto dela.

A Leadville Trail 100 tem um monte desses falsos picos. O mais infame é o Hope Pass, que fica 3.800 metros acima do nível do mar. A subida começa perto do quilômetro 64, que é a última grande subida antes do retorno em

Winfield. A essa altura, eu já tinha encontrado meu ritmo e minhas pernas continuavam em boas condições, apesar de eu ter corrido mais quilômetros naquele dia do que em três anos. Conforme a trilha estreita serpenteava rumo à linha das árvores lá no alto, caminhei rápido, apoiando as mãos nos joelhos para tomar impulso, enquanto a grande maioria dos corredores ao redor usava bastões de caminhada. Eu era um ultramaratonista da velha guarda. Para mim, esses bastões pareciam muletas. Eu preferia ir me apoiando nos joelhos até chegar ao topo. Mesmo assim, os bastões eram permitidos e realmente ajudam as pessoas a ganhar velocidade. Dava para perceber, porque eu estava ficando para trás à medida que a trilha serpenteava mais e mais alto.

Após alguns quilômetros, o caminho saiu acima da linha das árvores e se nivelou na tundra. Parecia muito que tínhamos chegado ao topo, e vi vários participantes se animarem. Ficaram tão felizes que aceleraram o ritmo. Mas, assim que viramos a curva seguinte e vimos quanto ainda restava de subida, eles baixaram a cabeça, curvaram os ombros e eu sorri para mim mesmo, seguindo firme. Continuei inclinado, com as palmas das mãos apoiadas nos joelhos, jogando força nas bolas dos pés enquanto eles acertavam o chão, o que me ajudava a ir diminuindo o tamanho da subida, um passo de cada vez.

As pessoas que já passaram tempo fazendo trilhas em grandes altitudes sabem como um falso pico pode ser desanimador. Quando tudo que você quer é que uma subida pare de lhe dar uma surra, ela lhe dá uma rasteira ao fazer você acreditar que chegou ao fim, para então revelar que não está nem perto dele! Mas ninguém precisa fazer trilhas para conhecer esse sentimento. Há muitos falsos picos na vida.

Talvez você pense que arrasou em uma tarefa no trabalho ou na faculdade, apenas para ser esculhambado pelo seu professor ou supervisor e ter que começar tudo de novo. Falsos picos podem surgir nos treinos da academia, quando você está fazendo uma série difícil e acha que chegou à última repetição, apenas para escutar seu personal dizer que você ainda precisa repetir a série toda mais uma vez. Todos nós levamos uma porrada como essa de vez em quando, mas aqueles que tendem a curvar o pescoço para trás em busca do cume da montanha, implorando para o sofrimento terminar, são os mesmos que ficam mais arrasados com os falsos picos.

Precisamos aprender a parar de buscar por um sinal de que as dificuldades estão chegando ao fim. Quando a distância é desconhecida, é ainda mais essencial manter o foco, para o fator misterioso não roubar nossa concentração. O fim chegará quando tiver que chegar, e ficar nessa expectativa é apenas uma distração que nos impede de completar a tarefa dando o nosso melhor. Lembre-se: a luta é toda a jornada. É por isso que estamos aqui. É por isso que nos inscrevemos na maratona, no curso ou aceitamos o emprego. Há grande beleza em se envolver em algo tão difícil que a maioria das pessoas quer que acabe logo. No fim da Semana Infernal, a maioria dos sobreviventes deu gritos de felicidade, chorou de alegria, cumprimentou e abraçou uns aos outros. Eu fiquei triste, porque estava totalmente mergulhado na beleza da ralação da Semana Infernal e no crescimento pessoal que a acompanhava.

Podemos tornar qualquer obstáculo grande ou insignificante de acordo com a nossa vontade. Tudo se resume à nossa forma de encará-lo. No início da Leadville, eu esperava passar por um dia longo, difícil. Mas quantos dias insignificantes eu tinha vivido àquela altura? Por que não passar um único dia fazendo algo que me deixaria orgulhoso pelo resto da vida? Como Elmo disse para Louden Swain em seu apartamento antes da luta mais importante da sua vida no filme *Em busca da vitória*: "O que importa não são os seis minutos. Mas o que acontece nesses seis minutos."

Quando você sobe uma montanha ou está envolvido em qualquer outra tarefa difícil, a única forma de se ver livre da luta é chegar ao fim dela. Então por que ficar choramingando no instante em que as coisas se tornam difíceis? Por que torcer para chegar logo ao fim quando sabemos que o fim alguma hora chegará? Quando fica reclamando e sua mente começa a procurar o botão de ejetar, você não está dando o melhor de si para completar a tarefa, e isso significa que, na verdade, só está prolongando o sofrimento.

Os mais determinados mantêm a cabeça baixa e seguem em frente com tudo, porque treinaram a própria mente para permanecerem firmes nesses momentos difíceis. Eles reconhecem os falsos picos pelo que realmente são e sempre agem como se estivessem bem longe do topo. A maioria das pessoas diminui a velocidade e sofre em trilhas íngremes, mas ladeiras e elevações não fazem diferença para os mais determinados. Eles mantêm a mente no modo ataque até não restarem mais montanhas a escalar e, quando chegam ao topo, desejam que o trajeto tivesse demorado um pouco mais.

Após cerca de 6 quilômetros de subida, corri pelo declive entre os dois picos do Hope Pass e balancei a cabeça. *Já acabou?*, pensei enquanto acelerava o ritmo e matava a pau a descida rumo ao retorno no quilômetro 80, onde minha equipe de apoio esperava.

Meu ritmo estava um pouco abaixo do meu recorde pessoal de 22 horas e 15 minutos para a Leadville, o que me deixava entre os quarenta melhores da competição inteira. Não que eu soubesse disso naquele momento. Eu não tinha um smartwatch, só um relógio vagabundo de 10 dólares que tinha comprado no Walmart na véspera, porque não queria que a percepção do meu ritmo abalasse minha disposição mental. Meu foco era um só: minha missão no momento presente.

Após um descanso rápido para comer e me hidratar, chegou a hora de refazer meus passos e subir o Hope Pass pela parte de trás, agora com o apoio de um *pacer*. Meu velho amigo T.J. tinha enchido uma mochila com comida extra, água e uns equipamentos que achava que eu poderia precisar. As pernas dele estavam descansadas. Sua presença me incentivou a manter um ritmo acelerado na subida e, apesar de fazer um tempo que eu não corria maratonas de forma consistente, tinha desenvolvido uma boa técnica ao longo dos anos. Essa memória muscular voltou e me permitiu atacar a descida e voar até o outro lado.

A última grande subida se agigantava no quilômetro 120. Ela se chama Powerline e também tem alguns falsos picos. T.J. trazia um par de bastões de caminhada, que não parava de me oferecer. Ele tinha ficado irritado ao ver o pessoal com bastões nos ultrapassando na subida do Hope Pass enquanto eu continuava apoiando as mãos nos joelhos. Nós havíamos alcançado quase todo mundo na descida e na parte plana, apenas para perder espaço de novo na Powerline.

– Fala sério, cara, só experimenta usar os bastões por uns quilômetros – disse ele. – Para ver se você gosta.

– De jeito nenhum – rebati enquanto mais duas pessoas nos ultrapassavam. – Antigamente, isso era trapaça.

A essa altura, eu estava exausto. Pela primeira vez no dia inteiro, os quilômetros acumulados e meu ritmo começavam a me abalar, e dava para perceber.

– Acredita em mim, Goggins.

Olhei para T.J., que os segurava como se soubesse que apresentava uma arma que só seria usada como último recurso por um samurai ranzinza ainda apegado às velhas tradições. Eu os agarrei com força, irritado por abandonar minha velha ética das ultramaratonas. Por outro lado, o esporte havia evoluído, e aquela era uma oportunidade para que eu evoluísse também. Como ele tinha prometido, os bastões aliviaram tanto a pressão das minhas pernas que elas subitamente pareceram novas, e subi aquela montanha íngreme com tudo.

Eu me movia melhor e mais rápido do que nas últimas horas. Passei por ultramaratonistas experientes como se eles fossem bandeirolas de esqui. Minha confiança inflou e meus sentidos se aguçaram enquanto eu avançava pela pista. Eu me senti tão poderoso e no *flow* que algo se soltou na minha memória e foi tomando conta da minha mente. É isso que torna eventos como a Leadville tão profundos e poéticos. A ralação ao longo de 160 quilômetros em grande altitude exige tudo de você e, à medida que eu subia como um jato pela Powerline, reencontrei o garoto assustado que costumava buscar saídas porque era incapaz de enxergar suas próprias possibilidades.

※ ※ ※

A gagueira apareceu quando eu estava no terceiro ano da escola, no meu segundo ano em Brazil, Indiana. No quinto, eu já não conseguia dizer três palavras sem gaguejar. A coisa piorava muito na presença de adultos e desconhecidos, e chegava ao auge quando eu precisava falar em público. Nunca vou me esquecer da peça da escola. Todo mundo sabia que eu gaguejava, mas, como a participação era obrigatória, a professora teve a bondade de me dar um papel com apenas uma fala. Ensaiei mil vezes em casa. Eu me enrolava em algumas tentativas, mas no geral ela saía direitinho, sem problemas. Só que, sob as luzes do palco, fiquei paralisado.

O silêncio era intolerável. Havia no máximo quinze, vinte pessoas na plateia, todos pais, e seria impossível encontrar um público mais receptivo. Todo mundo esperou pacientemente, quase desejando que eu falasse. Alguns dos meus colegas de classe riram, embora a maioria estivesse torcendo por mim. A professora observava com olhos arregalados, sensíveis, enquanto meu lábio inferior tremia. Eu sabia que seria impossível, então virei de costas e fugi do palco sem nem tentar.

Eu estudava em um pequeno colégio católico. Todo mundo na minha turma já me conhecia, e eu me sentia relativamente confortável perto deles. A maioria tinha visto minha gagueira começar no meio do terceiro ano e se transformar em uma maldição da qual eu não conseguia escapar sempre que precisava ler em voz alta para a classe. Às vezes, eu tinha que ler duas frases, especialmente quando aprendíamos as definições de novas palavras. Com frequência, era um ou dois parágrafos, o que só piorava a situação, porque a gagueira não era meu único problema. Isso também deixava em destaque minha dificuldade na leitura.

Nesses momentos, o tempo parava e eu me sentia completamente exposto. O fato de a minha maldição ser alimentada por traumas do passado e pela ansiedade de ser o único garoto negro em uma escola só de brancos não fazia diferença. Na minha cabeça, agora eu era o garoto negro burro que gaguejava, e apenas isso. Meu fracasso parecia mais pesado do que era, e minha ansiedade em relação a falar em público apenas aumentava. Chegou ao ponto em que, sempre que um professor nos pedia para ler em voz alta, eu ia contando os parágrafos e esperava o momento mais estratégico para pedir para ir ao banheiro. Ou fingia uma dor de cabeça ou enjoo para ser mandado de volta para casa pelo restante do dia.

Minha vida inteira naquela escola girava em torno de evitar me expor. Eu não estava interessado em estudar ou melhorar. Eu queria fugir das adversidades, porque só conseguia enxergar os golpes que receberia, o que limitava minha capacidade de aprender e crescer. Comecei a colar para passar de ano, porque a gagueira me convenceu de que eu não podia ficar na sala de aula e que não havia nada para mim naqueles livros.

Meus últimos pensamentos antes de dormir todas as noites e os primeiros ao despertar pela manhã eram sobre minha própria insignificância, estupidez e inutilidade. Por causa da minha criação difícil, eu tinha mais noção de como o mundo funcionava do que a maioria das crianças do quinto ano e ficava me perguntando como conseguiria enfrentar a vida sendo incapaz de falar. O que acontecia com pessoas assim? Só de pensar nisso, eu ficava apavorado. Meu mundo diminuía cada vez mais, porque a gagueira me dominava. Ela era a única coisa que eu via, ouvia e sentia. Não havia espaço disponível para pensamentos positivos no meu cérebro. Por isso eu preferia encontrar atalhos e buscar saídas de emergência.

Muitas pessoas se sentem assombradas desde o momento em que acordam. Talvez sejam gordas ou tenham alguma deficiência, sintam-se feias ou estejam fracassando e se achando incapazes de dar conta do estudo ou do trabalho, e isso as consome. Sua obsessão pelas próprias imperfeições e falhas sufoca o respeito que tem por si mesmo e afoga qualquer progresso, fazendo com que a única coisa na sua lista diária de afazeres, da hora que saem da cama até o momento em que rastejam de volta para ela à noite, seja evitar se expor e apenas sobreviver a mais um dia no inferno. Quando você se sente assim em relação a si mesmo, é impossível enxergar possibilidades ou aproveitar oportunidades.

Todos nós temos a capacidade de feitos extraordinários, porém grande parte das pessoas – especialmente os que se sentem assombrados – foge das provas de fogo e nunca descobre como é chegar ao outro lado do inferno. A minha metamorfose foi um processo brutal, que ocorreu ao longo de décadas, mas, com o tempo, me tornei o completo oposto do garoto paralisado sob as luzes quentes do palco e o olhar da professora que só queria me ensinar a ler. Eu me tornei um selvagem em tempo integral, que seguia o caminho distante e estreito ladeado por pirambeiras, sem pontos de parada ou descanso, sem retornos nem qualquer tipo de saída. Tudo que surgia na minha frente precisava ser encarado de cabeça erguida, porque o selvagem em tempo integral encara tudo na vida como uma oportunidade para aprender, se adaptar e evoluir. No entanto, quando a mensagem de Babbitt chegou até mim, eu procurei uma saída. Mas então coloquei a cabeça no lugar e dei meu jeito.

Agora, após 120 quilômetros em uma das maratonas mais difíceis do mundo, eu me sentia sobrenaturalmente forte, e era exatamente por isso que as imagens da peça no quinto ano ficavam passando em looping pela minha mente. É normal que seus momentos de maior força tragam à tona os de maior fraqueza. Eu estava dando tanto de mim que minha perspectiva era profunda, e senti pena daquele garoto, sabendo que ele passou tempo demais se permitindo ser dominado pelas circunstâncias. Mas também senti orgulho dele. Por superar tudo aquilo. Era realmente fantástico tudo que aquele garotinho havia conseguido conquistar.

No palco, durante uma palestra do The Patriot Tour, sem medo nenhum de gaguejar (crédito: Nature's Eye)

A descida da Powerline passa por um trecho salpicado com tantas pedras e rochas que é difícil firmar os passos, mas consegui concluí-la em um tempo bom. Depois disso, sempre que a pista ficava plana, eu corria. E quando aparecia uma subida, eu usava os bastões e andava mais rápido do que nunca.

A Leadville lavou minha alma. Todas as dúvidas que eu tivera antes do evento sobre minha motivação interior e minha capacidade física foram respondidas. Era como se a prova em grande altitude fosse uma escultora e eu, sua obra de arte em mármore sendo entalhada: a imagem de um selvagem renascido. A cada quilômetro que eu corria, mais um pedaço de pedra era removido, e cheguei ao último posto de auxílio no quilômetro 140 pensando na loucura que tinha sido acreditar, apenas alguns dias antes, que eu precisaria caminhar pelo percurso inteiro. Agora, faltando apenas 20 quilômetros, minhas pernas ainda tinham energia para dar e vender.

Durante o tempo que passei no posto, analisei a cena. Alguns competidores chegavam cambaleando. Outros riam e faziam piadas com sua equipe enquanto comiam e se hidratavam. Todos nós passávamos por um rito de passagem quase bárbaro, mas, depois que tudo acabasse, quantos usariam aquilo como uma oportunidade para questionar profundamente seu corpo e sua mente, e exigir mais de si mesmos? A Leadville 2019 estava cheia de selvagens em meio expediente. Pessoas que pegam mais pesado no treino por seis ou sete meses, completam a maior maratona que vão correr na vida e depois passam anos sem fazer nada parecido. Enquanto eu saía para o último trecho da corrida, não havia mais dúvidas sobre minha capacidade de concluir a prova. A pergunta agora era: aonde aquela linha de chegada me levaria?

Pelos 3 quilômetros seguintes, quando a trilha seguia rumo aos picos, eu e T.J. caminhávamos. Quando ela se tornava plana, corríamos. Eu estava cansado, mas T.J. estava sofrendo e, quando os trechos planos se alongavam por distâncias maiores, uma distância considerável se abria entre nós. Não sou muito de conversar enquanto corro, então achei que ele estivesse me dando um espaço, mas, quando eu voltava a caminhar e ele me alcançava, sua respiração estava ofegante e acelerada. Ao chegarmos aos últimos 3 quilômetros do lago Turquoise, um dos últimos trechos longos e planos da corrida, ele não aguentou mais me acompanhar.

A trilha dava a volta no lago alpino, que era cercado por picos escarpados, até cruzar uma estrada íngreme de terra. Um voluntário ficava ali em uma van para guiar competidores exaustos na direção correta. Eu não tinha mais comida nem água, porém essa não era minha preocupação quando perguntei ao voluntário se ele tinha alguma coisa sobrando. O cara me deu um biscoito. Agradeci e fiquei esperando, segurando aquela porcaria por dez minutos, depois quinze. Alguns corredores passaram por mim, mas nem sinal de T.J., então saí correndo... na direção contrária à linha de chegada!

Após uns 700 metros, vi T.J. caminhando na minha direção. Dizer que ele ficou surpreso ao me encontrar seria pouco e, quando lhe entreguei o biscoito, ele entrou em parafuso. Enquanto comia, lamentou ter ido ao Colorado para me ajudar, sendo que agora era eu quem o estava ajudando a alcançar a linha de chegada. Ele sabia que eu tinha abandonado a chance de bater meu recorde pessoal, via que eu estava me contendo, e se sentia como um peso morto.

Alguns minutos depois, por volta de duas da manhã, chegamos à van de novo e começamos a fazer a descida íngreme sob o céu estrelado. Duas lanternas de cabeça vieram balançando atrás de nós, aproximando-se mais e mais. Era outro competidor e seu *pacer*. O homem diminuiu a velocidade ao nos alcançar. Quando me reconheceu, parou e sorriu. Achei que ele fosse apenas mais um cara simpático, feliz por se aproximar da linha de chegada, mas sua motivação era outra.

Após doze anos, é bom voltar à Leadville

– Meu filho me disse que você estava aqui – disse ele. – Na verdade, ele me desafiou a te alcançar. Parece que te alcancei.

– Parece que sim – respondi.

Ele concordou com a cabeça, todo satisfeito, e saiu correndo.

– Que cara sem noção. – T.J. balançou a cabeça enquanto o observava ser engolido pela noite. – Ele não te alcançou!

– Deixa ele pra lá – falei.

Aquilo também tinha me incomodado, mas eu não queria que T.J. percebesse. Ele só se sentiria pior.

– Se não fosse por mim, ele nem teria te visto. – Os olhos de T.J. brilharam com os primeiros sinais de vida que eu via em quilômetros. Ele estava mais irritado que eu. – Ele não te alcançou. Ele alcançou seu *pacer*!

Na verdade, ele estava tão furioso que passou a correr, depois diminuiu o passo e começou a caminhar para recuperar o fôlego. Essa sequência se repetiu algumas vezes. Estava bem claro que ele não conseguia manter um ritmo, mas a questão não era essa. T.J. queria provar algo para mim. Ele sabia que eu ainda tinha muito gás para dar e que cruzar a linha de chegada com combustível no tanque é um pecado capital. Com as mãos apoiadas nos joelhos, ele se virou para mim e disse:

– O que você ainda está fazendo aqui? Vai atrás daquele cara!

Isso foi música para meus ouvidos. Trocamos um sorriso malicioso e disparei. Quando fiz a última curva da prova, ainda precisava matar uma subida gradual de 5 quilômetros para alcançar a linha de chegada. Todo mundo que não pertence à elite da elite caminha por esse último trecho, o que significava que, se eu secasse meu tanque, passaria alguns competidores. Eu tinha guardado na mente a cara daquele homem metido a besta e queria alcançá-lo.

Antes eu tinha o hábito de guardar na mente imagens assim. Na minha época de selvagem em tempo integral, se alguém dissesse alguma gracinha para mim, eu rebatia e usava aquele desrespeito como munição para me impulsionar durante a próxima tarefa, corrida ou série brutal. E eu sempre tinha alguma coisa na manga.

Todos temos essa ferocidade – esse cão – dentro de nós. É uma resposta natural a provocações, um primo próximo do instinto de sobrevivência. Só que a maioria das pessoas a mantém acorrentada e escondida atrás de portas fechadas, porque nosso lado selvagem não convive bem com o mundo "civilizado". Ele é obsessivo. Está sempre ávido, em busca de qualquer migalha que encontre em competições, fracassos e situações de falta de respeito. Eu costumava abrir essa porta o tempo todo, mas, conforme minha vida foi mudando, prendi a fera como quase todo mundo e comecei a ignorar os insultos. Qualquer gracinha lançada na minha direção entrava por um ouvido e saía pelo outro. Eu tinha amadurecido e decidido ter uma vida mais equilibrada. Isso não necessariamente era algo ruim, mas também não era de todo bom.

Eu não estava mais tão ávido. Por anos, tinha ignorado migalhas suculentas, só que o comentário casual daquele competidor metido não saiu pelo outro ouvido. O cão estava ávido outra vez, e, naquele trecho agonizante, percebi quanto sentia falta da sensação de estar obcecado, da adrenalina de secar meu tanque. Eu tinha me privado dessas coisas por tempo demais.

Se você quiser maximizar o mínimo potencial e se tornar ótimo em qualquer área, precisa abraçar seu lado selvagem e ficar desequilibrado, pelo menos por um período de tempo. Você precisa dedicar cada minuto de cada dia à busca daquele diploma, daquele lugar entre os titulares, daquele emprego, daquela vantagem. Sua mente jamais pode sair do banco do motorista. Durma na biblioteca ou no escritório. Mantenha-se firme depois do pôr do sol e durma assistindo a um vídeo do seu próximo oponente. Não há dias de folga nem tempo para descansar quando você se torna obcecado por alcançar a grandeza. É isso que você precisa fazer para se tornar o melhor de todos no que você faz.

Saiba que nem todo mundo vai entender sua dedicação. Alguns relacionamentos podem acabar. O selvagem não é uma fera sociável, e um estilo de vida desequilibrado com frequência parece egoísta quando visto de fora. Porém, só fui capaz de ajudar tantas pessoas com minha história de vida exatamente por ter aceitado esse desequilíbrio enquanto perseguia o sonho impossível de me tornar o cara mais casca-grossa do mundo. Esse é um título mítico, mas se tornou minha bússola, minha estrela-guia.

E lá estava ela de novo, brilhando no céu do Colorado, mais brilhante do que todas as outras galáxias. Ela me guiava por aquela colina, enquanto eu estabelecia um ritmo fluido e passava por outros cinco corredores.

Cada lanterna de cabeça que eu colecionava me rendia mais energia para queimar e, faltando 2,5 quilômetros para o fim da corrida, computei a última. Era o cara metido. Não me aproximei pelo canto da estrada de cascalho. Fui direto na direção de seu ombro. Passei bem perto, mas não encostei nele porque não queria que a escuridão da noite o deixasse confuso ou desorientado. Eu só queria que ele soubesse exatamente quem o havia ultrapassado.

Ele não tinha a menor ideia de que, ao passar por mim alguns quilômetros antes, cuidando da minha vida, eu estava ajudando meu *pacer*. Ele não teria como saber quanta energia me restava, mas, quando você não sabe com quem está falando, é sempre melhor tratar as pessoas com respeito ou nem falar nada. Em vez disso, ele tinha se vangloriado, deixando pelo caminho umas migalhas que alimentaram o cão ávido dentro de mim. Ah, mas ele não teve nada a dizer quando o ultrapassei. Nem eu. Não lhe dei nem a satisfação de olhá-lo, mas o ouvi bufando e, quando ele baixou a cabeça de vergonha, lembrei por que nunca devemos cuspir para cima.

Eu tinha feito uma boa prova e terminei em 35º lugar, totalizando 22:55:44, 40 minutos acima da minha marca em 2007, mas ainda um ótimo tempo se levarmos em conta que aquilo tinha acontecido doze longos anos antes, com duas cirurgias cardiovasculares no meio do caminho. Kish nunca tinha me visto terminar uma maratona de 160 quilômetros. Ela ficou encantada quando cruzei a linha de chegada e esperava um grande momento cinematográfico, mas eu não estava no clima para comemorar. Como diz o coronel Trautman sobre Rambo: "O que você chama de inferno, ele chama de lar." E foi exatamente assim que me senti ao cruzar a linha. Que finalmente tinha voltado ao lar.

Mas uma tempestade estava se formando: a mesma "emergência" médica que ocorre sempre que termino uma ultramaratona, o que significava que precisávamos voltar ao nosso chalé em Breckenridge imediatamente. Fiquei olhando pela janela, focado na minha estrela-guia enquanto ela nos acompanhava pelo trajeto de 45 minutos de carro, me tentando a deixar a vida pacata de equilíbrio e conforto para trás e ir atrás dela. Aquilo me dizia que a Leadville não tinha sido o caso isolado que eu presumia que seria. Parte da minha hesitação em resolver participar tinha sido o fato de eu já ter feito aquilo. Eu tinha corrido quase todas as provas importantes do mundo das ultramaratonas. Aquilo tudo já havia sido riscado da minha lista. Só que agora eu sabia que precisava de mais!

O que viria a seguir? Eu seria mesmo capaz de me tornar um selvagem em tempo integral aos 45 anos? E, se tentasse, quanto tempo aguentaria? Essas perguntas teriam que ficar para outra noite, porque, antes mesmo de pararmos o carro, meu corpo todo já se enrijecia. Eu sentia os tremores chegando e, apesar de entender o que estava por vir, aquele era um território desconhecido para Kish.

A derrocada pós-ultra estava prestes a começar.

EXERCÍCIO TÁTICO Nº 4

Apesar de a gagueira da infância ter sido horrível, o trauma não me destruiu por completo. O estresse tóxico me distraía. O sofrimento me impedia de viver de forma plena e feliz na escola e continuou a me assombrar no começo da vida adulta, mas, durante todo esse tempo, tive noção suficiente para perceber como a situação era ruim e me lembrar de cada atalho que eu tomava. Por mais estranho que pareça, eu tive sorte. Algumas vítimas sofrem traumas tão devastadores que perdem toda a autoconsciência e o respeito por si mesmas. Elas ficam destroçadas. Aspectos básicos do caráter delas se perdem.

Parte do que me impediu de chegar ao fundo do poço foi o exemplo que minha mãe me dava. Por mais que tentasse esconder, ela era o retrato de uma pessoa destruída. Por isso tive a oportunidade de observar a fundo o funcionamento da mente de um prisioneiro.

Ela era jovem quando conheceu Trunnis. Ele a deslumbrou até que ela estivesse comendo na palma da mão dele. E então, a cada tapa na cara, a cada comentário maldoso e desrespeitoso, a cada traição, ele sugava sua força vital mais e mais, até ela perder o contato com a mulher atraente, inteligente, elegante e forte que tinha sido um dia. Não aconteceu da noite para o dia. Raramente acontece. Em relacionamentos abusivos, o processo quase sempre é gradual, e é por isso que machuca tanto. Até que um dia você acorda de manhã e se vê completamente à mercê da pessoa que o está destruindo.

Na natureza, a destruição sempre abre espaço para a criação, e minha mãe não passou muito tempo lambendo as próprias feridas depois que chegamos a Indiana. Existe em todos nós esse desejo de reconstrução, e ela não era exceção. No entanto, a reconstrução de si mesmo deve ser feita de forma consciente. Ela perdeu toda confiança e coerência emocional porque nunca se libertou por completo do meu pai. Por isso, não soube o que estava construindo, e os tijolos que empilhou se tornaram sua cela. De forma inconsciente, ela construiu uma torre de isolamento mental e emocional, e, quando completei 8 anos, ela já tinha se tornado uma casca vazia. Ela trabalhava e lutava, mas pouco assimilava em termos emocionais. Nós levávamos vidas paralelas. Mal conseguíamos nos comunicar.

A ironia é que você constrói essas barreiras para se proteger. Você acha que elas o tornarão resistente e menos vulnerável, mas acabam isolando-o em uma solitária com seus pensamentos mais sombrios e suas lembranças mais feias. Você enfim se convence de que, de alguma forma, merece estar nessa situação pelas decisões ruins que tomou. Passa a acreditar que não merece algo mais e melhor, e que todo o mal do passado não pode ser desfeito. Você é tomado por uma vergonha interminável. Quando se olha no espelho, não consegue enxergar quem realmente é. E permanece trancafiado nessa prisão porque segue repetindo para si a mesma falsa narrativa e se mantém apegado ao falso reflexo do qual não consegue escapar porque ele faz parte de você. Na época em que cheguei ao ensino médio, minha mãe já era uma mulher independente e bem-sucedida, que tinha sobrevivido à violência doméstica e conseguido um emprego em uma universidade renomada que pagava um salário de seis dígitos por ano. Esses eram os fatos irrefutáveis. Todo mundo ao nosso redor via a mesma coisa, mas, no espelho, ela enxergava uma pessoa sem valor nem dignidade.

Enquanto trabalhava como reitora da universidade durante meu penúltimo ano de ensino médio, ela dava aulas no presídio como voluntária. Para ela, não bastava viver em sua própria prisão mental; ela queria experimentar uma de verdade. Especialmente se isso significasse que teria menos tempo para ficar consigo mesma e pensar na própria vida de forma significativa. Após algumas semanas de trabalho na penitenciária, sua rotina diária – que era quase sagrada desde que tínhamos chegado a Indiana – começou a degringolar, e senti que havia algo errado. Como eu não sentiria, com o telefone tocando a cada quinze minutos? Semanas antes de eu partir para o treinamento da Força Aérea, ela finalmente me contou o que estava acontecendo. Ela estava noiva de um homem encarcerado na prisão de segurança máxima pelos últimos dez anos.

Demorei alguns minutos para assimilar essa informação e perguntar:

– Por que ele foi preso?

Ela não respondeu de imediato. Precisou pensar um pouco, porque não havia jeito fácil de explicar para o próprio filho que seu futuro marido tinha sido condenado por assassinar uma mulher por causa de drogas. Ele não atirara nela. Não tinha sido uma tentativa de assalto que dera errado. Aquele homem havia esganado uma mulher por causa de drogas. Ela explicou que ele sairia do presídio uma semana depois de eu ir para o treinamento e que se mudaria para nossa casa.

É incrível como a mente funciona quando você não se reconstrói de forma consciente. Meu pai era um bandido e um trambiqueiro. O noivo anterior dela tinha sido assassinado na garagem da casa dele e, nessa nova tentativa, ela se casaria com um assassino condenado menos de uma semana depois de ele ser solto. Minha mãe estava procurando alguém que pudesse salvar, porque ela não tinha forças para salvar a si mesma. Só que o casamento não deu certo. Eles se divorciaram em menos de dois anos. Ele teve uma recaída e acabou morrendo de overdose muitos anos depois.

Para dizer com todas as letras: quando o seu valor próprio desaparece e você não lida com seus demônios nem os aceita, eles continuarão a dominar a sua vida e você se tornará um fracassado.

Estou ciente de que boa parte dos conselhos que dou e das histórias que conto tem o objetivo de ajudar você a seguir em frente para atravessar situações impossíveis. No entanto, há momentos em que é preciso uma Parada Brusca. Se você algum dia se encontrar em uma situação abusiva como a de minha mãe ou em qualquer outra batalha e sentir que está prestes a se perder, correndo o risco de se anular, o melhor a fazer é brecar a descida para não chegar ao fundo do poço.

Sei por experiência própria como é difícil ser continuamente perseguido por um predador. Você perde toda a noção de normalidade. A realidade fica distorcida. Mas também sei que momentos de clareza existem. Minha mãe devia ter feito uma parada brusca para se reorganizar quando recebeu o primeiro tapa na cara de Trunnis, ou o 12º, ou mesmo o 50º. Apesar de eu saber que isso é difícil, é algo que precisamos fazer por nós mesmos. É inegociável. Se ela tivesse feito isso, poderia ter percebido que estava num caminho sem volta que a destruiria por completo. Poderia ter enxergado que não era normal nem tolerável ver seus filhos trabalharem a noite toda num rinque de patinação e depois levarem uma surra em casa. Em uma situação tóxica, não podemos continuar seguindo em frente de olhos fechados, torcendo para que ela acabe. Ela não vai acabar, e você talvez não viva para contar a história.

Ao travar a descida, você estará machucado, mas não completamente destruído. Sua ferida provavelmente se tornará uma distração, mas, com intenção e esforço, é possível se curar e tomar o controle da sua vida. Quando você chega ao fundo do poço, a coisa muda de figura, e não existem soluções fáceis ou simples. Ao serem soltos, presidiários geralmente não estão reabilitados de forma permanente. A maioria sai da prisão com comportamentos problemáticos e precisa de mais ajuda para reconstruir a vida. Você também precisará de ajuda. Precisará encontrar pessoas que sobreviveram ou que pelo menos se identificam com as situações pelas quais você passou e que podem ajudá-lo a melhorar.

É claro, buscar ajuda e compartilhar seu passado sofrido exige autoestima e consciência de si, e quando estamos confinados pelos muros que nós mesmos construímos, consciência e confiança não existem. Nesse ponto, a única opção é sentir raiva.

Costumamos escutar que a raiva é uma emoção ruim, mas quando algo ou alguém roubou sua alma e destruiu sua vida, a raiva é uma reação natural. Não estou falando de fúria irracional, que pode ser desastrosa e causar problemas ainda maiores. Estou falando da raiva controlada, que é uma fonte natural de energia e pode nos despertar e nos ajudar a perceber que aquilo que enfrentamos não era certo. Já encarei essa raiva muitas vezes. Ela me aqueceu quando eu estava congelando, transformou meu medo em coragem, e me deu ímpeto quando não me restava nada. Ela pode fazer o mesmo por você.

A raiva vai quebrar o feitiço quando você não estiver mais disposto a permanecer confinado na sua prisão mental. Você vai cavar e arranhar os muros, buscando rachaduras que deixem a luz entrar. Suas unhas vão quebrar, as pontas dos seus dedos vão ficar ensanguentadas e em carne viva, e você vai continuar lutando para aumentar as rachaduras, porque a raiva será purificadora e a mente humana adora o progresso. Mantenha-se firme e, com o tempo, esses muros vão desabar um a um até você estar livre, de pé em meio aos escombros mais uma vez, de olhos bem abertos. Vai dar certo. Porque a destruição sempre abre espaço para a criação.

> Tenha coragem e resistência mental para fazer de tudo a fim de derrubar esses muros. Você é o carcereiro da sua vida. Não esqueça que as chaves estão nas suas mãos. #NeverFinished #PrisonerMind [mente prisioneira]

CAPÍTULO 5

DISCÍPULO DA DISCIPLINA

Minha visão começou a escurecer enquanto entrávamos com o carro na garagem do chalé alugado em Breckenridge, no Colorado. Passava das quatro da manhã e estava um breu. Eu mal conseguia enxergar ao descer com cuidado a pequena escada que levava à porta. Kish ficou prestando atenção em mim, preocupada, enquanto eu entrava em casa com minhas próprias forças. Apesar da dor, eu estava me segurando, e ela sabia que eu não demonstraria fraqueza na frente da equipe. Na verdade, ela presumiu que eu caminharia até o banheiro do nosso quarto térreo, onde poderia me ajudar a tirar a roupa e me limpar. Mas minha capacidade de permanecer de pé e ativo estava por um fio que se desfazia rapidamente e, assim que os caras sumiram de vista, ele se rompeu. Meus joelhos cederam e caí no chão do quarto.

Kish estava bem atrás de mim. Ela fechou e trancou a porta, arrancou a coberta da cama e a estendeu no chão ao meu lado. Então se esforçou para me posicionar sobre a colcha e me dar um pouco de conforto. Ela nem imaginava que seus cuidados não me deixavam nada confortável.

Kish é tão obcecada por limpeza que quase chega a ter TOC. Poeira, sujeira e o potencial da existência de germes fazem seu radar entrar em estado de alerta. Ela é a primeira a comentar sobre cheiros ruins no ambiente, e lá estava eu, fedendo como um cachorro velho que tinha se esfregado em um bicho morto. Minhas pernas e pés estavam cobertos de lama e sangue, minhas unhas estavam pretas de sujeira. Uma pasta de imundície e suor cobria minha pele da cabeça aos pés. Meu hálito estava podre, e minha respiração, acelerada e rápida; os leves tremores que tinham sido visíveis no carro apenas porque Kish estava prestando bastante atenção se transformaram em calafrios de bater os ossos. Então minhas entranhas grunhiram, e eu sabia que a situação estava prestes a se tornar bem pior.

Aquilo não era novidade para mim. Desde a minha primeira ultramaratona, a San Diego One Day, o fim de toda corrida de 160 quilômetros era seguido por uma maré de dor e sofrimento, junto com a perda de controle humilhante da maioria das minhas funções fisiológicas. Kish sabia disso, mas nunca tinha visto ao vivo, e eu estava com medo de ela não aguentar lidar com a situação.

Somos pessoas muito diferentes. Kish não é do tipo que gosta do ar livre. Se não fosse por mim, ela jamais teria escutado falar da Leadville. Sua ideia de diversão é passar o dia em uma quadra de pickleball, em um campo de golfe ou relaxando em um resort cinco estrelas. Ela gosta de conforto. Eu sou uma fera antiquada de outra era. Mas, quando se trata de dedicação e disciplina, somos iguais. Ela mantém o ritmo na academia, nas estradas e trilhas, é muito determinada quando se trata de negócios e entende minha necessidade de me dedicar à ralação de um jeito que nenhuma outra mulher – na verdade ninguém – jamais compreendeu.

Ainda assim, tirando aquela noite na emergência do hospital em Nashville, ela só havia me visto como um homem capaz de aguentar e resistir a toda e qualquer coisa com pouca ou nenhuma ajuda, frequentemente sem dormir direito. Eu quase nunca me mostrava vulnerável, então como ela se sentiria depois de me ver incapaz até de me limpar? Envergonhado e humilhado, expliquei o que aconteceria, e ela pareceu horrorizada.

– Espera, David! No duvet não!

– No quê? – perguntei, delirante.

– No edredom. – Eu devo ter parecido confuso, porque nunca tinha escutado a palavra "duvet" na vida. Kish parecia dividida enquanto balançava a roupa de cama branca como neve, que, para seu completo horror, estava ficando encharcada com minha marinada nojenta pós-maratona. – Você está deitado nele!

– Você está falando do cobertor? – perguntei.

Ela saiu correndo do quarto sem responder e voltou com um saco de lixo preto que colocou entre mim e o precioso edredom feito uma fralda aberta. Apenas então ela puxou o short de corrida pelas minhas coxas. Meu intestino soltou, e um fedor infernal se alastrou entre nós.

Como previsto, ela precisou limpar minha bunda, porque eu não conseguia me mexer, e então me ajudou a ajoelhar para eu conseguir mijar em uma fruteira chique que ela havia encontrado na cozinha do andar de cima enquanto trincava os dentes e se estressava com o impacto que aquilo teria em sua nota no Airbnb.

Depois disso tudo, depois de ela tirar os tênis e as meias dos meus pés, de me limpar o máximo que conseguiu e me aninhar naquele edredom ridículo, meus olhos se reviraram por trás das pálpebras fechadas. Eu não estava dormindo. Estava tentando saborear os tremores incontroláveis, a sujeira, meu fedor doentio e as muitas variações da dor.

A agonia arrasadora que eu sentia fazia meus flexores do quadril arderem. A única vez que tive uma sensação parecida havia sido na noite de quarta-feira na minha segunda Semana Infernal, depois de ser acordado de uma soneca de cinco minutos na praia. Todo mundo na minha equipe de bote dormiria uma hora inteira. Pete Psicose, o instrutor que eu mais detestava, queria conversar comigo em particular. Eu me lembro de tentar me levantar com aquele maníaco na minha cara. Era como se meu quadril estivesse preso em um torno. A única coisa capaz de aliviar a dor latejante era me encolher em posição fetal, então foi isso que fiz em Breckenridge, viajando sobre como a dor tem o poder incomparável de fazer você voltar no tempo. Deitado ali, tremendo e suando ao mesmo tempo, eu jurava que tinha voltado à ilha de Coronado, molhado e cheio de areia.

Kish estava apavorada. Ela me observava, cronometrava minha respiração irregular, escutava meus ossos chacoalhando enquanto cogitava diferentes linhas de ação em sua cabeça. Será que eu estava em choque? Ou seria alguma reação à altitude? Breckenridge fica a quase 3 mil metros de altitude. Ela tinha medo de a minha condição se deteriorar rápido. Mas eu não estava preocupado com nada disso. Sabia que aquele era meu velho amigo, o colapso. Minha fase final da ultramaratona.

Quando comecei a participar de provas de resistência, eu adorava a fase do colapso, porque o sofrimento fazia com que eu me sentisse vivo e me mostrava que eu tinha dado tudo de mim. Dessa vez, não a saboreei da mesma forma, mas sabia que era uma consequência da entrega total e que, se eu explorasse os recantos da minha mente, encontraria as lições valiosas que tendiam a surgir aos montes durante esses momentos. A maioria das pessoas prefere evitar colapsos como esse, porque o sofrimento pode ser esmagador a ponto de gerar marcas permanentes. Eu aceito o colapso e dou boas-vindas às cicatrizes. Elas carregam muitas informações.

Cicatrizes são provas de que o passado é real. Elas nunca desaparecem e, ao vê-las, você pode acabar voltando para algum momento específico do passado. Porém, o tecido que recobre um antigo ferimento é frágil. Lutadores profissionais que são golpeados no rosto várias vezes sangram mais rápido do que aqueles que nunca levaram um soco. Depois de sofrer um corte profundo, você será mais vulnerável a sangramentos para sempre.

O mesmo vale para as cicatrizes mentais e emocionais que todos carregam dentro de si, as que ninguém consegue ver. Elas podem até ser invisíveis, porém nos afetam bem mais do que as físicas. Cicatrizes mentais e emocionais são nossos pontos fracos e podem se abrir com a mesma facilidade se não nos dedicarmos a fechá-las. Se você não lidar com suas cicatrizes, elas podem alterar o rumo da sua vida. Será mais fácil fracassar em situações físicas e emocionais difíceis, seja em eventos esportivos, no trabalho ou na sua vida em casa, e, com o tempo, você acabará voltando para seu espelho que nunca mente.

O colapso é um tipo de espelho. Ele exibe na sua frente, com clareza, do que você é feito. Seu passado e sua disposição mental se tornam um velho mapa gasto e marcado por cicatrizes e, se você o ler como um arqueólogo em uma escavação, talvez descubra o código de que precisa para se reerguer, para se tornar melhor e mais forte. Porque não existe transformação sem colapso; sempre há um novo exercício tático, uma nova pele a ser trocada, uma versão aprimorada ou mais profunda de nós mesmos esperando para ser revelada.

Fiz um levantamento rápido das minhas cicatrizes enquanto me perdia naquele espaço mental entre a vigília e o sonho. A voz de Pete Psicose foi se perdendo, e outra voz familiar, embora fraca, que eu não conseguia identificar direito, me chamou.

– David, acorda... – Minha memória convulsionou e se misturou à realidade, e eu não conseguia determinar onde estava nem o que era real. – David – disse ele com rispidez, mais alto dessa vez. – Hora de acordar, garoto!

Era a voz do meu avô, o sargento Jack Gardner. Ao contrário dos que preferem ser chamados de vô ou vovô, ele sempre me dissera para chamá-lo de sargento Jack, e isso estabeleceu o tom de como seriam as coisas entre nós. Ah, sim, ele deixou mais que algumas cicatrizes entalhadas no meu cérebro, e estava me sacudindo para me acordar do jeitinho como fazia nos velhos tempos.

※ ※ ※

Era verão de 1983 quando chegamos cambaleando pelo longo caminho de cascalho que ia da rua até a porta da casa dele, com fome, sem dormir direito e com todos os nossos pertences enfiados em sacos de lixo pretos. Minha mãe bateu à porta. Enquanto esperávamos, observei o quintal. Meus avós tinham uma propriedade grande – meio hectare de terreno –, que incluía um gramado amplo e perfeitamente aparado, com trilhos de trem correndo ao lado. Não havia uma grama fora do lugar e nenhuma erva daninha à vista. Esse devia ter sido o primeiro sinal de alerta.

Apesar de meu pai ter se convencido de que meus avós estavam por trás da nossa fuga de Buffalo, ele não testemunhou nossa chegada nem a recepção silenciosa da minha avó Morna na varanda de casa. Ela abriu a porta, revirou os olhos e gesticulou para que entrássemos. O sargento Jack estava atrás dela com o olhar de um instrutor militar que observa novos recrutas saindo do ônibus barbados e de cabelos compridos, sem um pingo de experiência. Ele havia sido sargento-mor na Força Aérea e se aposentara anos antes, mas vestia um dos seus uniformes de voo. Não reconheci o olhar em seu rosto porque eu era um jovem inocente desorientado cheio de cicatrizes, mas me deparei com ele de novo quando fui para o treinamento militar pela primeira vez. Só que naquele dia em Brazil ele parecia um herói. Sorri. Ele não sorriu de volta.

De toda forma, era bom estar ali. Estar em qualquer lugar longe de Paradise Road me deixava feliz, e meus avós ficaram aliviados por termos escapado do meu pai, mas isso não significava que nos dariam hospedagem, comida e cuidados de graça. A primeira conta chegou ao amanhecer do dia seguinte, quando fui acordado por alguém sacolejando meus ombros com força. Abri os olhos, e lá estava o sargento Jack, ainda fardado.

– Hora de acordar, garoto – disse ele. – Há trabalho a fazer.

Esfreguei os olhos e olhei para meu irmão, que deu de ombros. Ainda estava escuro lá fora, nós estávamos exaustos da viagem e, assim que o sargento Jack saiu do quarto, voltamos a dormir. O despertar seguinte veio na forma de copos de água fria jogados na nossa cara. Dois minutos depois, estávamos na garagem, onde ficava sua antiga mesa de metal das Forças Armadas. No canto dessa mesa havia um bloco de papel amarelo. No topo da página, lia-se o título "Lista de tarefas", datado e marcado com "0530". Eu nem desconfiava o que aqueles números significavam até o sargento Jack explicar que sua casa funcionava em horário militar.

Foi aí que entendi que não haveria um período de adaptação nem qualquer tipo de paparico. Meus avós nunca expressaram um pingo de empatia pelo que tínhamos passado. O sargento Jack simplesmente nos encarou, leu a lista e nos mostrou a garagem como se fôssemos seus novos funcionários e precisássemos saber onde ficavam os ancinhos, as enxadas, as tesouras de jardinagem e seu conjunto de vassouras e espanadores de pó, e como usar e limpar seu cortador de grama manual. Ele não queria saber como dividiríamos o trabalho; tínhamos apenas que acordar e fazer tudo na hora certa. Todo dia começava assim. Com um despertar inoportuno, uma lista de tarefas cheia de itens organizada em horário militar e poucas palavras do velho, se tanto.

O sargento Jack era metade negro, metade indígena, e apesar de medir apenas 1,70 de altura, sua presença era imponente. Ele tinha trabalhado como cozinheiro na Força Aérea e ainda se vestia em traje militar todos os dias. No geral, era o uniforme de voo ou uma das suas fardas camufladas nos dias de semana. O uniforme de gala azul e elegante era reservado para ir à igreja e a todas as outras ocasiões formais. O sargento Jack tinha muito orgulho de cuidar bem das suas coisas. Ele era muito apegado a todos os seus bens. Tinha duas garagens diferentes com espaço para dois carros, e quatro carros na propriedade, Cadillacs e Chevrolets dos anos 1950. Assim como a casa e o quintal, os carros eram impecáveis.

Nascido em 1905, ele havia crescido no sul de Indiana no auge das leis de

Jim Crow, quando era perigoso ser um homem negro nos Estados Unidos e uma palavra ou um olhar "errado" poderia resultar no seu linchamento. Seus pais eram pobres, e ele não tinha sido mimado na infância. Sua educação formal fora interrompida no quarto ano, quando ele precisou arrumar um emprego para ajudar a sustentar a família. Então, quando apareci em sua casa, ele passou adiante tudo que tinha aprendido. Na opinião dele, essas coisas tinham funcionado bem. Ele recebia uma pensão das Forças Armadas. Era proprietário de uma casa e de todos os carros, não tinha dívidas e ainda tinha dinheiro no banco. Sargento Jack estava com a vida ganha, e havia conquistado isso prestando atenção nos detalhes e sendo disciplinado.

Toda manhã antes de me acordar, ele caminhava pelo perímetro do terreno, observando o gramado, várias árvores e a longa estrada não pavimentada coberta por cascalho branco como a neve. A casa tinha duas varandas, uma de cada lado, e ele gostava que elas fossem varridas e as calhas estivessem limpas em todas as estações do ano, porque as tempestades são duras naquela região do país. Sargento Jack não suportava ver folhas pelo chão, poeira ou ervas daninhas. Tudo precisava estar impecável.

A lista de tarefas diárias sempre tinha pelo menos dez itens. Às vezes, chegava a 20. A primeira missão da manhã era varrer as duas varandas, a da frente e a dos fundos. Depois, eu precisava pegar o ancinho e juntar e ensacar todas as folhas que haviam caído durante a noite. Na primavera e no verão, era uma tarefa fácil, porém no outono, quando as árvores perdiam a folhagem, isso levava horas.

Cercas-vivas e grama cresciam loucamente no verão úmido de Indiana, o que significava cortar a grama em uma altura perfeita e podar todas as cercas quase todos os dias. Ervas daninhas sempre eram um problema durante o verão e, assim que elas começavam a espreitar pelo cascalho da estrada, eu precisava ficar de quatro e cavoucar a terra para arrancar as raízes. Os cascalhos machucavam a minha pele, deixando arranhões e hematomas. Para mim, no começo, era o mesmo que ficar raspando o chiclete do piso no rinque de patinação. Naquelas primeiras semanas, encarei as tarefas do sargento Jack como um sinal de que não importava onde ou com quem eu vivesse, sempre estaria fadado a sofrer nas mãos de um tirano. Minha mente jovem e cheia de cicatrizes estava imersa nesse ciclo repetitivo de se sentir a vítima.

E a do meu irmão também. Ele não aguentou o destacamento do sargento Jack por muito tempo e bateu em retirada para Buffalo bem rápido. Que loucura pensar que Buffalo parecia a melhor opção. Eu não iria a lugar algum, mas isso não significava que eu gostava daquilo. No começo, eu desprezava o homem e tentava me rebelar. Ele me sacudia para me acordar, e eu não me mexia. Então ele jogava água na minha cara, e eu aguentava firme. Se isso não me convencesse a acordar, ele parava do lado da minha cama com uma tampa de cesta de lixo de metal e batia nela com uma colher de pau do lado da minha orelha até eu levantar e seguir para a garagem para receber minhas ordens.

Eu ainda não tinha entendido que o sargento Jack não era nenhum Trunnis. Ele era meu Sr. Miyagi. Não no sentido de que cada tarefa era acompanhada por instruções específicas, nem de que essas instruções se transformariam em habilidades que me salvariam em uma competição de caratê. Ele nunca se recostou numa cadeira e disse "Estou lhe ensinando a ser um rapaz responsável". Mesmo assim, aprendi lições valiosas.

Muitos de nós vamos conhecer pessoas como o sargento Jack, um parente mais velho ou professor que se recusa a nos dizer o que desejamos ouvir do jeito que desejamos ouvir. Quando você tem cicatrizes emocionais como as que eu tinha, todo e qualquer olhar atravessado ou resposta ranzinza, qualquer ordem ou obrigação podem parecer um ataque pessoal, e frequentemente as ignoramos em nosso próprio detrimento. Demorei um bom tempo para entender que nada no comportamento ou na lista do sargento Jack era pessoal. Era apenas uma transação.

Sua filha – minha mãe – precisava de um lugar para ficarmos e, no mundo real, nenhuma moradia é grátis. Para o sargento Jack, aquela lista de tarefas diárias era a conta diária que precisávamos pagar. Não que minha mãe tenha pensado duas vezes no assunto. Ela estava ocupada assistindo a um monte de aulas na universidade local e trabalhando em dois empregos de meio expediente, um cronograma que manteria pelos seis anos seguintes, até concluir o mestrado. A conta seria paga com o meu suor.

Quando as aulas começaram, meu trabalho passou a ser dividido em sessões antes e depois dos estudos, e raramente havia folga. Minha primeira prioridade após a escola era o dever de casa. Depois, eu precisava executar corretamente todas as tarefas da lista antes de poder ir jogar basquete com meus amigos. No começo, eu não tinha a menor ideia do que executar corretamente as tarefas significava para o velho. O único feedback direto que eu recebia dele era um aceno de cabeça sério, o que significava sua aprovação, ou ele balançava a cabeça, o que significava "Tente de novo".

Isso acontecia bastante. Aquela infeliz cabeça balançando atormentava meus pesadelos, nos quais eu cortava uma grama que nunca parava de crescer descontroladamente ou tentava limpar calhas forradas com serras afiadas que ameaçavam cortar meus dedos fora.

No fim das contas, eu preferia passar meu tempo na rua. Eu considerava boa parte da casa uma zona proibida, porque, por mais que eu sentisse que o sargento Jack me tratava mal, ele era muito melhor que Morna. Ela também era miscigenada e conseguia passar como branca se e quando necessário. Para comemorar esse fato, ela espalhava aquela palavra racista nas conversas como um dedetizador espalhando veneno em busca de um ninho de baratas. Com frequência, era direcionada a mim. De todos os racistas que conheci em Brazil, ninguém me chamava mais de "crioulo" do que minha doce vovó Morna, o que só aumentava a sensação de que eu era o escravo particular deles.

Meses se passaram, e a tirania não melhorou. A essa altura, eu já sabia exatamente o que o sargento Jack esperava de mim. Eu sabia como cortar a grama, varrer as folhas e lavar os carros do jeito que ele gostava, mas sentia pena de mim mesmo por saber que pouquíssimos dos meus amigos precisavam cumprir tarefas, que dirá uma lista de estilo militar. Além disso, meus avós ainda não tinham demonstrado qualquer empatia por tudo que eu tinha passado durante meus primeiros oito anos de vida.

Dava para perceber que eles não me entendiam. Eu dormia no quarto de hóspedes com móveis e papel de parede velhos. Não havia pôsteres de basquete. Eu não ganhava brinquedos, tênis maneiros ou um rádio. Eles tinham feito algum esforço para tornar aquele quarto mais confortável para um menino? De jeito nenhum! E meu único jeito de me vingar era fazendo um trabalho meia-boca em vez de cumprir com afinco todas as tarefas superimportantes do dia. É lógico que eu estava apenas me fazendo de vítima.

Se eu não terminasse antes do jantar, eles me chamavam para dentro. As refeições não eram apetitosas para crianças. Não havia hambúrgueres nem cachorros-quentes. Era frango ou carne assada com acompanhamentos como vagem, dobradinha e repolho. Eu tinha que limpar o prato, gostando ou não da comida, e depois voltar para o quintal e terminar as tarefas que restassem. Com frequência, eu só acabava quando já estava escuro.

Eu não conseguia entender por que meus avós me tratavam daquele jeito. A única explicação que meu cérebro confuso de 8 anos conseguia encontrar era que, assim como meu pai, eles me odiavam e se ressentiam da minha presença em casa. E era por isso que, nos primeiros anos, conquistar a aprovação do sargento Jack não fazia diferença para mim, e eu cumpria minhas tarefas no automático, como um zumbi. Para mim, qualquer tentativa já era suficiente. *Dane-se isso tudo e dane-se ele*, eu pensava. Eu odiava o velho e não me importava com a opinião dele a meu respeito.

Seis meses depois, embora eu ainda detestasse o homem, mudei minha forma de encarar a lista de tarefas. Eu acordava na primeira chamada, sem enrolar. Os batismos matinais terminaram. Em vez disso, eu me concentrava nos detalhes que o sargento Jack sempre notava e fazia corretamente cada tarefa de primeira. Só assim me sobrava tempo livre para jogar basquete. No entanto, a nova abordagem também gerou um efeito colateral inesperado: passei a sentir orgulho pelo trabalho bem-feito. Na verdade, esse orgulho passou a ser mais importante para mim do que ter tempo para o basquete.

Quando eu lavava a coleção de carros, uma tarefa semanal, sabia que cada gota de água precisava ser seca com uma flanela antes da primeira camada de cera. Eu usava palha de aço para deixar as calotas brancas brilhando e lustrava cada detalhe em cromo. Também usava um spray de lavagem a seco nos painéis e nos acabamentos vinílicos do interior. Eu polia os bancos de couro. Ficava incomodado se visse riscos no vidro ou nos detalhes de cromo. E me irritava perceber que não tinha visto alguma sujeira ou deixado de cumprir direito alguma tarefa. Na época, eu não sabia, mas esse era um sinal de que eu estava me curando.

Quando um trabalho meia-boca não o incomoda, isso diz muito sobre o tipo de pessoa que você é. E até começar a sentir orgulho e se respeitar pelo trabalho que faz, por menores ou mais desvalorizadas que sejam essas tarefas, você continuará se subestimando. Eu sabia que tinha todos os motivos do mundo para me rebelar e continuar sendo preguiçoso. Também sentia que isso só serviria para me deixar mais infeliz, então me adaptei. Mas não importava quão bem eu me saísse nem a rapidez com que terminasse uma tarefa, não havia congratulações nem mesada. Não havia sorvetes nem presentes inesperados, abraços ou cumprimentos. Na cabeça do sargento Jack, eu finalmente estava fazendo o que deveria ter feito o tempo todo.

Meus avós não eram frios assim com todo mundo. Quando meu primo fez uma visita no Natal de 1983, houve uma chuva de abraços e beijos de Morna e do sargento Jack, porque, ao contrário da minha, a mãe dele insistia que tratassem seu filho com afeto, e não disciplina militar. Também surgiram pilhas de presentes. Brinquedos, roupas, uma churrasqueira em que hambúrgueres e salsichas eram grelhados sob demanda, seguidos de tigelas cheias de sorvete. Tudo que queria, e quando queria, meu primo recebia.

– David, vem cá – disse sargento Jack enquanto eu fitava meu primo Damien devorando sua tigela de sorvete. Fazia dois dias que ele estava ali e já tinha tomado mais sorvete do que eu em seis meses. – Tenho um presente para você também.

Eu o segui, quase chocado, até ficar claro que estávamos indo para a garagem, como sempre. Obviamente, estava na hora de descobrir como seria a lista de tarefas natalina. Meu avô não fazia distinção entre o Natal e uma quarta-feira normal. Ele não se importava se era seu aniversário ou um feriado. O trabalho não parava. Peguei o papel na mesa enquanto ele empurrava meu presente de Natal. Era um cortador de grama manual novinho em folha, com minhas iniciais estampadas no eixo de aço inoxidável brilhante das rodas. O chão estava cheio de neve, então eu sabia que não precisaria cortar grama naquela manhã, mas uma loja local tinha feito uma promoção de equipamentos, e o velho nunca perdia a oportunidade de economizar.

– Feliz Natal – disse ele com um sorriso.

Meu primo era tratado como um príncipe, e o velho me levava até a garagem para zombar de mim. Acho que tive muitos Natais felizes na vida.

Dois acontecimentos diferentes logo mudariam para sempre minha visão do sargento Jack. No ano seguinte, eu e minha mãe nos mudamos para nosso apartamento de 7 dólares mensais subsidiado pelo governo em Lamplight Manor. No verão seguinte, ela me matriculou em um curso de férias ali perto. Um dia, depois da aula, eu estava voltando para casa com um grupo de crianças que moravam na vizinhança. Uma delas, uma garotinha chamada Meredith, morava na nossa rua, e fizemos a parte final do percurso juntos. Por acaso, quando chegamos, o pai dela estava sentado na varanda da casa deles tomando uma cerveja e, assim que ele me viu, baixou a cerveja, inclinou-se para a frente, coçou a barba e ficou me encarando como um cachorro raivoso.

Veja bem, apesar de a minha avó me chamar de termos racistas, eu nunca tinha sofrido racismo em público antes. Achei que ele devia estar irritado com a filha quando berrou:

– Meredith, entra agora!

Nem imaginei que sua irritação tinha sido por minha causa. Mais tarde naquela noite, ele ligou para minha mãe e avisou que fazia parte da Ku Klux Klan.

– Avisa ao seu filho para deixar minha filha em paz – disse ele.

Depois que ela o mandou para o inferno, ele disse que faria uma visita ao sargento Jack. Todo mundo o conhecia em Brazil, Indiana. Ele era amigo do prefeito e de outros líderes locais, que o consideravam um patriota frequentador da igreja, um homem de Deus e de palavra. Ele era prova de que o sonho americano era real e, na cabeça de muitos brancos racistas em Brazil, era um dos "bons". Obviamente, aquele idiota achou que o sargento Jack daria um jeito em nós dois. Minha mãe sorriu diante dessa ideia.

– Vai, sim – disse ela.

Então desligou e ligou para o pai.

Quando revi o pai de Meredith alguns dias depois, ele estava na varanda do meu avô. Ele tinha aparecido sem avisar, mas sargento Jack estava preparado. Ao abrir a porta, sua pistola estava presa ao cinto. Eu estava escondido lá dentro, atrás do meu avô e de uma parede, mas vi quando o pai de Meredith notou a arma e deu um passo para trás. Sargento Jack ergueu o queixo um pouquinho mais, olhou no fundo dos olhos do homem, mas ficou quieto.

– Escuta, Jack – disse ele –, se o seu neto não parar de voltar para casa junto com a minha filha, vamos ter problemas.

– O único problema que vamos ter – respondeu o sargento Jack – é um membro da Klan morto na minha varanda se você não sair da minha propriedade.

Corri para a porta a tempo de ver o homem se virar, voltar para sua caminhonete e ir embora. Então olhei para sargento Jack, que acenou com a cabeça. Era a primeira vez que um adulto me protegia.

Alguns meses depois, eu estava na entrada de casa com sargento Jack e seu amigo Bill enquanto os dois mexiam no Cadillac do meu avô. Aqueles dois consertavam os carros quase todos os dias. Quando não estavam substituindo velas de ignição ou verificando o óleo, sargento Jack estava trocando a água do radiador ou limpando o motor com vapor. Ao encerrar o trabalho do dia, Bill bateu com força o capô sem perceber que as mãos do meu avô estavam apoiadas na borda. O capô quebrou os dedos das suas duas mãos, mas ele não deu um pio.

– Bill, abre o capô – disse ele totalmente contido.

Bill empalideceu ao perceber o que tinha feito. Ele ficou tão nervoso que demorou um tempo até conseguir soltar o mecanismo. Quando finalmente fez isso, sargento Jack tirou as mãos sangrentas de lá, foi andando com calma até a casa e encontrou minha avó.

– Morna – disse ele –, acho melhor você me levar para o hospital.

Testemunhar esse momento me transformou. Eu nunca tinha me deparado com tanta força e compostura. Eu nem sabia que algo assim era possível, e pensei que, se algum dia eu conseguisse ser casca-grossa como ele, todo sofrimento nas mãos do meu pai, todo o tempo gasto cavando neve e cascalho, varrendo folhas e lavando carros, limpando calhas, podando cercas-vivas e cortando a grama teria valido a pena. Eu ainda tinha dificuldade em aprender, em confiar, em me sentir bem comigo mesmo, em encontrar sentido para todo o sofrimento, mas, ao ver a forma como sargento Jack lidou com aquela situação, aprendi que ser durão podia ser minha saída.

Não minha saída de Brazil. Isso ainda não fazia parte dos meus planos. Eu queria uma saída do meu estado de espírito frágil, ferido. Nas Forças Armadas, existe um velho ditado que diz: "Se você é burro, precisa ser durão." Na época, eu me considerava burro. Em parte porque todas as cicatrizes eram tão recentes que ficava difícil me concentrar na escola, e minha reação era simplesmente ser preguiçoso. Se eu ficasse reprovado porque não tinha me esforçado, seria mesmo um fracasso? Então aprendi a colar. O estilo de vida de sargento Jack não envolvia reclamações, esquemas nem sentir pena de si mesmo. Ele trincava os dentes, orgulhava-se de tudo que fazia e lidava de cabeça erguida com tudo que aparecesse pelo caminho.

Com meu Sr. Miyagi

Desde antes de me entender por gente, eu me sentia negligenciado e ignorado. O fato de meus amigos e meu primo poderem brincar quando queriam, passar o dia todo assistindo à televisão e usar material novinho para ir à escola me deixava amargurado. Quando seria a minha vez de ter coisas boas?, eu me perguntava. Quando eu teria algo que fosse só meu? Naquele dia, na entrada de casa, finalmente entendi que o exemplo de sargento Jack era o presente que eu estava desejando aquele tempo todo. Ele era mais impressionante e satisfatório do que qualquer brinquedo, mais saboroso do que qualquer hambúrguer, mais doce do que qualquer sorvete. Esse foi o melhor e mais importante dia da minha patética vida até então.

Sargento Jack era um professor rígido, mas crianças precisam de professores rígidos de vez em quando. Sei que isso pode soar polêmico, porque as coisas são diferentes hoje em dia. Somos alertados sobre os efeitos permanentes do estresse em crianças e, para compensar, os pais tentam deixar mais confortável e fácil a vida dos filhos. Porém, será que o mundo real é sempre confortável? Fácil? A vida não é um mar de rosas. Precisamos preparar as crianças para encarar a realidade.

Nossa geração está treinando as crianças para se tornarem membros vitalícios do Clube dos Mimados, o que acaba transformando-as em alvos fáceis para os lobos entre nós. A moleza cada vez maior da nossa sociedade não afeta apenas as crianças. Os adultos caem na mesma armadilha. Até aqueles de nós que alcançaram grandes conquistas. Cada um de nós é apenas mais um sapo dentro da água prestes a ferver que é nossa cultura da moleza. Levamos obstáculos imprevisíveis para o lado pessoal. Estamos prontos a nos indignar o tempo todo com todos os males do mundo. Acredite em mim, sei muito bem o que é o mal e já o enfrentei em mais ocasiões do que a maioria das pessoas. Porém, se você for catalogar suas cicatrizes para usá-las como desculpas ou uma forma de barganha para tornar sua vida mais fácil, perderá uma oportunidade de se tornar melhor e mais forte. Sargento Jack sabia o que esperava por mim na idade adulta. Ele estava me preparando para as batalhas da vida. De forma consciente ou não, o homem me treinava para ser um selvagem.

A equação evolutiva é igualzinha para todo mundo. Não importa quem você seja. Você pode ser um jovem querendo entender sua força e se tornar grandioso, um adulto de meia-idade ou um idoso que nunca fez porcaria nenhuma, mas quer conquistar algo antes que seja tarde demais. Talvez você tenha conquistado muita coisa, mas está tentando superar uma lesão ou doença, ou simplesmente não se sente inspirado com nada e ficou preso em uma areia movediça emocional e física. Primeiro, é preciso reconhecer que você se perdeu ou que está continuamente deixando a desejar. Depois, aceite que você está sozinho. Ninguém virá salvá-lo. As pessoas podem servir de exemplo para você, como foi o caso de sargento Jack para mim – é o que estou tentando ser para você agora –, mas é responsabilidade sua fazer o trabalho. Então você precisa se tornar um discípulo da disciplina.

Mesmo depois de nos mudarmos para nosso próprio apartamento, sempre que minha mãe precisava trabalhar até tarde ou viajar, eu passava a noite na casa de sargento Jack, e era inevitável ser acordado cedo e precisar pagar a conta cumprindo a lista de tarefas. E, sim, da mesma forma que meu pai, sargento Jack era um velho tinhoso que esperava que eu obedecesse a tudo e trabalhasse de graça. Porém, ao contrário de Trunnis, a disciplina que ele exigia vinha acompanhada de algo valioso e, sempre que eu me concentrava completamente em uma tarefa, sentia um orgulho que não conseguia encontrar em nenhum outro lugar.

Mas isso não durou para sempre.

Com o tempo, me transformei em um adolescente rebelde. Passei a usar calças caindo, a mostrar o dedo do meio para figuras de autoridade e estava prestes a repetir de ano. Eu tinha me tornado um inútil, mas sargento Jack não tentou interferir na forma como eu me vestia ou me comportava. Ele só insistia que, quando eu interagisse com um adulto, usasse "senhor" ou "senhora" para me dirigir à pessoa. E apesar de saber de todos os episódios de vandalismo e das provocações racistas que eu sofria, não tinha a menor intenção de interferir nas minhas batalhas dali em diante. Eu era quase um adulto e era responsabilidade minha lidar com meus próprios problemas. Não dele.

Assim como muitos adolescentes insatisfeitos, eu estava perdido na vida. Apenas existia. Eu tinha me tornado preguiçoso e havia parado de prestar atenção nos detalhes, porque aquele cara não vivia mais me vigiando todos os dias para me manter na linha. O orgulho que eu sentia na época em que trabalhava no quintal do sargento Jack havia sumido, mas ninguém encarava isso como uma emergência. Eu só tinha 17 anos, e mesmo naquela época era normal dar aos jovens bastante espaço para não fazerem porcaria nenhuma. Todos nós já ouvimos pais dizerem "Ele ainda é adolescente" ou "Ela ainda está na faculdade" quando tentam justificar hábitos e escolhas ruins. A pergunta que fica é: quando é o momento certo para começar a viver e parar de meramente existir?

O meu momento chegou quando recebi uma carta que informava que minhas notas baixas me impediriam de me formar no ensino médio, o que também acabaria com a minha carreira na Força Aérea antes mesmo de ela começar. No dia seguinte, procurei sargento Jack e voltei a passar mais tempo na casa dele. Eu pedia listas de tarefas. Queria trabalhar no quintal. Desejava disciplina, porque tinha a sensação de que ela poderia me salvar.

Essa é a beleza da disciplina. Ela supera tudo. Muitos de nós nascemos com pouco talento, infelizes com a própria realidade e a composição genética com que chegamos ao mundo. Temos pais complicados, crescemos sofrendo bullying ou maus-tratos, somos diagnosticados com transtornos de aprendizagem. Odiamos nossa cidade natal, nossos professores, nossa família e quase tudo que temos. Queríamos poder nascer de novo, como outra pessoa, em outro lugar e outro tempo. Bom, eu sou a prova viva de que é possível renascer por meio da disciplina, que é a única coisa capaz de alterar seu DNA. Ela é a chave mestra que pode abrir todas as portas e deixar você entrar em todos os espaços que quiser acessar. Até os mais impossíveis!

Hoje em dia, é fácil demais ser ótimo, porque muitas pessoas se concentram na eficiência: conquistar o máximo possível com o mínimo de tempo e esforço. Deixe todas elas saírem mais cedo da academia, matarem aula, faltarem ao trabalho. Comprometa-se em se tornar alguém com uma lista de tarefas interminável.

É aqui que você pode compensar as diferenças de potencial. Ao aprender a maximizar o que você tem, a arena não apenas se torna equilibrada, como também fica mais fácil superar aqueles que nasceram com mais habilidades naturais e privilégios que você. Deixe que suas horas se transformem em dias, depois semanas, depois anos de esforço. Permita que a disciplina se entranhe em suas células até o trabalho se tornar um reflexo tão automático quanto respirar. Ao contar com a disciplina, sua vida vai se tornar uma obra de arte.

A disciplina desenvolve resistência mental porque, quando o esforço é sua principal prioridade, você para de desejar que tudo seja agradável. Os celulares e as redes sociais viraram muitos de nós do avesso com inveja e ganância porque somos assolados pelo sucesso de outras pessoas, os carros e casas, os contratos importantes, suas férias em resorts e viagens românticas. Nós vemos quanto todo mundo está se divertindo e sentimos que a vida está passando, então reclamamos e ficamos nos perguntando por que ainda não chegamos aonde queríamos.

Ao se tornar disciplinado, você para de ter tempo para essas coisas. Inseguranças se tornam sinais de alerta, lembrando que você precisa cumprir suas tarefas e fazer o dever de casa dando o seu melhor e que dedicar tempo extra ao trabalho ou aos treinos é essencial para uma boa vida. A motivação para se aprimorar e as repetições diárias vão aumentar sua capacidade de trabalho e lhe dar a confiança necessária para ser capaz de se comprometer com mais coisas. Ao usar a disciplina como seu motor, sua carga de trabalho e sua produtividade vão dobrar, depois triplicar. Mas você não vai conseguir enxergar o fato de que sua evolução pessoal começou a render frutos – pelo menos não a princípio. Você não vai conseguir enxergar porque estará ocupado demais colocando a mão na massa.

A disciplina não precisa ser um sistema de crença. Ela transcende classe social, raça e gênero. Ela passa por cima de qualquer ruído ou problema. Se você pensa que não teve tanta sorte na vida por qualquer motivo, a disciplina é uma grande niveladora. Ela acaba com todas as desvantagens. Hoje em dia, não importa de onde você veio ou quem é; se for disciplinado, nada será capaz de detê-lo.

Acredite em mim, sei que nada disso é fácil. Foi uma batalha acordar antes do nascer do sol naquela manhã de volta ao destacamento do sargento Jack. Fazia tanto tempo que eu não era acordado às cinco da manhã que parecia repentino demais. Fiquei letárgico, com a cama me chamando de volta para seus braços confortáveis. O desejo de continuar preguiçoso era mais forte do que nunca.

É isso que acontece quando tentamos mudar. O chamado para permanecer molenga só vai ficar mais alto, a menos que você o silencie com hábitos que deixem claro qual é a sua missão. Para a minha sorte, eu sabia que teria muito a perder se caísse nessa armadilha, então não havia tempo para acordar aos poucos. Eu precisava fazer minhas tarefas antes de ir para a escola para ter tempo de estudar depois da aula.

Ainda me sentindo desnorteado e lento, lembrei que sempre me sentia melhor depois de correr ou jogar bola. Eu era só um garoto burro. Não sabia nada sobre a ciência das endorfinas e como elas causam uma sensação boa de energia no corpo e no cérebro após um treino. Mas eu sabia como me sentia, e isso bastava. Eu me joguei no chão e fiz o máximo de flexões que aguentei. Quando terminei, já tinha a energia necessária para ir correndo até a garagem, pegar minha lista de tarefas e começar o trabalho. Esses se tornaram meus novos hábitos. Acordar mais cedo do que precisava, fazer o máximo possível de flexões e então partir para o batente.

Foi nessa época de dificuldades e muito esforço, quando eu não sabia se conseguiria me formar ou ser aceito na Força Aérea, que percebi pela primeira vez que funciono melhor quando sou um discípulo da disciplina. Quanto mais eu me afastava dela e do sargento Jack, pior me tornava. Apesar de continuar detestando acordar cedo e odiando a maioria das tarefas que tinha que fazer, essas coisas me transformavam em alguém digno de orgulho.

Eu também sabia que o sargento Jack não ficaria ali para sempre para servir de exemplo para mim. Ele já tinha 80 e muitos anos e começava a diminuir o ritmo. O peso da idade veio aos poucos. Ele dormia muito mais e tinha dificuldades de locomoção, o que significava que havia chegado minha hora de ser responsável. Sua lista de tarefas me ensinou a priorizar e enfrentar cada dia com um plano de ação, então passei a acordar antes dele. Eu fazia minhas flexões, caminhava pelo perímetro do terreno muito antes de amanhecer e avaliava o que precisava ser feito. Quando ele aparecia para tomar café sentado à sua mesa, eu já estava trabalhando.

Depois que ele viu que eu estava tomando a iniciativa não apenas de cumprir as tarefas que normalmente estariam na lista como também de identificar serviços extras que precisavam ser feitos, as listas foram diminuindo até desaparecerem por completo. Em casa, as listas de tarefas do sargento Jack acabaram se tornando meu Espelho da Responsa, que me ajudou a criar os hábitos necessários para eu conseguir me formar, passar na prova ASVAB e me alistar na Força Aérea.

Daí em diante, sempre que eu tinha um objetivo ou uma tarefa a cumprir, só me considerava livre depois de executá-los dando o meu melhor. Quando você passa a viver assim, a lista de tarefas e o Espelho da Responsa deixam de ser necessários, porque você corta a grama no instante em que percebe que ela está alta. Se está com dificuldades na escola ou no trabalho, você estuda mais ou fica até tarde e resolve a questão. Quando precisei perder 45 quilos para me tornar um SEAL, eu sabia exatamente o que devia fazer. Era preciso me tornar um discípulo da disciplina novamente, mas listas de tarefa seriam desnecessárias. Colocar tudo no papel apenas ocuparia tempo que eu poderia gastar treinando, e eu não tinha nem um minuto a perder.

Antes, as listas de tarefas eram um fardo. Hoje, tenho uma motivação interior ardente, moldada pelo hábito de fazer tudo que eu não queria fazer – repetidas vezes. E ela nunca me deixa relaxar até que todas as tarefas do dia sejam cumpridas.

Meu colapso pós-Leadville foi fisicamente desafiador, mas mentalmente revigorante, porque permitiu que eu me deleitasse com o poder da minha mente. O trabalho duro necessário para voltar à largada da Leadville exigiu que eu voltasse a ser o discípulo da disciplina que sargento Jack ajudara a criar. A verdade é que continuo sem saber qual era o objetivo dele. Será que estava tentando me mostrar um caminho e me tornar uma pessoa melhor, ou só queria alguém que trabalhasse de graça? No fim das contas, não fazia diferença. Cabia a mim interpretar por que ele fez o que fez, entender o significado daquilo tudo e transformar em algo que me motivasse.

Sempre caberá a você encontrar a lição em cada situação desafiadora e usá-la para se tornar mais forte, mais sábio e uma pessoa melhor. Não importa o problema que cair sobre a sua cabeça; é preciso encontrar um lampejo de luz, permanecer positivo e nunca se fazer de vítima. Especialmente se quiser se dar bem em um mundo difícil, em que precisa se esforçar para conquistar tudo que é importante. Não estou falando sobre coisas materiais. Estou falando sobre respeito próprio, amor-próprio e domínio de si.

Minutos antes de acordar na manhã após a Leadville, fedendo, com meu short sujo ainda ao redor das coxas, voltei a um dos meus últimos encontros com sargento Jack. Era a minha formatura no treinamento básico da Força Aérea. Apesar de seus problemas de saúde, ele fez questão de estar presente, e, sendo um veterano da Segunda Guerra Mundial, recebeu um assento VIP no palco, entre os oficiais.

Durante todos os nossos anos de convívio, ele nunca me disse "Bom trabalho". Nunca escutei um "Eu te amo" vindo dele. Mas, quando anunciaram meu nome e marchei pelo palco no meu uniforme de gala para me tornar oficialmente um membro da Força Aérea como ele, nossos olhares se encontraram e vi uma lágrima solitária escorrer por sua bochecha. Sargento Jack estava radiante, e era óbvio que ele sentia um orgulho imenso de ser meu avô.

Eu e sargento Jack na formatura do treinamento básico

EXERCÍCIO TÁTICO Nº 5

Estes são os fatos, e eles são indiscutíveis. Seus problemas e seu passado não fazem diferença para ninguém. Não de verdade. Talvez algumas pessoas mais próximas até se importem com a sua situação, porém praticamente ninguém se importa muito, porque todo mundo está lidando com suas próprias questões e preocupado com a própria vida.

Aprendi isso do jeito mais difícil. No caminho entre Buffalo e o número 117 da South McGuire Street em Brazil, Indiana, quando eu tinha 8 anos, imaginei que seria recebido com uma festança de comiseração. Eu esperava balões, bolo, sorvete e abraços calorosos. Em vez disso, era como se toda a dor e todo o terror nunca tivessem acontecido. O sargento Jack não queria saber de sentir pena de ninguém. Ele só estava interessado em me tornar mais casca-grossa, e foi exatamente isso que fez.

A pena é um bálsamo que se torna tóxico. No começo, quando seus familiares e amigos se compadecem e legitimam suas desculpas para reclamar da sua situação, ela se assemelha à empatia. Entretanto, quanto mais você se reconforta com a pena que recebe dos outros, mais validação externa deseja e menos independente se torna. E isso enfraquece muito sua capacidade de vencer na vida. Esse é o círculo vicioso da pena. Ela suga a autoestima e a força interior, o que dificulta o sucesso e faz cada fracasso subsequente gerar um sentimento ainda maior de pena por si mesmo.

Veja bem, eu entendo. A vida não é justa nem fácil. Muita gente não gosta de trabalhar fazendo o que faz. Nós achamos que somos melhores do que as tarefas que precisamos cumprir e que fomos condenados pelo mundo, por Deus ou pelo destino a viver limitados numa caixa que não nos comporta. Quando eu era segurança noturno em um hospital local, sentia que aquele emprego não era bom o suficiente para mim, então aparecia lá todas as noites com uma voz gritando dentro da minha cabeça: *Não quero estar aqui!* E isso infectava todos os aspectos da minha vida. Eu descontava meus sentimentos na comida, perdia a cabeça e entrava em depressão profunda. Eu queria ter uma vida diferente, mas meu comportamento me impedia de criá-la.

Cada minuto que você passa sentindo pena de si mesmo é mais um minuto em que não está melhorando, mais uma manhã que não vai à academia, mais uma noite desperdiçada sem estudar. Mais um dia jogado no lixo, sem qualquer progresso na direção dos seus sonhos, ambições e desejos mais profundos – aqueles que estão na sua cabeça e no seu coração desde sempre.

Cada minuto que você passa sentindo pena de si mesmo é um minuto preso na masmorra, pensando apenas em tudo que foi perdido, nas oportunidades roubadas ou desperdiçadas, e isso inevitavelmente leva à Grande Depressão. Quando estamos deprimidos, é fácil acreditar que ninguém nos entende ou compreende as nossas lutas. Eu costumava pensar assim. Mas, quando sargento Jack bateu aquela tampa de lixo a centímetros da minha orelha pela manhã, ele estava me dizendo que eu não era o único garotinho que tinha levado surras ou sofrido com o estresse tóxico. Às vezes as emoções que sentimos são o resultado de um passado horrível. Às vezes simplesmente não queremos acordar às cinco da manhã e cumprir tarefas por horas antes da escola, porque isso é um saco. Sargento Jack esperava que eu fizesse meu trabalho, não importava as coisas pelas quais eu tinha passado nem o horário.

Minha reação foi ficar magoado. Eu enrolava para sair da cama até o último momento e fazia minhas tarefas de qualquer jeito pela manhã. Ele não se importava. A grama ainda precisava ser cortada, as folhas precisavam ser varridas e as ervas daninhas precisavam ser removidas. Não importava quanto drama eu fizesse, o trabalho tinha que ser feito, e seria feito por mim. Meus sentimentos estavam me custando uma quantidade imensa de tempo, porque, independentemente de como eu me sentisse, havia uma tarefa a ser cumprida, e isso era tudo que importava no momento.

A única coisa que importa sempre é o momento presente. Ainda assim, várias pessoas permitem que sua depressão ou seus arrependimentos tomem conta dos seus dias. Elas deixam os sentimentos sobre o passado dominarem sua vida. Talvez tenham sido abandonadas pelo noivo no altar ou demitidas sem motivo. Adivinha só? Um dia, elas vão olhar para trás e perceber que ninguém além delas se importava com nada disso. Não me importa o que você passou. Posso me sentir mal por você. Posso sentir solidariedade, só que isso não vai levá-lo a lugar algum. Quando eu era um garoto traumatizado, sentir pena de mim mesmo não me ajudou. O que ajudou foi limpar aquelas calotas do jeito certo pela primeira vez.

É impossível recuperar o tempo perdido, então devemos nos tornar acumuladores de minutos. Quanto mais cedo acordo, mais eu faço. Quanto menos tempo passo na terra do ai-como-sou-um-coitadinho, mais forte me torno e mais progresso enxergo. Quando você se destaca ao cultivar valores e prioridades que levam à grandeza, montanhas de adversidade e dificuldades se transformam em quebra-molas, tornando mais fácil nos adaptarmos à estrada pela frente e construir a nova vida ou a nova identidade que almejamos.

Quando fui morar com sargento Jack, fui forçado a me adaptar muito rápido. Ao longo de toda a minha vida, sempre pegaram muito no meu pé, mas acabei aprendendo lições valiosas por conta disso. Aqueles que aprendem a se adaptar sobrevivem e prosperam. Não sinta pena de si mesmo. Seja estratégico. Ataque o problema.

Quando nos adaptamos, passamos a enxergar tudo que surge no nosso caminho como um trampolim para o nosso progresso rumo à excelência. Empregos prestigiosos, com bom salário, geralmente não aparecem no começo da carreira. É preciso começar de algum lugar, porém a maioria das pessoas encara as tarefas ingratas que devem ser cumpridas no caminho para o sucesso como fardos, e não oportunidades. Isso as impede de aprender. É preciso encontrar a lição de cada tarefa boba e em cada emprego ruim. Para isso, precisamos ter humildade. Eu não era humilde o suficiente para valorizar minha experiência como segurança, então minha atitude era horrível. Eu achava que merecia coisa muito melhor, sem me atentar ao fato de que praticamente todo mundo começa de baixo e que, a partir daí, nosso futuro é determinado por nossa atitude e nossas ações.

A humildade é o antídoto contra sentir pena de si mesmo. Ela nos mantém com os pés firmes na realidade e regula nossas emoções. Não estou dizendo que você deva se contentar com um emprego medíocre. Eu nunca me contento com nada, mas é preciso valorizar aquilo que temos sem abandonar a vontade de aprender o máximo possível. Você precisa aprender a lavar pratos, grelhar hambúrgueres, suar em cima da fritadeira, varrer o salão, separar correspondências e atender o telefone. É assim que se constrói a proficiência. É importante aprender todos os aspectos de qualquer negócio antes de subir na carreira. Ninguém evolui se permanecer amargurado para sempre, achando que merece algo melhor. A humildade nos torna mais corajosos e altivos, seguros de nós mesmos, não importa o que os outros pensem. E isso é extremamente valioso.

Veja a história do sargento-mor William Crawford. Em 1967, ele se aposentou e arrumou um emprego como zelador na Academia da Força Aérea em Colorado Springs. Os cadetes cuja bagunça ele limpava mal notavam a sua presença, em parte porque ele era extremamente tímido, mas também porque aqueles eram alunos de elite sendo preparados para se tornarem oficiais, e o sargento-mor Crawford não passava de um zelador. Pelo menos era o que pensavam. Eles nem desconfiavam que ele também fosse um herói de guerra.

Em setembro de 1943, a 36ª Divisão da Infantaria estava sendo atacada com tiros de metralhadora e morteiros pelas forças alemãs durante uma batalha importante da Segunda Guerra Mundial, na disputa por um valioso território italiano chamado Colina 424. Os americanos estavam encurralados, sem ter para onde fugir, até que Crawford notou três trincheiras de metralhadoras e foi se arrastando sob a chuva de balas para jogar uma granada dentro de cada uma. Sua coragem salvou vidas e permitiu que sua companhia alcançasse um local seguro e, após a terceira granada explodir, os alemães abandonaram a Colina 424, mas levaram Crawford como prisioneiro.

Todo mundo achou que ele tivesse morrido na batalha, e a história do seu heroísmo se espalhou entre os soldados e alcançou o alto escalão. Em 1944, ele recebeu a Medalha de Honra, a maior honraria das Forças Armadas americanas. Como ninguém imaginava que ele estivesse vivo, seu pai aceitou a medalha em seu nome. Mais tarde no mesmo ano, ele foi encontrado em um campo de prisioneiros, sem nem imaginar que tinha se tornado famoso.

Em 1976, um cadete da Academia e seu colega de quarto leram sobre a batalha e ligaram os pontos. O humilde zelador tinha ganhado a Medalha de Honra! Dá para imaginar o que passou pela cabeça deles? A Medalha de Honra é um símbolo de tudo que um militar idolatra. Não pela medalha em si, mas pela coragem e pelo altruísmo da pessoa que ganhou a medalha. Aqueles estudantes queriam ser iguais a ele, e lá estava Crawford, esfregando o chão e limpando o banheiro todos os dias. O sargento-mor era uma lição ambulante de autoestima, coragem, caráter e, principalmente, humildade.

Na minha opinião, o sargento-mor William Crawford sabia o que estava fazendo. A Medalha de Honra não o modificou em nada. Ele se destacou ao permanecer humilde e arriscar a própria vida para salvar as pessoas, depois se aposentou e continuou a serviço dos outros. Ele nunca era o foco da situação, e isso lhe deu força.

Pessoas que sentem pena de si mesmas são obcecadas pelos próprios problemas e pelo próprio destino. Elas são mesmo tão diferentes assim de quem é ganancioso e egoísta e deseja se sentir melhor do que todo mundo? Quanto mais cresço na vida, mais percebo quanto preciso limpar o chão. Porque é ali que está todo o conhecimento. Não há garra no topo, não há como colocar sua determinação à prova enquanto você janta um filé, hospeda-se em hotéis cinco estrelas e faz tratamentos num spa. Neste mundo, assim que você vence na vida, precisa se jogar de volta no fundo do poço para continuar aprendendo e crescendo de alguma forma.

Chamo isso de "humildade treinada". É uma forma de se soltar de si mesmo e partir em uma missão que ninguém mais enxerga, fazendo tudo que for necessário. Humildade treinada é serviço, mas também é força.

Porque, quando somos humildes o suficiente para entendermos que nunca saberemos tudo, toda lição que aprendemos só nos torna mais ávidos por aprender mais, e isso nos coloca em um caminho que garante que vamos crescer até morrer.

> O crescimento contínuo surge apenas quando estamos dispostos a ser humildes. #NeverFinished #TrainedHumility [humildade treinada]

CAPÍTULO 6

A ARTE DE LEVAR UM SOCO NA CARA

A Leadville me lembrou do que estava faltando na minha vida havia muito tempo: as trilhas íngremes, as ondas de dor e exaustão e mais uma batalha contra meus próprios demônios. Eu tinha gostado de ter um *pacer* e de compartilhar aquela experiência com Kish pela primeira vez. Tinha gostado até do que aconteceu depois, e fui embora do Colorado querendo mais.

Na semana seguinte, ajudei minha mãe a fazer a mudança de Nashville para Las Vegas. Durante a viagem de carro de 26 horas, tive bastante tempo para completar meu Relatório Pós-Ação e avaliar cada aspecto da corrida. Uma coisa sobre a Leadville que não saía da minha cabeça era como o esporte das ultramaratonas havia crescido desde meus tempos áureos. Naquela época, corridas de 160 quilômetros eram só para atletas de resistência durões como eu, que estavam em busca de águas mais profundas. Não parecia mais ser o caso. Havia uma beleza imensa nisso. Era prova de que mais pessoas estavam indo mais fundo. Elas tinham curiosidade. Ansiavam por mais autoconhecimento e estavam dispostas a pagar o preço da dor e do sofrimento. Eu respeitava isso. Mas, se 160 quilômetros tinham se tornado acessíveis, quais seriam as novas águas profundas?

Esse pensamento me empolgou e alarmou ao mesmo tempo, porque sugeria que, apesar de tudo que eu tinha feito no passado, ainda havia mais a conquistar e um caminho bem maior a percorrer. Eu sabia disso, é claro. É o que prego o tempo todo. Só que agora parecia um tapa na cara que tinha me pegado desprevenido.

É engraçado como nossos objetivos estão ligados à nossa identidade, a quem somos e o que acreditamos conseguir conquistar. Se o máximo que você já fez foi correr 5 quilômetros uma vez, uma corrida de 16 pode parecer a distância daqui até a Lua. Sua mente vai elencar os motivos pelos quais isso está além da sua capacidade e pode ser que você acredite neles. Se 16 se tornar seu novo normal, então uma meia-maratona ou uma maratona inteira pode ser o próximo passo. Após uma maratona, vem a ultra. Sempre que você sobe de nível, a mente surge como um guardião preocupado em excesso e tenta acabar com a festa. Essa era a dinâmica que acontecia na minha cabeça durante a longa viagem.

Eu me lembrei então de uma corrida de 48 quilômetros da qual eu tinha participado com Cameron Hanes no Oregon, em dezembro de 2018. Enquanto metíamos bala nas trilhas na sua cidade natal, ele tagarelava sobre uma nova corrida que tinha concluído dois meses antes. Não era de 160 quilômetros. Era uma maratona de 386 quilômetros por trilhas, com quase 9 mil metros de ganho de elevação (mais do que a altura do monte Everest) entre formações rochosas, ribanceiras e picos desolados de Moab, em Utah. Trezentos e oitenta e seis quilômetros? Essas eram as novas águas profundas?

Quando estava aprendendo a nadar na adolescência, eu passava todo o meu tempo na parte rasa da piscina, porque ali não havia nada a temer. Mesmo depois que aprendi, eu nadava no raso, porque me tranquilizava saber que, a cada braçada, eu quase encostava no fundo. Se ficasse cansado demais ou quisesse desistir, eu poderia simplesmente ficar de pé, e isso me reconfortava e me dava confiança. Era algo que me ajudava a treinar minhas braçadas sem ser atrapalhado pelo medo. Não há nada particularmente errado nisso, contanto que deixemos claro que o trabalho que fazemos no raso é uma preparação para as águas profundas. Mas essa não era minha forma de ver as coisas na época.

A organização do complexo de piscinas tornava impossível ignorar a parte funda. Todo dia, quando eu saía do vestiário, precisava passar pela parte com 3 metros de profundidade. De vez em quando, eu chegava à borda e olhava para baixo. Aquele fundo a 3 metros de distância parecia infinito, então eu colocava o rabo entre as pernas e seguia para o confortável marcador de 1 metro. A cada passo, meu pavor diminuía, enquanto o conforto inflava, e isso afetava minha mente. Eu me esforçava para não pensar nisso enquanto nadava, mas a informação ficava lá feito um espinho, volta após volta, dia após dia.

Quando algo não sai da sua cabeça como uma provocação, isso é um alerta. É um sinal de que você precisa avaliar e lidar com essa questão, ou ela pode se tornar um medo vitalício, agigantando-se mais e mais a cada dia até se transformar em um obstáculo intransponível. Não há nada de errado em sentir medo ou hesitar. Todos nós temos nossos motivos para permanecer no raso, mas devemos usá-lo como um treino. Com frequência, encaramos nosso campo de treinamento como uma poltrona reclinável. Nós deitamos, nos aconchegamos e depois temos a audácia de nos perguntar por que a vida não está melhorando quando continuamos fazendo tudo como sempre fizemos. Eu devia usar meu tempo no raso para preparar minha mente, imaginando águas profundas a cada braçada.

É preciso treinar a mente como se você já estivesse lá. Se você se cansar nadando no raso, não se permita levantar no meio da raia. O único ponto de descanso deve ser a extremidade oposta da piscina. Assim, quando estiver na parte de 3 metros de profundidade, saberá por experiência própria que consegue percorrer essa distância. Entretanto, naquela época, eu não passava de um sobrevivente. Não era um guerreiro capaz de prosperar no desconforto, então preferia enterrar meu pavor e passar minhas horas no lado raso da piscina, sem nem sequer pensar em um dia ir para a parte funda.

Muitos de nós já cresceram o suficiente para deixar para trás a parte rasa da vida, mas permanecem lá porque temem o desconhecido. Estou pensando nas pessoas que ficam em um trabalho seguro que detestam em vez de sair e abrir o próprio negócio ou tentar conquistar uma vaga em outra empresa. A maioria se sente intimidada por um futuro desconhecido, cheio de variáveis e consequências que não podem ser controladas nem previstas. Conheço uma pessoa que passou 20 anos administrando os negócios bem-sucedidos dos outros, mas tinha medo de começar seu próprio. Ela sabia tudo que era necessário para se tornar uma empresária de sucesso, mas, em vez de reconhecer a própria experiência e usá-la para alimentar sua confiança, permitia que medos irracionais a mantivessem correndo no mesmo lugar em prol de outra pessoa. É preciso avaliar o que você sente. Nem toda emoção merece ser ratificada. Lembre-se: se permanecer onde sempre esteve, você nunca vai descobrir se conseguiria se aventurar nas águas profundas.

Senti uma pontada dessa antiga sensação ruim enquanto atravessávamos a região sudoeste rumo a Nevada, pensando em Moab. Balancei a cabeça, incrédulo. Minha mente continuava tentando me segurar depois de tantos anos? Eu achava que tinha domado esse monstro. E tinha mesmo, mas a Moab 240 era algo completamente novo para mim, então o medo era uma reação natural. Àquela altura, eu já sabia que não havia como contornar o medo. A única forma de neutralizá-lo era me comprometendo a fazer aquilo que me apavorava e então levar a melhor sobre o meu medo usando conhecimento e preparo.

Naquela noite, pesquisei a corrida no Google e analisei o percurso. Era uma montanha-russa de subidas e descidas que iam de 1.200 metros de altitude até 3.200 e depois voltava. O clima seria imprevisível, com o potencial de extremos de calor e frio. As distâncias entre os postos de auxílio, que variavam entre 15 e 30 quilômetros, eram maiores do que as de qualquer outro evento em que eu já tivesse competido, então seria necessário carregar mais equipamento do que na Leadville. O fator sofrimento seria elevado, mas o limite de tempo para concluir a maratona era de 110 horas, o que significava que daria para percorrê-la em etapas, se você quisesse. Muitas pessoas faziam isso, mas não é assim que encaro esses eventos. Eu corro direto e desafio o percurso a revelar quanto estou física e mentalmente em forma.

No dia 23 de agosto, mandei um e-mail para a sede da prova em Moab e perguntei sobre as inscrições. Recebi uma resposta no dia seguinte. A corrida estava marcada para o começo de outubro, e eu ainda poderia me inscrever. Isso me daria seis semanas para treinar, e essas semanas já estavam lotadas de palestras, compromissos de trabalho e muitas viagens. Beleza. Eu encontraria tempo para correr os 160 quilômetros semanais necessários para me preparar para a maratona mais longa da minha carreira.

✤ ✤ ✤

O dia da corrida chegou em um piscar de olhos. No dia 11 de outubro, me reuni com os 108 participantes do mundo inteiro antes do amanhecer em

Moab, Utah. Alguns se cumprimentavam batendo os punhos, animados. Eles tentavam se motivar para enfrentar o inferno, como se a felicidade fosse protegê-los da realidade, do buraco em que tinham se metido. Eu não sou assim. Quando estou na linha de largada, fico muito calado. Quase como se estivesse na procissão de um funeral. Sei que a corrida vai arrancar o couro de todos nós, de alguns mais do que de outros, então lamento o sofrimento que está por vir. Até o momento em que a buzina soa.

Como sempre, minhas pernas começaram um pouco rígidas. Embora estivessem mais fortes e em condições melhores do que na Leadville, meus joelhos doíam. Especialmente o esquerdo. Durante os treinos, havia chegado ao ponto em que eu mal conseguia descer um meio-fio sem me retrair. Demorei meia hora mancando até me soltar o suficiente para encontrar meu ritmo. Isso se tornou normal. A dor sempre diminuía até se tornar tolerável, e minha amplitude de movimento tendia a entrar em ação depois do aquecimento, mas eu nunca tinha corrido 386 quilômetros de uma vez só. Será que meus joelhos aguentariam isso tudo?

A Moab 240 era diferente em muitos sentidos. Não se tratava apenas da distância ou da altitude. O percurso era uma única volta – uma rede de trilhas estreitas, rochas inclinadas, deserto e estradas rurais –, mas não era inteiramente sinalizado, então precisávamos de um aplicativo específico de GPS no celular para garantir que permaneceríamos no caminho certo. E também tínhamos que carregar um kit de sobrevivência com o restante do equipamento, porque certos trechos eram inacessíveis às equipes de apoio e aos funcionários da prova. Nós precisávamos ter a capacidade de sobreviver por conta própria e nos orientar em meio à natureza. Aquilo era mais do que uma corrida. Era uma aventura de verdade.

O primeiro teste veio ao encontrar minha equipe no quilômetro 28, onde parei por tempo suficiente para encher minha mochila com tudo que necessitaria pelos 88 quilômetros seguintes. Haveria postos de apoio pelo caminho, mas eles não eram acessíveis para as equipes, o que significava que eu só reencontraria a minha no quilômetro 116. Peguei géis, pós, comida extra, pilhas e uma lanterna de cabeça reserva. Eu tinha um reservatório de 1,5 litro preso à mochila e duas garrafas de água nos bolsos dos ombros. Mas o que tornaria as dez horas seguintes tão difíceis não seria a distância nem o peso extra. Seria a temperatura.

Os primeiros 115 quilômetros do percurso atravessavam uma variedade de terrenos. Em certos momentos, seguíamos por trilhas, mas então, sem aviso, o caminho desaparecia, e eu me via correndo por uma rocha, me perguntando onde ela daria. No começo, havia um grupo de cerca de dez de nós, cabeças subindo e descendo, verificando o aplicativo para ver se nosso triângulo piscante permanecia dentro da linha pontilhada. Após quatro ou cinco horas, ficamos mais espalhados, e então restou apenas eu, sozinho, guiando a mim mesmo pela corrida.

Eu não me importava com a solidão, porque ela me fazia continuar pensando, e o terreno complexo exigia que eu mantivesse minha consciência situacional (CS) bem alerta. Cuidei da minha alimentação e hidratação, me certificando de comer e beber em intervalos programados, independentemente de como me sentia. Qualquer problema na trilha, qualquer curva potencialmente errada, me fazia parar e descobrir onde eu estava e aonde precisava ir. Às vezes os trechos em natureza aberta se alongavam por 1,5 quilômetro ou mais. Em outros momentos, passávamos horas percorrendo trilhas ou estradas. Eu estava correndo bem, e tudo seguia conforme o planejado até chegar à marca dos 80 quilômetros. Foi então que o deserto esfriou. O sol continuava no céu, mas o vento era frio demais para aquela época do ano, o que era um problema.

Tenho uma condição chamada fenômeno de Raynaud. No frio, o fluxo sanguíneo nas minhas extremidades fica limitado e o sangue se acumula no centro do corpo. Na época em que eu estava lotado em Chicago e participava de ultras quase todo fim de semana, eu corria com duas camadas de luvas finas por baixo de um par de luvas de esqui. Por cima disso tudo, ainda colocava meias grossas de lã e, mesmo assim, minhas mãos ficavam um pouco rígidas. Eu tinha comprado um par de luvas aquecidas para participar da Frozen Otter em 2014. Elas funcionavam com pilhas e mantiveram minhas mãos em uma temperatura normal, permitindo que o sangue continuasse circulando. Venci a corrida em parte por causa dessas luvas.

Eu tinha levado essas mesmas luvas comigo para Utah, mas Moab no começo de outubro não devia chegar nem perto do frio de Chicago no meio do inverno, e como eu precisava carregar meu próprio equipamento e só reencontraria minha equipe no quilômetro 116, pouco depois do pôr do sol, não achei que fizesse sentido carregar comigo as luvas e suas pilhas volumosas. Minha estratégia para provas como aquela sempre fora manter a simplicidade e a leveza. Eu corro com eficiência máxima.

Eu não imaginava que meus dedos enrijeceriam de frio com o sol ainda no céu. Sabendo que eles poderiam se tornar inúteis em um futuro próximo, parei, coloquei um par de luvas finas – que eram basicamente forros de luvas –, tirei o reservatório de água da mochila e o prendi sobre o peito. Eu já tinha participado de maratonas em que o reservatório e o canudo congelaram – inclusive a Frozen Otter –, e não poderia me dar ao luxo de ficar desidratado e morrendo de frio ao mesmo tempo.

Havia um posto de auxílio no quilômetro 92 com quiosques de água e comida – havia pessoas grelhando hambúrgueres e servindo sopa. Havia muitos assentos onde os participantes poderiam descansar, comer e beber quanto quisessem, mas não era um ponto de encontro com as equipes, então o que eu mais precisava – minhas luvas aquecidas – continuaria fora do meu alcance. Não comi muito e, apesar de meus dedos terem perdido a mobilidade, consegui encher o reservatório de água. Depois disso, não havia muito o que fazer além de continuar correndo enquanto o sol descia cada vez mais no céu.

Graças ao fenômeno de Raynaud, minhas mãos e pés pareciam tão pesados e rígidos quanto cubos de gelo, meus dedos estavam duros, mas o peito ardia de calor devido ao sangue quente em excesso acumulado no meu tronco. Isso me deixava com sede e, quando cheguei ao quilômetro 103, o reservatório de água já estava seco. Eu ainda tinha duas garrafas cheias de água, mas não tinha como bebê-las, porque eram do tipo que eu precisava apertar para liberar o líquido. Fiquei tentando encontrar uma forma de arrancar a tampa com a boca, e teria feito isso se pudesse parar um pouco – o que só serviria para aumentar meu frio, então decidi que seria melhor não. Eu estava morto de fome, mas não tinha acesso à comida na mochila porque meus dedos estavam imprestáveis. Eu só conseguia pensar em chegar ao posto de apoio e colocar aquelas luvas aquecidas.

Sozinho sob o céu estrelado, me concentrei em permanecer no caminho certo e atento à missão. Isso significava prestar atenção na trilha e no GPS e manter um ritmo estável, só que o tempo passa devagar quando você está morrendo de frio, com sede, sabendo que poderia resolver o problema se suas mãos funcionassem. Não me surpreendi ao sentir minha energia acabando. Minhas mãos não ficavam tão frias assim desde o treinamento dos SEALs, e contei com essas memórias para me impulsionar colina acima. Mais uma vez, recorri a triunfos do passado para me motivar. Eu não me permitiria reclamar sobre o fato de meu corpo ter me traído mais uma vez. Ignorei o fato e continuei correndo. De alguma forma, consegui e corri até o posto de apoio do quilômetro 116 com frio e desidratado.

Estava escuro para cacete. Havia dezenas de equipes espalhadas em trechos planos de terra em ambos os lados da estrada de cascalho, no meio do nada. Meus ossos chacoalhavam, mas apenas até eu me localizar e encontrar minha equipe. Então me controlei. Eu não deixaria que nem um calafrio transparecesse para eles. Fazer parte de uma equipe de maratona já é um trabalho muito ingrato. Eu não precisava que eles se preocupassem com nada além de me preparar para o próximo trecho.

Kish era a única que sabia sobre o fenômeno de Raynaud, e ela rapidamente entregou minhas luvas aquecidas para Jason, um dos membros da equipe, que as passou para mim. Ele achou que eu conseguiria colocá-las sozinho, mas me observou tirando as luvas finas com os dentes e viu que meus dedos estavam brancos feito os de um fantasma. Quando os dedos de um homem negro ficam brancos como a neve, você sabe que algo deu muito errado! Ele se esforçou para enfiar minhas mãos congeladas nas luvas. Foi como vestir um bebê. Ele precisou colocar cada dedo no lugar, um por um.

Minhas mãos não eram o único problema. Havia algo errado com meus pulmões. Eu já tinha sofrido com problemas respiratórios no passado por causa do frio, mas aquilo parecia diferente. Decidi deixar essa preocupação de lado e me concentrei em me hidratar, comer um pouco e me esquentar. As luvas aquecidas – que agora estavam cobertas por um par ainda mais grosso de luvas – descongelavam minhas mãos e achei que, conforme meu fluxo sanguíneo fosse retornando ao normal, meus pulmões sentiriam certo alívio. Tudo isso parecia estar se realizando, já que, depois de quinze minutos, eu já estava cheio de energia e pronto para voltar para a pista.

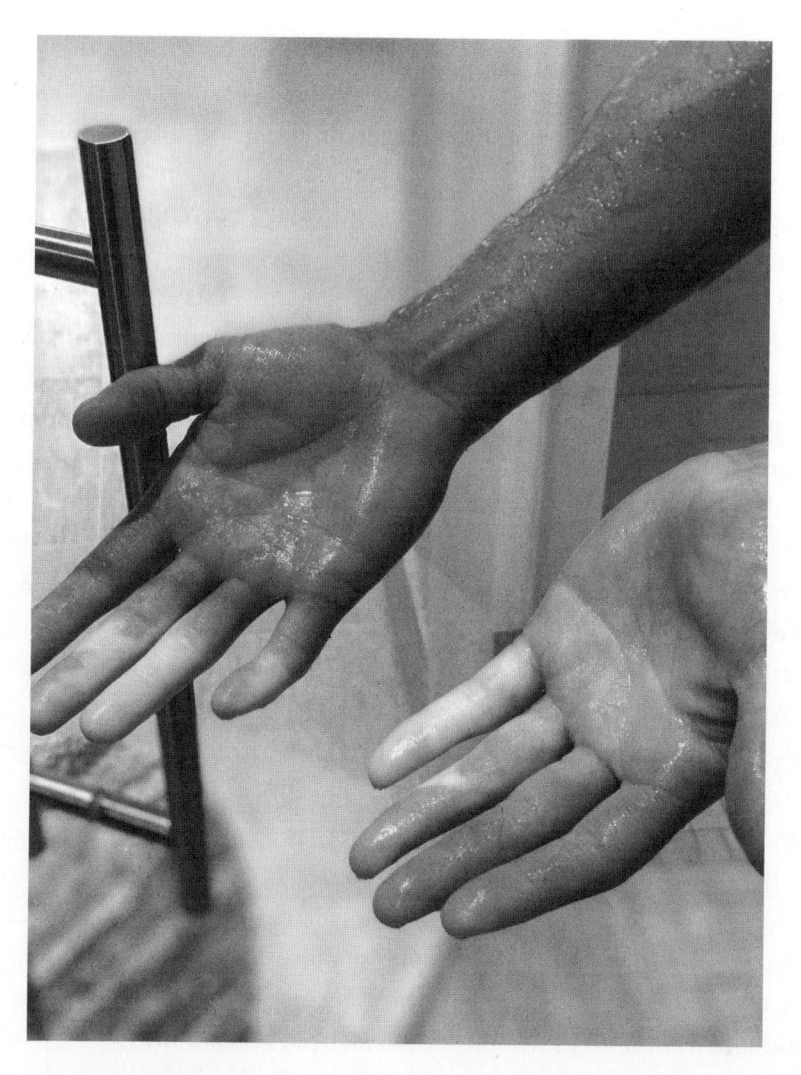

Mesmo depois de um banho quente de dez minutos, minhas mãos ainda exibiam os efeitos do fenômeno de Raynaud

Com um *pacer* ao meu lado, encontrei um ritmo e comecei a devorar os quilômetros à medida que atravessávamos o marcante deserto de rochas vermelhas de Moab sob uma saraivada de estrelas. Em pouco tempo, eu já tinha entrado e saído do posto de apoio seguinte e corria com outro *pacer* por uma trilha que parecia o fio de uma navalha. Eu me sentia confortável, embora Joe, meu *pacer* naquele trecho, tenha ficado apavorado ao descobrir que a trilha contornava a beira de uma cratera profunda. Espiei por cima da borda. Um abismo fundo engolia o brilho da minha lanterna. A única coisa que eu conseguia enxergar com clareza era que agora não era o momento de um passo em falso. Chegamos ao posto de apoio seguinte no quilômetro 164, cerca de 21 horas após o início da corrida, e em segundo lugar.

Aquilo não significava muita coisa. Eu estava correndo bem por enquanto, mas não tínhamos chegado nem à metade do percurso. Fiquei pensando no começo, quando tantos participantes estavam alegres e empolgados. Eu me perguntava como eles se sentiriam agora. Exaustos? Com frio? Assustados? Será que ainda se sentiam tão motivados quanto estavam 160 quilômetros atrás? É por isso que nunca fico emocionado nem empolgado demais no começo de algo difícil. E é a mesma coisa quando se trata de monitorar meu progresso. Nunca comemoro nada no meio de uma corrida. É melhor permanecer calmo, focado no meu esforço, ciente de que não estou participando de uma brincadeira e de que existem forças ávidas, fora do meu controle, esperando para dar o bote pelas minhas costas. Uma maratona de 386 quilômetros nunca vai ser uma curtição. Se você está animado, é bem provável que a maré esteja prestes a mudar.

Por isso é importante permanecer humilde e manter a CS alerta o tempo todo, uma lição que eu reaprenderia do jeito difícil depois de deixarmos o posto de apoio sob as luzes de nossas lanternas e entrarmos em uma estrada larga de cascalho. O sol nasceu enquanto corríamos e, com meu novo *pacer* encarregado de monitorar nossa localização e as pegadas frescas do líder para seguir, entrei no piloto automático. Até guardei o celular, que tinha o aplicativo de GPS instalado para a prova. Para que eu precisava dele quando meu copiloto estava prestando atenção no caminho?

Três requisitos são cruciais para mantermos um nível elevado de CS. A primeira é percepção astuta. Você precisa enxergar o ambiente com clareza. Isso significa saber onde está no mapa e ter uma boa ideia da localização das possíveis armadilhas. Às vezes, a cilada pode ser um membro da equipe que não estava tão preparado quanto você esperava.

Também é necessário ter uma compreensão de 360 graus da situação. Você precisa entendê-la por completo e dedicar tempo para investigar os pontos cegos – áreas que não veria normalmente por causa do cansaço ou da falta de iluminação. Também é bom ter um plano para compensar quaisquer limitações que identificar.

Finalmente, há a projeção. Com base na sua percepção e compreensão, como será sua condição futura? Não devemos tomar decisões com base apenas no presente. É preciso pensar como um mestre de xadrez e planejar várias jogadas à frente. Infelizmente para mim, ferrei com tudo.

Quando chegamos a um cruzamento no fim de uma longa descida, meu *pacer* viu as pegadas e continuou correndo, e eu fui atrás. Um pouco mais abaixo na estrada, notei que as pegadas tinham mudado de direção, mas não pensei muito nisso, porque confiava no meu *pacer* e continuei sem abrir o GPS para confirmar se permanecíamos no caminho. Simplesmente fomos em frente.

Kish acompanhava nosso progresso em seu celular, usando o placar de classificação dos participantes, que atualizava nossa localização a cada cinco minutos. Ela viu que eu me afastava cada vez mais do percurso, e isso a deixou estressada. A organização da prova percebeu também e, assim como Kish, começou a mandar mensagens e a tentar nos ligar por duas horas e meia. Só que o celular do meu *pacer* estava fora de área e o meu, guardado. Não sabíamos que o líder da corrida tinha feito a mesma curva errada que nós, mas por algum motivo seu telefone ainda tinha sinal, e ele havia atendido quando a central ligou para alertá-lo. Era por isso que as pegadas davam meia-volta após alguns quilômetros, enquanto nós seguimos em frente por mais de 15.

Oct 11	11:25 AM	303.217.1945	Moab, UT	Incoming, CL
Oct 11	11:47 AM	239.949.9649	Moab, UT	Bonita Spg, FL
Oct 11	11:53 AM	615.727.4851	Moab, UT	Nashville, TN
Oct 12	5:58 AM	530.428.5635	Moab, UT	Incoming, CL
Oct 12	6:01 AM	850.879.9247	Moab, UT	Tallahasse, FL
Oct 12	6:01 AM	000.000.0086	Moab, UT	Voice Mail, CL
Oct 12	6:01 AM	917.602.0363	Moab, UT	Queens, NY
Oct 12	6:02 AM	850.879.9247	Moab, UT	Tallahasse, FL
Oct 12	6:02 AM	850.879.9247	Moab, UT	Tallahasse, FL
Oct 12	6:02 AM	917.602.0363	Moab, UT	Queens, NY
Oct 12	6:02 AM	850.879.9247	Moab, UT	Tallahasse, FL
Oct 12	6:06 AM	850.879.9247	Moab, UT	Tallahasse, FL
Oct 12	6:06 AM	530.428.5635	Moab, UT	Loyalton, CA
Oct 12	6:08 AM	850.879.9247	Moab, UT	Tallahasse, FL
Oct 12	6:10 AM	850.879.9247	Moab, UT	Tallahasse, FL
Oct 12	6:11 AM	917.602.0363	Moab, UT	Queens, NY
Oct 12	6:24 AM	850.879.9247	Moab, UT	Tallahasse, FL
Oct 12	6:34 AM	917.602.0363	Moab, UT	Queens, NY

Kish ligando freneticamente porque saímos do percurso

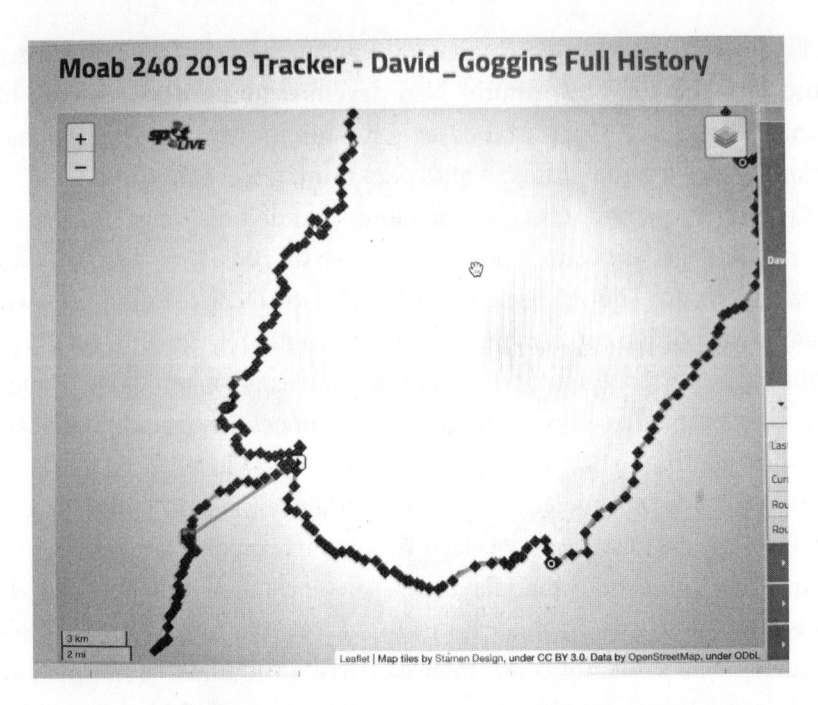

Moab 240 2019 Tracker - David_Goggins Full History

O trecho no canto inferior esquerdo são os quilômetros extras que percorri, e cada quadrado representa uma atualização de cinco minutos

No fundo, eu sentia que estávamos perdidos, mas não me dei conta de que meu *pacer* não tinha baixado direito o aplicativo de GPS, porque não fiz nenhuma inspeção pontual nele. Inspeções pontuais fazem parte da Escola de Rangers. Todo aluno é obrigado a carregar vários itens específicos na mochila durante o treinamento, e os instrutores são conhecidos por parar e pedir para alunos aleatórios apresentarem qualquer um desses itens específicos a qualquer momento. Isso é uma inspeção pontual. Eu devia ter feito uma inspeção pontual no telefone do meu *pacer* e me certificado de que o aplicativo estava funcionando antes de sairmos do posto de apoio. Não por não confiar nele, mas porque eram quatro da manhã e nem eu nem ele tínhamos dormido. Ao ver as pegadas desaparecendo, eu tinha perdido outra oportunidade de verificar se continuávamos no caminho certo.

Fazia quilômetros que não encontrávamos um marcador, e nós dois estávamos sem comida nem água quando alcançamos o cruzamento seguinte, que não tinha placa nenhuma. Foi então que o telefone dele explodiu com dezenas de mensagens e chamadas perdidas de Kish. Ele parou na mesma hora, segurando o aparelho, com um olhar inexpressivo no rosto. Ele nem precisou dizer nada. Sem dar uma palavra, me virei e comecei a correr de volta na direção contrária.

Fiquei com raiva? Não muito. A organização havia deixado claro que o percurso não tinha sinalização em vários pontos, e era por isso que eu ficara atento ao GPS pelos primeiros 116 quilômetros. Mas, assim que comecei a ser acompanhado pelos meus *pacers*, deixei tudo por conta deles. E sempre que desligo o cérebro, me dou mal. Isso já tinha acontecido na seleção para a Força Delta e aconteceu de novo na Moab. A CS é um dos meus maiores pontos fortes. Eu me orgulho de saber interpretar o terreno, me conectar comigo mesmo e avaliar situações, e toda vez que minha CS é deixada de lado, o que quer que eu esteja fazendo dá errado feito um castigo instantâneo.

Eu tinha meus motivos para deixar o acompanhamento do percurso para outra pessoa. Meu plano era correr direto, sem dormir. Eu sabia que levaria mais de dois dias e meio para completar a maratona e achei que seria mais fácil se só precisasse me concentrar em correr, manter o ritmo, comer e beber. Assim conseguiria passar por cima de quaisquer barreiras na minha performance e lidar com qualquer desconforto que aparecesse. Lembre que fazia 24 horas que eu estava correndo quando tomamos o caminho errado. Eu estava exausto e era ótimo não precisar pensar muito. Só que não existe nenhum momento da vida em que devamos ceder à mentalidade do piloto automático.

Antes da corrida, eu tinha explicado para meus *pacers* que a única tarefa deles era não deixar que eu me perdesse, o que me parecia a pior coisa que poderia acontecer. Agora que estávamos naquela situação, de que adiantaria brigar com ele? Isso só pioraria um problema que já era bem ruim. Nós precisávamos nos concentrar em voltar para o percurso. Além do mais, eu ainda precisava da ajuda dele para concluir a corrida. Não podia acabar com sua confiança e seu ânimo nem virar outros membros da equipe contra ele. Especialmente porque a culpa era minha.

Nunca conte com outra pessoa para guiar você durante uma corrida. Eu devia ter usado meu *pacer* como um navegador reserva e continuado a prestar atenção no meu próprio GPS o tempo todo. Não dá para fazer nem uma curva errada! E sempre que você achar que algo passou despercebido, pare e lide com a questão na mesma hora. Eu devia estar com o meu celular, verificando o aplicativo do GPS a cada cinco ou dez minutos, se não a cada quilômetro, mas fiquei com preguiça porque meu cérebro queria um descanso. Eu sabia que correr 386 quilômetros não era brincadeira e exigia dedicação e perseverança, mas deixei que outra pessoa me guiasse e não conferi o que ela estava fazendo. Eu podia escolher ficar nervoso, mas o único responsável por aquela confusão era eu mesmo.

Muitos líderes tentam fugir da culpa e preferem transferir a responsabilidade para os outros em vez de aceitar o próprio erro, só que, ao fazer isso, acabam não solucionando nada a curto ou longo prazo. Eu imediatamente reconheci que tinha permitido que o pior problema acontecesse, e isso permitiu que eu seguisse adiante e lidasse com as consequências bem rápido. Quando alguém comete um erro no calor da batalha, a única coisa que importa é lidar com as consequências de cabeça fria. Entender onde, quando e como as coisas deram errado é importante, porém todas as avaliações devem esperar até o fim. E, agora, eu participava de duas corridas ao mesmo tempo: a Moab 240, e a corrida para alcançar meu medicamento de tireoide que me aguardava no posto de apoio seguinte.

Quando não tomo meus remédios de tireoide, meu corpo entra em parafuso. Quando está muito quente, posso sentir que estou congelando. Também posso ficar lento, me arrastando, como se estivesse sonolento, porque a disfunção da tireoide afeta o metabolismo. Eu sabia que tinha que tomar meus remédios na hora exata, então por que não os carregava comigo? No último posto de apoio, Kish os separara em uma bolsinha para mim, mas eu estava correndo muito bem e, apesar de saber que seria apertado, tinha certeza de que conseguiria chegar aos remédios a tempo se mantivesse o ritmo. É esse o tipo de erro que cometemos quando presumimos que tudo dará certo, e as ultras são feitas para expor toda e qualquer decisão errada e escolha ruim da nossa parte. Agora a situação estava bem complicada.

Após correr por cerca de 24 quilômetros fora do percurso, um funcionário da corrida nos encontrou de carro a alguns quilômetros da curva errada. Fomos levados de carro até o fatídico cruzamento, que agora estava nitidamente sinalizado com uma placa para poupar os maratonistas atrás de mim, mas continuávamos a 24 quilômetros do posto de apoio seguinte, sem comida nem água, e eu precisava urgentemente dos meus remédios.

A central deu permissão a Kish para nos encontrar no caminho, mas, a essa altura, minha condição já havia se deteriorado. A temperatura do meu corpo caía, meus pulmões estavam pesados, e eu sabia que, se continuasse a prova, correria o risco de ter complicações médicas.

Ainda faltavam 217 quilômetros para acabar a maratona e, apesar de eu ter tomado os remédios assim que encontrei Kish, minha tireoide precisava de tempo para se restaurar, para a temperatura do corpo voltar ao normal. Resolvi descansar sem saber de quanto tempo precisaria. Eu já tinha corrido 193 quilômetros. Como era de se imaginar, dentro de uma hora meu corpo reagiu como se a corrida tivesse acabado. Comecei a inchar e enrijecer, como se meus músculos tivessem entrado no modo recuperação.

Aquilo seria um problema.

Fazia anos que eu lidava com meu problema de tireoide. Muitas pessoas nas Forças Armadas, sobretudo nós da divisão de Operações Especiais, são diagnosticadas com hipotireoidismo, já que nossas glândulas suprarrenais sofrem ataques constantes durante o treinamento e em combate – foram documentados 40 mil casos entre 2008 e 2017. Mas eu convivia com um coquetel dos hormônios de luta ou fuga desde a infância. A divisão de Operações Especiais simplesmente terminou o serviço de acabar com as minhas suprarrenais. Quando elas se desligam, o corpo tenta conseguir tudo de que precisa recorrendo à tireoide. A tireoide é a placa-mãe do sistema endócrino, e sua sobrecarga prejudica o metabolismo – o processo de converter o que bebemos e comemos em energia –, causando consequências em cascata.

Em parte graças ao meu regime de alongamentos, minhas glândulas suprarrenais tinham se recuperado o suficiente nos últimos anos para pararem de atacar a tireoide, e isso fez com que eu conseguisse começar a me curar. Na verdade, meu episódio de fibrilação atrial no Natal tinha sido causado por uma dose maior do que a necessária do medicamento de tireoide. Desde então, eu e meus médicos estávamos testando dosagens menores. Ao longo da vida inteira eu tinha sido um garoto meio doente. Se meu corpo fosse saudável e perfeito, não haveria limite para as coisas que eu conseguiria conquistar.

No fim das contas, passei doze horas parado, e apesar de parecer que um período tão longo de descanso me ajudaria a voltar à corrida, na verdade era o oposto. Quando voltei, minhas pernas pareciam feitas de pedra. Eu estava enrijecido e inchado. E caíra do segundo lugar para o 80º, que era praticamente o último. Eu tinha todas as desculpas do mundo para desistir – minha sorte havia mudado, minha saúde estava comprometida e eu tinha perdido minha CS num momento crucial. Minha corrida tinha ido para o espaço, e ainda restava mais de metade do percurso! Algumas pessoas poderiam olhar para essa versão dos acontecimentos e pensar que tudo estava perdido, mas eu sabia por experiência própria que as melhores lições da vida não surgem quando as coisas dão certo. É quando seus objetivos e planos bonitos caem por terra que você enxerga seus defeitos e descobre mais sobre si mesmo.

É preciso tirar vantagem de qualquer oportunidade para fortalecer sua determinação, porque, quando a vida lhe der um soco na cara, você precisará dela. É claro que saber disso não torna fácil retomar o ritmo quando tudo dá errado. Na verdade, correr aqueles últimos 217 quilômetros exigiria um nível de foco e comprometimento difícil de encontrar depois de passar metade de um dia parado. Por sorte, eu tinha passado por situações semelhantes muitas vezes antes. Eu sabia o que fazer.

Para começo de conversa, precisava manter meu foco mental. Muitas pessoas caem depois de levar um tabefe e perdem todo o embalo com o baque. Não apenas no sentido físico, mas também no psicológico, porque se sentem humilhadas, e a humilhação torna qualquer tipo de progresso impossível. Devemos aprender a aceitar as rasteiras da vida sem perder o prumo. Porque levantar da lona é o passo mais difícil e mais demorado na luta por retomar o ritmo. Sim, precisei ficar metade de um dia parado. Sim, todos os objetivos que eu tinha para a Moab 240 foram por água abaixo. Sim, meu corpo estava péssimo, mas eu continuava mentalmente firme, participando da corrida, porque não vivo segundo as regras da maioria das pessoas.

As recompensas que busco são interiores e, quando você tem essa disposição mental, encontra oportunidades para crescer em todo lugar. Nos momentos difíceis, o crescimento pode ser exponencial. Eu não venceria a maratona nem a terminaria em um tempo respeitável, mas tinha recebido outra oportunidade rara de testar a mim mesmo em condições adversas e me tornar ainda maior. Se muito, meu desejo de terminar tinha apenas crescido graças à besteira que eu tinha feito.

Ao mesmo tempo, eu precisava aliviar um pouco da pressão que tinha colocado sobre mim mesmo. A pressão vem acompanhada de altas expectativas, o que é ótimo, porque elas podem despertar o melhor de nós, mas há momentos em que pode ser mais interessante diminuí-la. Quando estamos exaustos, é fundamental permanecermos no controle de nossos pensamentos e emoções, para tomarmos decisões com a cabeça no lugar. Escolher aliviar a pressão nos permite isso.

Quando a pressão é intensa, é como se colocássemos antolhos que limitam nossa perspectiva. Isso é ótimo para certas situações que demandam grande foco, mas, quando nos dedicamos a algo que exige o máximo de resistência, é melhor ampliar a perspectiva e a percepção para absorver mais da experiência, o que permite um crescimento maior tanto durante o evento quanto nos dias e semanas seguintes. Além disso, se deixarmos que a pressão implacável só aumente, corremos o risco de acabar surtando e piorando ainda mais uma situação que já estava ruim. Lembre que o objetivo sempre é completar a missão – seja ela qual for – sem arrependimentos e com a cabeça no lugar, para que ela possa nos ajudar a progredir na vida.

Cultivar a disposição de alcançar seu objetivo apesar de toda e qualquer circunstância é a variável mais importante da equação da retomada de qualquer atividade. Essa disposição desenvolve a autoestima. Ela aumenta a percepção da sua própria capacidade e, mesmo assim, é a primeira coisa com que perdemos contato quando as coisas dão errado. Depois disso, desistir frequentemente parece a opção mais sensata, e talvez seja mesmo. Mas saiba que desistências vão minando nosso valor para nós mesmos e sempre exige certo nível de reabilitação mental. Mesmo que sejamos forçados a desistir por causa de uma lesão ou de algum outro fator incontrolável, ainda teremos que nos recuperar psicologicamente da experiência. Uma missão bem-sucedida raramente exige manutenção mental.

Para manter essa disposição de alcançar seu objetivo, é preciso agir sem propósito. Você já ouviu falar do propósito, aquele ingrediente mágico que falta, crucial para uma carreira gratificante e uma vida feliz. E se eu dissesse que a importância de encontrar seu propósito é exagerada? E se seu grande amigo propósito nunca tivesse existido? E se o que você faz com seu tempo aqui não tiver importância? E se tudo for aleatório e a vida não der a mínima para a sua vontade de ser feliz? E aí?

A única coisa que sei é: eu sou David Goggins. Existo, logo termino o que começo. Tenho orgulho do meu esforço e do meu desempenho em todas as fases da vida. Pelo simples fato de estar aqui! Se eu me perder, vou me encontrar. Enquanto eu estiver no planeta Terra, não vou fazer nada pela metade. Nos pontos em que não sou bom o suficiente, vou melhorar, porque existo e estou disposto a isso.

Essa é a mentalidade que todos nós devemos nos esforçar para ter quando estamos empacados. Porque, na hora do vamos ver, é você quem deve ser seu próprio incentivador, seu próprio instrutor militar. Nos momentos sombrios, você precisa lembrar por que escolheu estar ali para início de conversa. Isso exige um tom firme. Quando estamos muito motivados, querendo mais, o único tom que podemos permitir dentro da nossa cabeça é o de um guerreiro. O tom de alguém preparado para mergulhar fundo na própria alma a fim de encontrar a energia necessária para continuar lutando e vencer!

Na Moab, minha disposição de alcançar meu objetivo foi alimentada pelo meu futuro. Eu sabia que a maratona que tinha planejado correr havia acabado, mas, a partir daquele momento, a do ano seguinte já tinha começado. Minha nova missão era criar um mapa completo daquele percurso. Eu tinha aberto a válvula de pressão, e minha equipe inteira estava revigorada e pronta para descobrir todos os detalhes comigo. Como futuros ladrões de banco, mestres do disfarce indo à agência dia após dia para entender o ambiente, registrar o ritmo dos funcionários e bolar um plano de ataque imbatível, catalogaríamos o conhecimento em primeira mão dos 217 quilômetros seguintes, para que, em 2020, eu estivesse pronto para meter bala.

Quando recomecei, andei pelos primeiros dez minutos. Minha passada estava ruim. Meus pulmões também. Porém, quando vi a primeira lanterna de cabeça, senti uma pequena centelha. Depois disso, voltei a colocar pressão, pouco a pouco. Meu ritmo acelerou, e meu espírito competitivo voltou à tona. Consegui passar umas vinte pessoas antes de chegar ao posto de apoio no quilômetro 225.

Kish era a *pacer* seguinte, e ela se divertiu para valer. Fazia anos que corríamos juntos, mas aquela era a primeira vez que ela me acompanhava em um percurso longo, e fazia tudo parecer tão fácil. Para ser justo, o terreno era plano e fácil, mas ela também não tinha dormido. Ela havia liderado a equipe aquele tempo todo, mas corria como se tivesse tirado uma noite inteira de sono. Eu já tinha percorrido um total de 252 quilômetros àquela altura (contando o trecho fora do percurso) e estava sofrendo, enquanto ela ficava verificando o celular, fazendo gravações, acompanhando a equipe. Sempre que eu parava e começava a caminhar, ela corria um pouco mais e ficava me esperando. Não era que ela estivesse tentando me irritar, mas encarei aquilo como um desafio e consegui acelerar o ritmo o suficiente para ultrapassar várias dezenas de participantes. Alguns caminhavam, outros estavam dormindo na pista ou nos postos de apoio, indo com calma, sabendo que ainda tinham três dias para terminar a prova. A única pessoa que eu não conseguia acompanhar era Kish, e isso era tudo que eu queria! Quando chegamos ao posto de apoio da Road 46, no quilômetro 289, eu estava de volta entre os dez primeiros.

Mas não era hora de comemorar, porque meus pulmões continuavam estranhos. Não importava se estivesse correndo ou caminhando, de pé ou sentado, eu não conseguia respirar direito. Também estava morrendo de frio, um sinal de que minha tireoide talvez não tivesse tido tempo suficiente para se recuperar por completo. Eu me sentia péssimo, mas tinha suportado um problema na tireoide e corrido por duas noites seguidas. Dor e desconforto eram de se esperar.

Esse posto de apoio tinha mais barracas de comida, e comi à vontade. Quando saí de lá – alguns minutos na frente do meu *pacer*, que ainda organizava o equipamento e não estava pronto para partir –, fiquei me perguntando se tinha comido demais, porque senti um aperto forte no peito. Seria um problema digestivo? Não dava para ter certeza, então continuei analisando problemas em potencial. Minha mochila estava cheia, tão pesada que a alça apertava demais meu peito. Talvez fosse isso que estivesse impedindo meus pulmões de se expandirem direito. Afrouxei a alça e me senti pior ainda.

Apesar de eu já ter corrido uma distância maior que essa, tinha sido em 2007 e em uma pista plana, de 1,5 quilômetro. Eu nunca tinha chegado tão longe naquele tipo de terreno e naquelas condições, mas havia me forçado a superar meus limites várias vezes e nunca sentira nada parecido. Seria uma crise do traço falciforme? Se fosse, eu nunca tinha passado por uma tão séria. Não dava para entender qual era o problema, mas, quando meu *pacer* me alcançou, eu sentia que algo estava extremamente errado.

Expliquei a situação toda para ele e, conforme ouvia a mim mesmo relatando minha história triste, foi impossível não pensar em todos os chorões que tinham cruzado meu caminho ao longo dos anos, que inventavam todas as desculpas do mundo para não serem capazes de terminar o que tinham começado. A grande maioria deles simplesmente estava atrás de uma saída que lhes permitisse manter a cabeça erguida – como eu mesmo fiz quando desisti do paraquedismo de resgate. Eu tinha marcado todas essas pessoas, me lembrava das situações em que elas se encontravam e as mantivera guardadas no meu cérebro. E lá estava eu, falando igualzinho a elas.

Seja em uma corrida de 10 quilômetros ou de 386, todos sabemos como é negociar com nós mesmos para fugir daquilo que nos comprometemos a fazer. Dizemos que estamos cansados, atordoados ou simplesmente de saco cheio. Nunca cedo a isso, porque sei que muitas pessoas por aí não podem fazer essa escolha. Elas não podem fugir, mesmo quando querem fazer isso com todas as suas forças.

Ao mesmo tempo, eu sabia que não estava apenas me sentindo desconfortável. Havia algo errado de verdade! Mas correr a Moab 240 tinha sido decisão minha. Permanecer na corrida tinha sido decisão minha, e era uma bênção poder tomar essas decisões. Então, como sempre, segui em frente. E, à medida que o percurso dava a volta por campos rurais e se inclinava rumo ao céu e às montanhas que pareciam ter sido pintadas sobre o horizonte durante o dia todo, lembrei por que eu queria estar ali. Era tudo por causa daquele um segundo de glória – o maior barato de todos, que bate e desaparece com a velocidade de um relâmpago, mas apenas se você conseguir encontrar uma forma de superar todo o sofrimento, cada obstáculo, e cruzar a linha de chegada.

Pelos 21 quilômetros seguintes, ganhamos mais de mil metros de altitude, e meu ritmo diminuiu bastante. Em parte por causa da subida, mas havia momentos em que o chão também ficava ruim. Certos trechos eram cobertos com ardósia, cascalho quebrado e rochas. Eu estava me sentindo bem instável, então fui com calma. E, após 16 quilômetros, comecei a me sentir um pouco melhor. Eu não me sentia ótimo, mas minha condição tinha melhorado e meu *pacer*, que tinha conferido desempenhos anteriores para avaliar a intensidade que eu devia aplicar a cada trecho, disse que estávamos cobrindo aquela parte em um ritmo acelerado. Isso me deu esperança à medida que a trilha entrava na floresta alpina, a quase 3 mil metros de altitude, e chegávamos ao posto de apoio de Pole Canyon ao pôr do sol, onde um voluntário preparava panquecas fofas e as distribuía para todos. Minha equipe me esperava com uma pilha de comida e uma atualização da prova. Eu tinha subido para o oitavo lugar.

Mesmo que meu problema fosse digestivo, e eu não achava que fosse, ainda era necessário me abastecer. Aceitei o prato que Kish me ofereceu e continuei pensando em possíveis causas enquanto comia. Perguntei se ela havia acidentalmente misturado o pó errado – algo com cafeína – nas minhas garrafas de água. Tenho intolerância a cafeína, mas Kish sabia disso e me garantiu que não era o caso. Um fator que eu ainda não tinha cogitado era a altitude, porque, apesar de subirmos de vez em quando, não passávamos muito tempo em altitude. Meus pulmões ficaram bem durante a Leadville, apenas seis semanas antes, e eu tinha corrido a maioria daqueles 160 quilômetros acima de 3 mil metros de altitude. A fonte do meu problema permanecia um mistério, e isso me incomodava, porque a maratona não estava nem perto de terminar. Qualquer coisa poderia acontecer pelo caminho e, de fato, pouco depois de sair do posto de auxílio, meus problemas respiratórios voltaram.

Em menos de cinco minutos, parei e pedi a Dan, meu *pacer* naquele trecho, que ligasse para Kish e dissesse a ela para ficar com a equipe em Pole Canyon, para o caso de precisarmos voltar. Mas eu também queria me dar todas as oportunidades de superar os obstáculos. Talvez tivessem sido as panquecas. Da última vez, eu tinha me sentido melhor após algumas horas e, se conseguisse permanecer de pé e no percurso, talvez os sintomas desaparecessem de novo.

Progresso lento ainda é progresso, falei para mim mesmo. *Você só precisa dar um passo para conseguir dar o próximo.*

Com isso em mente, pedi a Dan que ligasse para Kish de novo e avisasse que seguiríamos em frente e avisaríamos se algo mudasse. Continuamos subindo noite adentro até o ponto mais elevado da prova, com 3.200 metros de altitude. O protocolo era o seguinte: andar alguns passos, me curvar, me apoiar com força nos bastões de caminhada, tentar respirar fundo para recuperar energia suficiente e dar mais três a cinco passos – e depois repetir tudo de novo. Eu não conseguia respirar nada enquanto me movia. Só ofegava e arfava. A cada parada para respirar, eu via Dan me esperando com um olhar preocupado.

– Desculpa – eu dizia, arfando. – Desculpa.

Devo ter me desculpado umas trezentas vezes. Não sei por que continuava pedindo desculpas. No geral, ele respondia:

– Já estamos quase no topo.

O mais engraçado é que eu sabia que não estávamos nem perto disso! Ele estava tentando me dar esperança, mas esperança não faz ninguém chegar ao topo. *Valeu por tentar, Dan!*, eu pensava.

Depois de 4 horas, com cerca de 9 quilômetros percorridos do trecho de 26 – pois é, estávamos nos movendo feito lesmas, percorrendo apenas cerca de 1,5 quilômetro a cada meia hora –, finalmente parei.

– Isto não está... nada bom – falei, arfando.

Eu estava orgulhoso de mim mesmo por tentar, mas continuava me sentindo mal. Na verdade, meus pulmões tinham piorado muito, e Dan concordou que deveríamos sair do percurso e procurar um médico. Ele ligou para Kish e deu a notícia, e vi sua expressão murchar com a resposta dela.

– Então, cara – disse ele depois de desligar. Eu continuava com o corpo curvado para a frente, implorando por oxigênio. – Tenho uma má notícia. Precisamos sair daqui andando.

Ele explicou que havia apenas duas opções. A primeira era descer 9 quilômetros e voltar para Pole Canyon. A segunda era continuar subindo por mais 14, até o começo de uma trilha, onde minha equipe nos encontraria. Eu tinha passado a noite inteira procurando trilhas diferentes que pudessem oferecer uma saída, mas não tinha visto nenhuma. A nossa era a única, e eu sabia que nenhum carro, quadriciclo ou coisa parecida conseguiria me buscar ali, no meio do nada. Eu também tinha certeza de que não havia um helicóptero para me buscar. Para sair dali, seria necessário contar com minha própria força.

Voltar para Pole Canyon não era uma opção, porque, apesar do meu estado terrível, eu não pretendia desistir da corrida. De algum jeito, eu permanecia disposto – então, em vez de perder quilômetros, preferi continuar subindo. Aquilo não era mais uma maratona. Era uma guerra, e eu estava ferido, mas mantinha a esperança de conseguir encontrar um médico que desse um jeito em mim e me permitisse continuar na batalha.

A noite foi se tornando mais escura ao nosso redor enquanto seguíamos caminho. Em alguns pontos, a trilha era tão estreita que só havia espaço para colocar um pé na frente do outro. Ribanceiras surgiam do nada entre as sombras. Respirar continuava difícil, e eu não conseguia parar de pensar em John Skop, o jovem colosso de 1,88 de altura e 102 quilos que tinha morrido de edema pulmonar durante minha terceira Semana Infernal.

Eu arrastava os pés para a frente, me apoiava nos bastões, fechava os olhos, e lá estava ele, febril e tremendo, sofrendo de pneumonia e nos últimos estágios de edema pulmonar ao lado da piscina. Sua pele era quase transparente; seus olhos, vazios; sua respiração, ofegante igual à minha. Ele parecia frágil como porcelana, mas não tinha qualquer intenção de desistir. Ao voltar para o nado da lagarta, ele estava fraco porque mal conseguia respirar, e dali a poucos minutos ele foi encontrado no fundo da piscina e ninguém conseguiu ressuscitá-lo.

Skop tentou se tornar um SEAL a todo custo, e sempre o respeitarei por isso. Eu teria feito o mesmo. Certas coisas na vida merecem uma disposição mental que diga "mesmo que eu morra tentando". Às vezes, precisamos acessar esse lugar, mas do outro lado dessa montanha precisa estar algo que você deseja mais do que tudo no mundo. Por mais disposto que eu estivesse, terminar a Moab 240 não cumpria esse requisito. Depois de tantas conquistas, completar a prova não mudaria a maneira como eu me sentia a respeito de mim mesmo, e eu com certeza não precisava morrer por causa disso.

Àquela altura, eu suspeitava que tivesse um edema pulmonar de grande altitude (EPGA), uma condição perigosa na qual os pulmões se enchem de sangue e plasma. É uma versão do que aconteceu com Skop, e pode acontecer com qualquer um em grandes altitudes, até com montanhistas experientes em alturas relativamente baixas. Eu estava perto de 3 mil metros, que não é tanto assim, mas, por já ter corrido mais de 320 quilômetros, estava suscetível a tudo.

Faltando menos de 5 quilômetros para alcançarmos o topo e o posto de apoio seguinte no quilômetro 324, um médico e dois membros da minha equipe nos encontraram na trilha. Infelizmente, não havia nada que o médico pudesse fazer por mim. Minhas opções eram continuar andando até o posto ou parar no começo da trilha a caminho de lá, onde nosso veículo esperava. Eu sabia que havia uma longa descida depois do posto de apoio e, apesar de me sentir péssimo, fiquei me perguntando se meu corpo conseguiria se recuperar. Então caí em mim.

Com frequência, acham que sou masoquista. Algumas pessoas acreditam que passo por cima da dor e corro riscos sem sentido por esporte e para chamar atenção, mas isso não é verdade. Forço a barra bem mais do que a maioria das pessoas, mas não faço isso para me machucar nem para impressionar ninguém – e com certeza não quero morrer. Faço isso porque o corpo e a mente nunca param de me impressionar. Eu não devia ter caminhado 26 quilômetros naquele estado. Os últimos 14 pareceram impossíveis porque eu achava que tivesse chegado ao meu limite físico, mas, quando busquei mais força, encontrei. Sempre que fui desafiado, sempre que fui obrigado a reunir recursos adicionais para me manter de pé, encontrei. É por isso que sigo essa linha: porque esses momentos sombrios são raros, puros e lindos. No entanto, naquela noite, me senti pior do que nunca e sabia que qualquer estresse extra sobre meu corpo poderia me fazer chegar ao limite. Quando chegamos à tal trilha, saí do percurso para procurar atendimento médico, o que significava, segundo as regras, que eu tinha automaticamente abandonado a corrida.

No caminho para o hospital local, perdemos quase 2 mil metros de altitude e comecei a tossir bolos marrons de catarro. Na emergência, a médica fez uma radiografia do meu tórax, que confirmou que meus alvéolos estavam cheios de fluido. Eu realmente estava com EPGA. Ela verificou meus sinais vitais, colheu sangue, me deu um pequeno nebulizador de oxigênio para abrir os pulmões e testou meu muco para detectar que tipo de infecção estava presente. Algumas horas depois, por volta de seis da manhã, o hospital me liberou com um inalador que ajudaria a manter meus pulmões abertos.

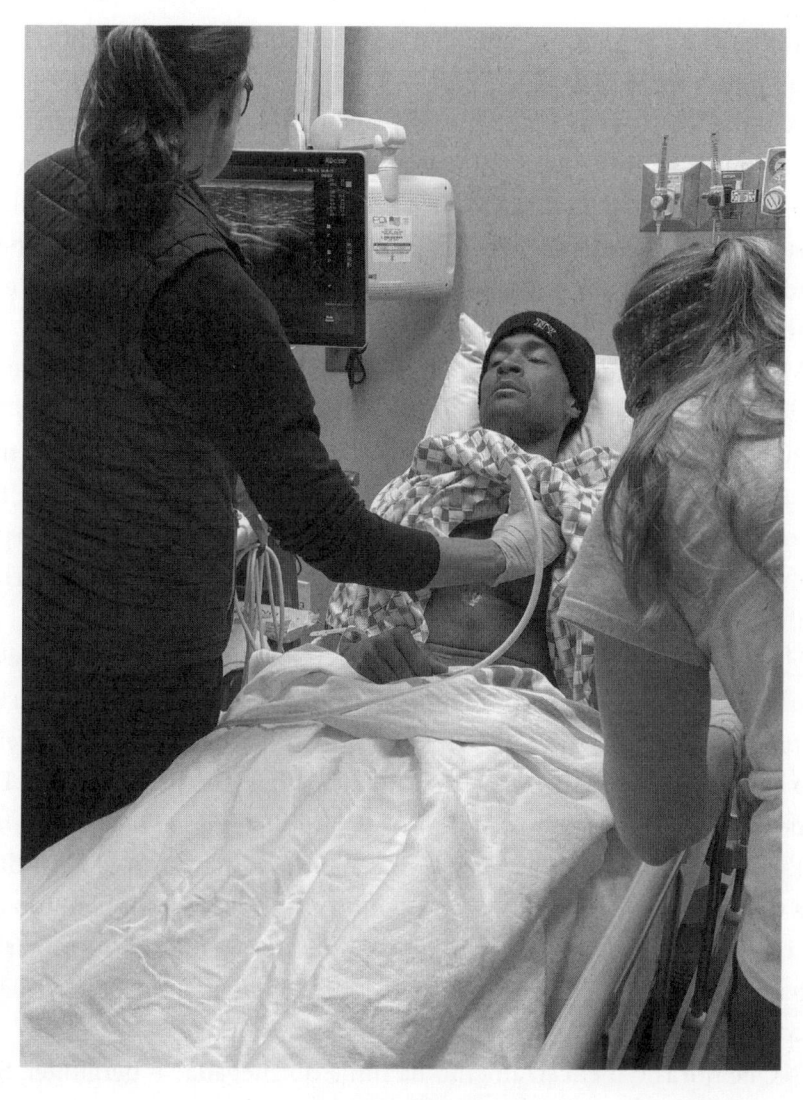

Diagnóstico de EPGA

Quando eu e Kish chegamos de volta ao apartamento que tínhamos alugado, o restante da equipe estava ocupado fazendo as malas, limpando as coisas e se preparando para ir para casa. O clima era de desânimo. A corrida tinha sido difícil para todos. Minha equipe havia lutado contra vários desafios e passado por muitos altos e baixos, e apesar de eu estar orgulhoso por ter percorrido 346 quilômetros com um corpo doente e considerar os 26 quilômetros de marcha lenta uma das piores situações da minha vida, abandonar uma maratona causa uma sensação horrível, e todo mundo sabia disso.

Pelo menos eu estava me sentindo melhor. À tarde, já tinha parado de tossir catarro e minha temperatura corporal e minha energia tinham voltado ao normal, o que indicava que a tireoide estava funcionando bem. No passado, após abandonar corridas, eu não tinha conseguido me recuperar rápido. Havia passado semanas destruído. Aquela situação era nova e fez minha mente entrar em parafuso.

Muitas pessoas permanecem destruídas por tempo demais. Elas podem ter ficado doentes para cacete, mas estão melhorando; entretanto, quando lhes perguntam como se sentem, elas se comportam como se continuassem na mesma. Algumas até exageram para despertar mais um pouquinho de pena. Não sou desses. No instante em que sinto que posso voltar para a batalha, volto para a batalha. Resumo da ópera: eu não conseguia entender por que me sentia bem o suficiente para competir e estava no apartamento, não na prova.

Uma voz na minha cabeça me acordou do meu sono agitado às três da manhã. Ela repetia o mesmo mantra selvagem sem parar. *Você ainda não terminou, Goggins!* Sentei na cama, com os olhos inchados e sonolento. Não havia mais ninguém no quarto além de Kish, e ela estava apagada. Deitei de novo e fechei os olhos, mas a voz voltou. *Você ainda não terminou!*

Eu sabia o que precisava fazer, mas não imaginava o que Kish diria. Nós tínhamos feito as malas. Dois membros da equipe já tinham ido embora e outros dois partiriam em questão de horas, mas eu terminaria o trabalho sozinho se precisasse. Virei e levei a mão ao ombro de Kish. Ela piscou duas vezes.

– Que horas é o encerramento da linha de chegada? – perguntei. Seus olhos se arregalaram. Ela parecia desorientada, então repeti: – Que horas é o encerramento da linha de chegada?

Kish sabia que o que eu realmente queria saber era se daria tempo para correr os últimos 60 e poucos quilômetros. A prova tinha começado quatro dias antes, mas os participantes tinham 110 horas para completá-la. Ela se sentou e pegou o celular na mesa de cabeceira.

– Temos 15 horas – respondeu.

Seu tom de voz era tão pragmático que alimentou meu fogo. Talvez ela não entendesse por que eu estava tão apegado à corrida, mas sua mente havia tomado uma decisão. Ela estava dentro, e só isso importava. Levantamos. Chamei os outros dois membros da equipe que continuavam com a gente e perguntei se estavam dispostos a adiar o voo por um dia.

Em questão de minutos, estávamos todos na cozinha, organizando o equipamento e fazendo um lanche rápido. Um pouco de descanso me fizera bem e, embora Moab fique a apenas 1.200 metros de altitude e as coisas pudessem mudar quando ganhássemos altura, eu não passaria tanto tempo em terreno elevado. Restava apenas pouco mais de 2 quilômetros de subida, e então seria uma longa descida de volta para a cidade. Mas não confunda minha disposição em terminar o trabalho com empolgação para voltar e correr por mais 64 quilômetros. Eu já tinha percorrido 346 quilômetros nos últimos quatro dias e, apesar de me sentir bem o suficiente, meu corpo tinha começado a se recuperar, o que significava que eu estava enrijecido e muito inchado. Eu sabia que aquilo iria doer.

Antes de sairmos, Kish entrou em contato com a minha médica para garantir que não estávamos correndo riscos desnecessários. Após um momento de silêncio para refletir com quem ela estava falando e repassar meu longo prontuário em sua cabeça, ela aceitou a ideia.

– Se você começar a sentir qualquer sintoma, pare imediatamente, saia do percurso e volte para um terreno menos elevado, por favor – disse ela.

No caminho pela montanha, meus ouvidos estalaram, um lembrete de que estávamos ganhando altitude. Eu não tinha a menor ideia do que aconteceria a 3.200 metros, mas, apesar de não estar com vontade de voltar a correr, suspeitava que fosse capaz de fazer isso, o que significava que precisava tentar terminar a missão. Terminar de decifrar o mapa completo da prova era o que me deixava empolgado, então foi nisso que me concentrei.

Kish parou no estacionamento do começo da trilha perto do marcador do quilômetro 322, onde eu tinha abandonado a prova. Eu não queria desperdiçar tempo na altitude. Então eu e meu *pacer* pegamos nosso equipamento e subimos a montanha rápido. A equipe manteve contato por aqueles primeiros 3 quilômetros, para garantir meu bem-estar. Minhas pernas estavam duras feito pedras e minha passada era instável, mas eu conseguia respirar bem. Mesmo assim, eu me sentia fraco e inseguro. Aquele percurso tinha me dado uma surra desde o quilômetro 116, e parte de mim achava que eu era louco ou idiota por tentar terminar. Provavelmente as duas coisas.

De volta à cena do crime, no quilômetro 322

Kish nos seguiu pela estrada de cascalho até o topo da montanha e, com "Going the Distance" tocando aos berros pela janela aberta, passou por nós e sorriu. Aquele hino era um velho amigo. Tínhamos compartilhado muitos momentos sombrios, e ele era infalível para acabar com meu falatório interior e despertar meu selvagem interior. Deixei a música tomar conta de mim e encontrei minha determinação para acabar com um percurso que estava arrancando meu couro havia quatro dias.

– Eu voltei! – berrei, acelerando o ritmo. – Você achou que tinha levado a melhor! Achou que tinha me dado uma rasteira! Só por um segundo. Eu voltei!

Dali em diante, foi só vitória. Os 64 quilômetros seguintes foram meus melhores da maratona inteira. Alcancei um nível de consciência que me permitiu correr livre, ao mesmo tempo que digeria e analisava os mais de 320 quilômetros anteriores. Com os pés ainda no mesmo solo que me derrotara, os olhos nas pedras e árvores que tinham pregado peças em mim e a mente refletindo sobre meus erros, consegui criar um mapa completo do percurso.

E a coisa mais importante que aprendi ao descer rumo às pedras vermelhas de Moab foi que correr 386 quilômetros é algo completamente diferente, e meu fracasso se resumiu a um erro básico na minha abordagem. Eu tinha aperfeiçoado a distância de 160 quilômetros. Sabia quais equipamentos eram necessários e como enfrentar a distância na minha mente, só que isso tudo se mostrou irrelevante em Moab. As corridas de 160 têm postos de apoio espalhados a cada 9 a 16 quilômetros. Em Moab, os postos ficavam a horas de distância uns dos outros. Todas as dezenas de corridas de 160 quilômetros de que participei, com exceção de uma, tinham percursos bem-sinalizados, então não havia motivo para priorizar minha localização. Eu tinha enfrentado aquilo como se fosse apenas mais uma corrida, sendo que se tratava de um mundo completamente diferente. E esse único erro tinha levado a uma enxurrada de erros menores que foram amplificados pela distância e virado uma catástrofe.

No ano seguinte, a Moab 240 seria parte maratona, parte missão militar. Eu imaginaria as piores hipóteses possíveis e faria planos de trás para a frente, de forma que, independentemente do que acontecesse, eu tivesse formas de permanecer na competição. Entendi que, quanto maior a distância, mais eu precisava ter todos os detalhes afinados. Equipamentos e remédios não podiam ser deixados ao acaso. Eu teria que carregar tudo comigo. Não poderia contar em atravessar grandes distâncias para encontrar minha equipe em tempo hábil. Eu precisava fazer inspeções pontuais nos meus *pacers*, atualizar meu telefone e ter formas alternativas de me comunicar com os outros. Normalmente, gosto de ficar fora de alcance e me desligar do mundo durante maratonas, mas no ano seguinte eu abriria uma exceção, porque é isso que a prova exige. Bolei dezenas de pequenos ajustes na minha cabeça enquanto voava morro abaixo, meus pulmões em plena forma, meu ritmo eficiente e poderoso.

Minha linha de chegada da Moab 240 de 2019: pura glória interior

E lembrei a mim mesmo de que, nos exercícios táticos da vida, você nunca quer ser o principal motivo para o fracasso de uma missão. Ninguém quer acordar depois do fim da corrida desejando ter se preparado melhor. Hoje em dia, com tantas informações disponíveis na palma da mão, se algo nos surpreender enquanto tentamos conquistar um objetivo, é por falta de preparo, e não existe desculpa para isso. Missões podem fracassar por dezenas de motivos, e tudo bem. Certifique-se de que o problema tenha sido algo fora do seu controle – um ato de Deus ou da Mãe Natureza. Então esquadrinhe o mapa completo do seu percurso e tente de novo.

Enquanto eu corria por uma trilha de bicicleta em direção às ruas de Moab, sabia que chegaria dentro do limite de tempo, mas, por ter abandonado a prova, não tinha o direito de cruzar a linha de chegada oficial.

Para mim, isso teria que ficar para o ano seguinte. Encontramos uma alternativa válida: um poste telefônico aleatório, um de muitos em uma autoestrada movimentada.

Com o trânsito passando a mil por hora, corri pelo acostamento até minha contagem total de quilômetros alcançar 410 – os 386 oficiais mais aqueles 24 extras. Não ergui os braços nem soquei o ar, e ninguém pareceu notar um homem terminando o que tinha começado, mas senti uma satisfação profunda. Não houve estardalhaço, mas houve glória, e foi tudo interior.

Olhando de fora, minha Moab 240 foi um desastre. Eu me perdi, quase congelei e tive várias crises de saúde. Saí do percurso duas vezes. Foi uma confusão, mas considero meu desempenho na prova um dos meus cinco melhores, porque deveria ter sido impossível completar aquela distância no tempo permitido. Mas consegui. Sim, o placar ainda dizia: Moab 1, Goggins 0. Mas saí de Utah com um presente precioso.

Ao contrário de 2018, quando me sentia inseguro a respeito de muita coisa, eu sabia exatamente onde estaria em doze meses: bem ali. Seria necessário um longo ano de treinamento intenso e de comprometimento em estudar aquele mapa completo como um livro. Tudo bem. Aquela maratona ainda reencontraria David Goggins em sua melhor versão!

EXERCÍCIO TÁTICO Nº 6

Mentes pequenas e pessoas fracas matam grandes sonhos. Talvez você tenha objetivos claros e se esforce para se aprimorar todos os dias, mas, se estiver cercado das pessoas erradas, é bem possível que elas estejam sugando suas energias e se certificando de que você não chegue a lugar nenhum.

Quando seleciono minha equipe, não busco maratonistas de elite para serem meus *pacers*. Quero indivíduos com uma mentalidade de trincheira. Dos quatro homens que foram comigo e Kish para Moab, apenas um já tinha participado de uma ultra, enquanto os outros dois mal corriam 30 quilômetros por semana. Mas não os escolhi por sua habilidade como maratonistas; a questão era que todos eles me entendiam. Eles apreciavam minha mentalidade, sabiam quão longe eu estava disposto a ir e queriam fazer de tudo para me ajudar a chegar lá. Meu sucesso na corrida era a prioridade deles. Quando contei que voltaria para terminar a missão, ninguém ficou surpreso. Eles tinham passado o dia inteiro comigo, sabiam que eu estava me sentindo melhor e, mais importante, sabiam quem sou. Eles esperavam que eu tentasse terminar. Quando bati à porta às quatro da manhã, já estavam quase prontos para a prova, com um olhar que dizia "Por que você demorou tanto?".

Em termos militares, a trincheira é um local de luta. Na vida, é seu círculo íntimo, as pessoas das quais você se cerca. Elas conhecem o seu passado e estão cientes dos seus objetivos futuros e de suas limitações anteriores. Entretanto, por ser um local de luta, uma trincheira pode facilmente se tornar sua cova. Portanto, é crucial tomar cuidado para escolher bem quem você convida para entrar nela. Na guerra, competindo em um jogo ou batalhando na vida, não queremos na nossa trincheira uma pessoa sem fé ou que tente nos afastar do nosso pleno potencial, nos dando permissão para fazer as malas ou hastear a bandeira branca quando a situação parecer desanimadora.

Queremos o marido ou a esposa que, quando você aperta o botão soneca do alarme numa manhã congelante de inverno, antes do amanhecer, o acorda com um sacolejo para você não perder seu treino de corrida. Quando você está de dieta e reclama sobre não aguentar mais comer as mesmas coisas sem graça todo dia, eles lembram de todo o progresso que você fez, de todo o seu esforço, e fazem questão de comer a mesma comida sem graça ao seu lado. Quando você diz que está cansado de ficar estudando até tarde, eles ficam acordados também para ajudá-lo.

Você quer uma equipe de corrida formada por pessoas que, nos seus momentos de sofrimento na prova, sentem-se inspiradas ao testemunhar as suas dificuldades. Elas sabem que aquilo é uma prova do seu esforço. Por sua vez, o fato de elas se recusarem a desistir inspira você a usar as reservas de força que nem lembrava que tinha para tentar de novo. Elas sabem que o momento de parar e ir embora surge apenas depois que todas as opções já foram descartadas. Mesmo que isso signifique mais uma noite sem dormir ou uma mudança repentina no cronograma. Com pessoas assim na sua trincheira, como você poderia desistir da luta?

A maioria das pessoas não faz um processo de seleção para sua trincheira. Elas convidam todos os seus velhos amigos e parentes próximos no automático. Como se crescer com alguém fosse o fator mais relevante. É ótimo ter amigos de longa data e é preciso respeitar tudo que você viveu ao lado deles, mas nem todo mundo que passa muito tempo na sua vida está interessado no que é melhor para você. Algumas pessoas se sentem ameaçadas pelo seu crescimento por causa do impacto que isso causa nelas. Outras querem um amigo que lhes faça companhia em sua frustração com a vida.

Para encher a sua trincheira com as pessoas certas, é preciso se conhecer primeiro. Isso significa deixar de lado crenças antigas – conceitos empoeirados sobre o mundo e o seu lugar nele – que não acrescentam mais nada na sua vida, além dos hábitos e costumes que perderam o sentido para você. Quaisquer ideias ou interesses que tiverem sido impostos pelos outros, seja por familiares, colegas de trabalho ou pela cultura em geral, devem ser examinados de forma consciente para você ver o que há por trás deles e descobrir sua própria individualidade. Para a maioria das pessoas, esse é um processo lento, orgânico, que pode demorar anos, se é que acontece. Mas, ao ser encarada com intencionalidade, essa individuação pode ser acelerada. Quando descobrimos quem somos, o mundo começa a nos oferecer presentes cheios de oportunidades para alimentar nossa busca.

Além de me empanturrar de comida e matar baratas, me questionei muito depois que saí da Força Aérea, aos 24 anos. Eu queria encontrar meu lugar no mundo, e testei muitas personalidades e subculturas. Tentei me tornar lutador. Comecei a fazer levantamento de peso e cogitei participar de competições, mas essas não eram escolhas sinceras. O desejo de lutar ou de levantar pesos em um palco não me despertava nenhuma paixão. Eu só sabia que não queria mais ser David Goggins. Queria ser a pessoa mais casca-grossa a já ter pisado no mundo. O problema era que eu não sabia o que isso significava.

Era apavorante admitir essa verdade para qualquer um – inclusive para mim mesmo –, porque, na época, eu estava fora de forma, tinha um emprego que pagava mal e gastava bem mais do que ganhava. Como sair desse ponto de partida e me tornar o mais durão de todos? Eu não fazia ideia e achava que estava me iludindo. Quem tinha me dado o direito de sonhar algo tão audacioso? Até eu achava que estava sendo ridículo. Entretanto, por mais absurdo que parecesse, não desisti do meu sonho. Deixei que ele ficasse marinando no meu cérebro. E aí, um dia, um presente chegou na forma de um documentário sobre os Navy SEALs. Era aquilo. Eu finalmente tinha encontrado uma luz para me guiar. Meu sonho não parecia mais uma ilusão. Ele era real.

Minha evolução havia começado. Porém, à medida que meu futuro como Navy SEAL ia ganhando forma nos meses seguintes, aprendi que, quando mudamos, nem todo mundo à nossa volta vê isso com bons olhos. Você vai encontrar muita resistência, e será um saco. Para todo lugar que eu me virava, encontrava familiares, amigos e colegas de trabalho resistindo à minha evolução, porque adoravam o gordo devorador de milk-shake que trabalhava com dedetização. Com 135 quilos, eu fazia bem à autoestima deles, o que é outra forma de dizer que eles estavam me atrasando.

Anos depois, descobri que esse tipo de coisa é muito comum. A maioria dos homens que recrutei para os SEALs desabafava comigo, dizendo que a esposa, a namorada ou os pais eram radicalmente contra o que eles queriam mais do que tudo no mundo. Uma situação assim pode ser muito estressante. Quando você luta para se tornar a pessoa que é de verdade – sobretudo quando envolve testar os limites da dor e do sofrimento ou sacrificar sua vida e sua integridade física –, não precisa tentar deixar todo mundo feliz ao mesmo tempo. Esse tipo de incompatibilidade faz com que seu diálogo interior se torne contraproducente; quando os momentos da verdade chegarem e a vontade de desistir se tornar grande demais, o conflito interior pode ser o fator que o convencerá a largar tudo.

Quando tomei a decisão de tentar me tornar um Navy SEAL, a única pessoa na minha trincheira era minha mãe. Ela sabia o que seria necessário e imediatamente me apoiou. Eu não via medo em seus olhos. Apesar de se preocupar comigo, ela acreditava ainda mais no que eu estava fazendo, e isso me permitiu treinar e lutar despreocupado, com o máximo de foco. Anos depois, quando corri a Badwater, ela estava na minha equipe. Caminhei 160 daqueles 217 quilômetros e, quando mutucas voavam ao meu redor e eu sofria no calor, ela saiu do carro de apoio chorando copiosamente. Não por causa do meu sofrimento, mas por estar orgulhosa de mim. Porque eu estava lutando como um guerreiro.

Nem todos os amigos e entes queridos reagem dessa forma quando você muda e se compromete com um crescimento constante. Alguns ficam ofendidos de verdade, e não precisamos nem queremos a voz de gente assim na nossa cabeça. E esse é um jeito delicado de dizer que você talvez precise deixar algumas pessoas pelo caminho. É muito importante escolher bem com quem passamos nosso tempo e conversamos todos os dias. É por isso que pessoas em recuperação do vício em drogas e álcool não devem continuar próximas de seus companheiros de farra se quiserem manter a sobriedade. Quando evoluímos, nosso círculo íntimo precisa evoluir junto. Caso contrário, podemos inconscientemente impedir nosso próprio crescimento para não deixar para trás as pessoas de quem gostamos, mas cuja companhia pode não nos fazer bem.

Se não houver ninguém ao seu redor que acredite na sua busca ou a compreenda, transforme sua trincheira em uma luta solitária. Não tem nada de errado nisso. É sempre melhor lutar sozinho até conseguirmos encontrar pessoas fortes o suficiente para estar do nosso lado. Não há tempo a perder tentando puxar peso morto morro acima. Já estive nessa situação muitas vezes, e é preciso ficar esperando a chegada de reforços, mesmo que demore anos. A solidão pode ser difícil e desanimadora, mas prefiro que você permaneça sozinho a ter que se arrastar para fora da sua trincheira e andar para trás por território conhecido até voltar aos braços das pessoas que amavam sua versão antiga e nunca se sentiram confortáveis com a sua transformação.

Isso significa que você precisa desfazer todos os seus relacionamentos e cortar o contato com todo mundo? Não, não necessariamente. Mas é preciso manter distância dos céticos, e todos no seu círculo íntimo devem aceitar você do jeito que é, e isso inclui seus objetivos futuros. Para isso, talvez seja necessário um período de ajustes, o que é compreensível. Porém, dentro de uma quantidade razoável de tempo, os homens e as mulheres na sua trincheira devem, por meio de palavras e ações, lhe dar permissão para ser você mesmo.

Em 2018, pouco antes de receber meu prêmio do VFW, me dei conta de que detestava estar aposentado. Passei horas ligando para velhos amigos e novos contatos nas Forças Armadas, tentando encontrar uma forma de voltar. Cogitei me realistar no paraquedismo de resgate, mas, ao lembrar quanto eu tinha amado a Escola de Rangers e a seleção para a Força Delta, achei que o Exército seria uma opção melhor, então espalhei por aí que eu estava interessado em me realistar como soldado aos 44 anos. Não demorou muito para um recrutador entrar em contato. Ele estava convencido de que poderia tornar aquilo realidade, mas eu teria que me mudar para uma base no fim do mundo para treinar.

Kish detestou a ideia. Ela havia passado 20 anos trabalhando duro no mundo corporativo e não pretendia morar em uma base militar àquela altura da vida. Ela com certeza não esperava que eu recusasse duas dezenas de palestras lucrativas para me preparar para servir às Forças Armadas pela terceira vez. Naquela época, eu já ganhava mais dinheiro por uma ou duas horas de palestra do que em um ano como soldado.

Eu me peguei pisando em ovos, me perguntando se a mulher que eu amava iria querer continuar comigo. Ao mesmo tempo, sabia que viver a vida que outra pessoa esperava de mim seria uma receita para a infelicidade. No fim das contas, por uma série de motivos, não me realistei. Em vez disso, passei a me dedicar a apagar incêndios florestais. Minha missão não havia mudado. Eu queria, e ainda quero, me tornar a pessoa mais casca-grossa do mundo. Não é uma questão de vaidade. É um estilo de vida. Pode ser uma ideia improvável, ou até impossível, mas permaneço firme nessa visão.

Voltando para o presente, Kish com certeza é qualificada para estar na minha trincheira. Hoje ela deixa minha agenda completamente livre na temporada de incêndios e recusa todos os pedidos de palestras para essa época sem nem me perguntar, porque entende exatamente quem eu sou e o que quero fazer. Ela sabe quais são as minhas prioridades e as apoia por completo, sem questionar nada. Kish admira quanto me sinto realizado ao fazer coisas que muitas pessoas evitariam e sabe que o dinheiro e a fama não me atraem em nada, me deixando apenas vazio. Ela quer que eu encontre a melhor versão de mim mesmo.

Eu funciono do mesmo jeito. Quando Kish me contou que queria correr uma maratona em menos de 3h25, eu a ajudei a treinar e a montar uma estratégia. Ela cumpriu seu objetivo com um tempo de 3h21 na Filadélfia. Quando mencionou que queria voltar à faculdade para estudar Direito, uma pilha de livros a esperava na porta no dia seguinte.

Nunca me diga que você quer participar de uma maratona, porque vou inscrevê-lo na corrida, monitorar seu treino diário e correr ao seu lado. Se você me disser que quer ser médico, sou a pessoa que vai inscrevê-lo na faculdade de Medicina enquanto você estiver dormindo, para poder ir à aula assim que acordar. A maioria das pessoas não sabe lidar com esse nível de intensidade. Mas é esse o tipo de apoio que desejo. O tipo que vem acompanhado de uma expectativa de esforço e exige horas, semanas e até meses de trabalho duro. Porque é exatamente isso que é necessário para você alcançar objetivos grandiosos e – ainda mais importante – descobrir do que realmente é capaz.

> **Quem está na sua trincheira? Marque essas pessoas e diga a elas por quê! #NeverFinished #FoxholeMentality [mentalidade de trincheira]**

CAPÍTULO 7

A HORA DA VERDADE

No instante em que cheguei de Moab e pisei em casa, saí para correr. O treinamento para a corrida do ano seguinte começou realmente rápido, e eu estava com sangue nos olhos! Fazia muito tempo que correr era como respirar para mim. Não se tratava de um hobby; era quase um reflexo biológico inconsciente. Eu precisava daquilo. Não era necessariamente uma experiência agradável, mas, nessa sacudida inicial de 13 quilômetros já dava para perceber que aquele esquema de treinamento seria muito diferente. Eu já sentia a paixão se acender. Dia após dia, eu mal podia esperar para botar a mão na massa e treinava com uma dedicação ferrenha.

Minha mente computava as coisas como nunca. Eu não estava apenas cumprindo uma tarefa, mas me redimindo para valer. O preparo físico também beneficiaria o outro único evento significativo na minha agenda de 2020: a temporada de incêndios florestais em Montana.

Só que, em abril de 2020, poucos meses antes da data combinada para eu me apresentar para o serviço, meu joelho inchou feito um balão cheio de água. Desde o treinamento dos Navy SEALs, meu joelho de vez em quando me incomodava, então não me preocupei a princípio. Como eu estava pegando pesado, achei que o problema fosse o excesso de esforço, não uma lesão. Ignorei a dor e continuei correndo por dias. Meu corpo tinha passado tanto tempo compensando lesões e doenças que eu achava que seria apenas questão de tempo até meu quadríceps estabilizar a articulação do joelho e a dor sumir. Só que ela piorou.

Com relutância, troquei a maioria dos meus quilômetros na estrada por algumas horas diárias no elíptico. No entanto, o combate a incêndios exige um tipo especial e muito realista de capacidade física. Para me preparar para carregar todo o equipamento de 50 quilos que me aguardava em Montana, fiz trilhas locais carregando mochilas com 45 quilos de carga duas vezes por semana. Era tarde demais para desistir do trabalho como bombeiro. Eu tinha dado minha palavra e estava determinado a cumpri-la. Entretanto, no fim do mês, meu joelho esquerdo tinha dobrado de tamanho e latejava dia e noite. Três dias antes de viajarmos, achei melhor marcar uma ressonância magnética para entender exatamente o que estava rolando.

A técnica que fez meu exame me reconheceu e, quando eu já estava indo em direção à porta, perguntei se ela podia me adiantar alguma coisa. Em geral os técnicos não devem falar sobre as imagens com os pacientes nem tentar analisá-las, mas ela balançou a cabeça e sua expressão sugeria que o caso era grave.

– Escuta – disse ela –, esse joelho está complicado.

– Como assim?

– Acho que você vai ter que parar de correr esses seus triatlos por um bom tempo.

Eu queria dizer para ela que tinha corrido 16 quilômetros antes de ir fazer o exame, mas me segurei, porque suspeitava que ela soubesse do que estava falando. Baixei o laudo do exame no quarto de um hotel de beira de estrada em Idaho, onde paramos para fazer uma pausa na longa viagem. O relatório confirmava múltiplas lesões nos meniscos medial e lateral, uma entorse no ligamento cruzado posterior, lesões gerais na cartilagem e artrite, além de irregularidades na porção distal do fêmur, um cisto de Baker imenso atrás do joelho e – a cereja do bolo – uma lesão parcial no ligamento cruzado anterior. Em termos leigos, meu joelho estava ferrado de oito formas diferentes.

> **01-05-2020 23:16:40 (GMT -00:00) Página 2/2**
>
> 1. Lesão complexa no corno posterior do menisco medial. Degeneração intrassubstancial no corno anterior do menisco medial.
> 2. Lesão na superfície articular inferior do corno anterior do menisco lateral. Também há degeneração intrassubstancial nos cornos anterior e posterior do menisco lateral.
> 3. Lesão osteocondral no côndilo medial do fêmur. Sem fragmentos soltos.
> 4. Rompimento parcial do ligamento cruzado anterior.
> 5. Entorse do ligamento cruzado posterior.
> 6. Rompimento parcial do retináculo medial e lateral.
> 7. Patela alta.
> 8. Entorse do tendão do quadríceps. Tendinopatia do tendão patelar.
> 9. Tenossinovite do tendão poplíteo.
> 10. Derrame suprapatelar.
> 11. Cisto poplíteo.
> 12. Cisto lobulado cercando o ligamento cruzado posterior.
> 13. Edema em tecido mole no aspecto medial do joelho.
> 14. Artropatia moderada do joelho.

Relatório da ressonância magnética do meu joelho esquerdo, maio de 2020

A notícia foi desanimadora. A sensação de um dia de trabalho honesto é a melhor que terei na vida e, por quase um ano, eu estava ansioso para voltar para a ralação nas montanhas com a minha equipe de combate de incêndios em lugares remotos. Tínhamos reservado cinco meses e recusado todos os convites de palestras nesse período, e agora minha temporada parecia ter ido por água abaixo. Enquanto estávamos na cama, Kish me lembrou de que ainda tínhamos duas semanas antes do primeiro dia de treinamento e que conhecíamos um fisioterapeuta esportivo inovador, de 35 anos, que trabalhava em Missoula, onde tínhamos alugado um apartamento para passar o verão.

Casey era especializado em trabalhar com atletas de renome mundial e frequentemente acompanhava um jogador de tênis famoso em competições – na verdade, tínhamos nos conhecido durante um torneio em Roma, em 2019 –, mas, como a pandemia do coronavírus havia cancelado o circuito, ele tinha voltado para casa e conseguiu me encaixar em sua agenda de atendimentos. Obviamente, duas semanas não seriam o suficiente para consertar meu joelho, mas eu não precisava estar 100%. Se ele pudesse me ajudar a ficar 10% melhor, talvez já fosse suficiente.

Dois dias depois, fui mancando até o consultório de Casey, onde 120 mililitros de fluido sinovial sangrento foram tirados do meu joelho. O suficiente para encher vários frascos. Era como observar um brinquedo inflável murchando depois de todo o ar sair, e ficou nítido que restava pouquíssima integridade estrutural na articulação. Minha amplitude de movimento estava bizarra. A parte inferior da perna se movia feito um pêndulo, chegando a quase 45 graus de cada lado, enquanto a patela flutuava meio solta.

Nas duas semanas seguintes, passei entre quatro e cinco horas por dia com Casey, seguindo um regime de massoterapia, treino de amplitude de movimento e um tratamento chamado "agulhamento seco", que é semelhante à acupuntura. Ele espetava duzentos troços daquele em mim. Era como se eu fosse uma almofada de alfinetes humana. Drenamos o joelho outras duas vezes, só para garantir, e, embora eu me submetesse a todas as intervenções malucas que ele bolava, a única coisa que me restava era ter esperança.

Eu torcia para algo dar certo. Torcia para Casey desvendar o código musculoesquelético e curar meu joelho bambo. Para que suas agulhas tivessem o poder não apenas de reduzir a inflamação como também de reconectar os ligamentos rompidos e distendidos e recuperar minha cartilagem. Mais do que tudo, eu torcia para não termos que cavar a lateral de algum declive íngreme. Eu conseguiria aguentar a dor e tinha estabilidade suficiente para andar para a frente em terrenos planos, mas qualquer tipo de movimento lateral, especialmente em solo irregular, seria impossível. Infelizmente, Montana não é um lugar conhecido por suas planícies e, como bem sabemos, a esperança não é base para nada. Em outras palavras, eu sabia que estava ferrado. Mas, mesmo assim, cheguei cedo à primeira manhã de treinamento.

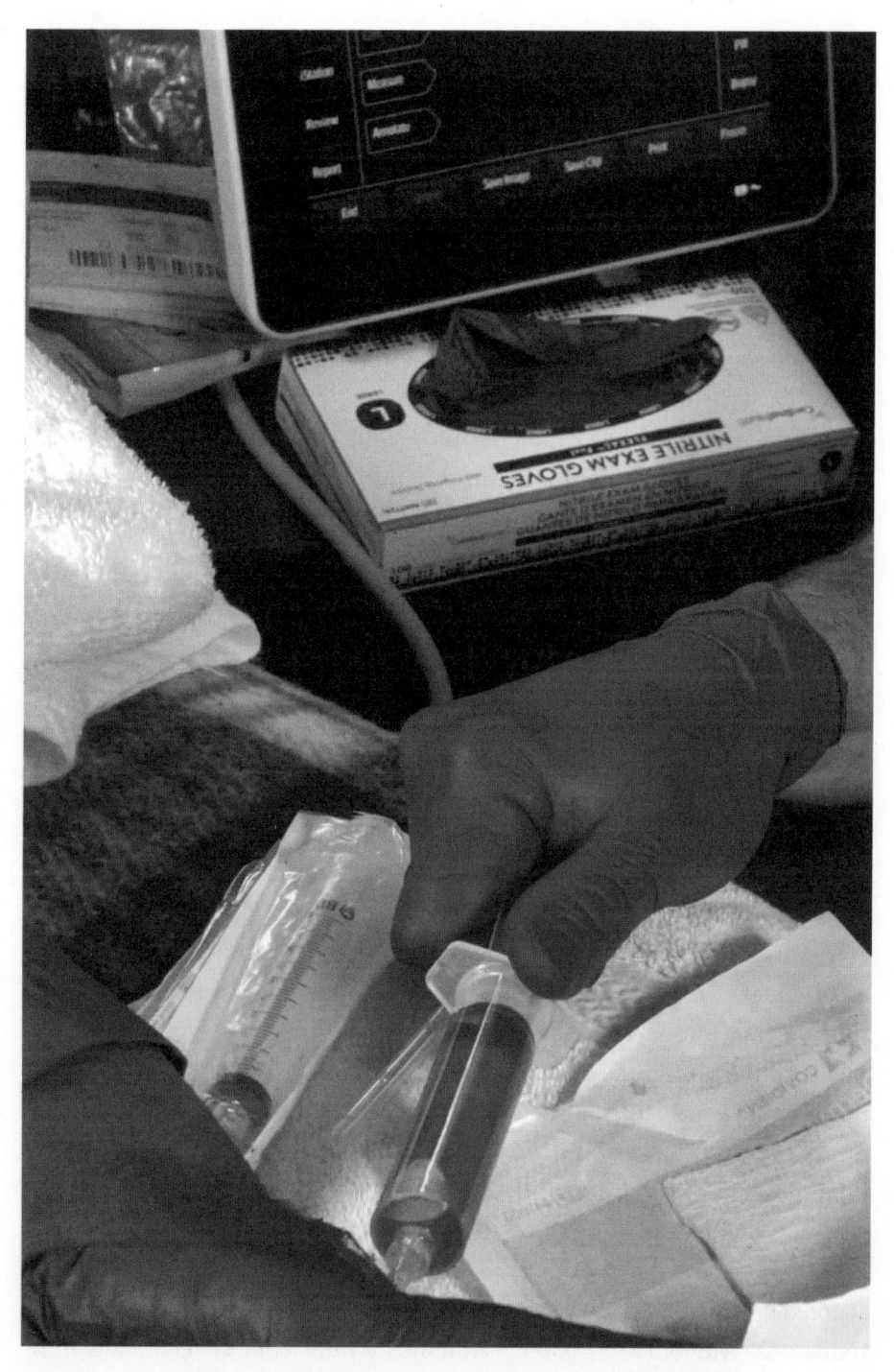

A primeira de muitas drenagens, em maio de 2020

Minha temporada de combate a incêndios de 2020 terminou em uma escavação que duraria a noite inteira. Fomos com todo o equipamento para as montanhas de mata fechada no norte de Missoula, onde aguentei a dor por cinco horas enquanto lutava para me firmar no chão. Eu usava rochas e troncos de árvore para apoiar minha perna esquerda bamba enquanto acertava o chão duro com meu *pulaski* usando toda a minha força. No fim da noite, quando nos aproximamos do topo de uma colina, pisei em um galho escorregadio coberto de folhas. Minha perna foi em duas direções diferentes ao mesmo tempo, meu joelho estalou e, como um daqueles blindados da série *Star Wars*, desmoronei em uma pilha contorcida. Com um agonizante passo em falso, meu destino estava selado.

Meus olhos lacrimejaram de dor quando o médico da emergência do hospital colocou minha patela deslocada de volta ao lugar. O ortopedista que fez as ressonâncias nos meus dois joelhos no dia seguinte me disse que, em sua opinião profissional, eu tinha os joelhos de um homem de 90 anos, o que só confirmava o que eu já sentia. Ele deu a entender que no futuro próximo eu teria que fazer uma cirurgia para colocar uma prótese no joelho e me orientou a tirar vários meses de repouso. Eu estava mal e precisei aceitar isso, mas, assim como na noite anterior, não permiti que a notícia e a dor me abalassem por muito tempo. Situações infelizes nunca duram para sempre, embora eu soubesse que reações ruins a elas sempre permanecem e podem transformar qualquer contratempo em uma crise muito mais grave.

A única coisa mais contagiante do que uma reação boa é uma reação ruim. Quanto mais você fica remoendo as notícias negativas, mais fraco se sente, e essa fraqueza infecta as pessoas ao seu redor. No entanto, o contrário também é verdade. Eu sabia que, se conseguisse dominar meu comportamento e redirecionar meu foco, recuperaria o controle da situação. Eu estava decepcionado, mas não surpreso por meu joelho ter chegado a esse estado. Agora cabia a mim aprender o máximo possível com aquele obstáculo, me adaptar e seguir em frente.

É uma lei natural do universo que você vai ser testado. Vai levar um soco na cara. Um furacão vai passar por cima de você. Isso é inevitável para todos nós. Ainda assim, não aprendemos a lidar com adversidades inesperadas. Nos Estados Unidos, temos aulas de educação sexual, simulações de incêndio, simulações de atentados, palestras sobre os perigos do uso de álcool e drogas, mas não existe uma aula de você-acabou-de-levar-uma-rasteira-da-vida. Ninguém nos ensina como pensar, nos comportar e agir quando decepções, notícias ruins, problemas e desastres inevitavelmente surgem em nosso caminho. Todos os conselhos aparecem apenas quando já estamos na lona, desnorteados. Isso significa que cabe a você cultivar sua própria estratégia e ter disciplina para colocá-la em prática.

A minha é simples. Não importa aonde a vida me leve, eu sempre digo: "Positivo." A maioria das pessoas acha que "Positivo" significa apenas "Ordem recebida". No entanto, nas Forças Armadas, alguns de nós acrescentam um pouco mais de intenção à palavra, definindo-a como "Positivo, ordem recebida, espere resultados". Ao usá-la dessa forma, ela se torna muito mais do que um mero reconhecimento. É um acelerador. Ela passa direto pelo cérebro excessivamente racional e estimula a proatividade, porque, em certas situações, o pensamento é o inimigo.

Não estou dizendo que você deva obedecer a todas as ordens como um robô. Depois de ser nocauteado, é importante tirar um tempo para entender o que aconteceu e bolar uma estratégia para seguir em frente, mas também é necessário agir. Se você ficar empacado, ou analisando demais os destroços, talvez acabe engolido por eles. Todo mundo adora histórias de alguém que deu a volta por cima porque elas nos ensinam que desafios têm o poder de nos impulsionar a alcançar nossos maiores sucessos, só que o seu destino depende da sua abordagem. Após uma lesão ou um fracasso, a mente quer entrar em devaneios, pensando demais, ou se anestesiar e se tornar complacente, e é preciso prática para cortar esse processo pela raiz.

"Positivo" é um bilhete de volta para a sua vida, não importa o que aconteça. Você pode ser demitido, esculachado, reprovado, excluído ou largado. Você pode ser um jovem estressado, zoado na escola, um veterano acima do peso sem perspectiva, ou apenas ter recebido um par de muletas e a orientação de ficar sentado num canto pelo tempo que for necessário até seu corpo melhorar. A resposta sempre é "Positivo". Grite-a. Diga a todos que você escutou o que disseram e que podem esperar o seu melhor. E não se esqueça de sorrir. Um sorriso que lembre aos outros que você é mais perigoso quando está encurralado. É assim que devemos lidar com as adversidades. Esse é o jeito mais eficiente de encarar os obstáculos e ficar bem.

Casey ficara sabendo do que tinha acontecido e achava que eu ficaria desanimado, mas, quando ele voltou para seu consultório depois do almoço, eu já estava lá, fazendo flexões na barra fixa com o joelho imobilizado, as muletas apoiadas na parede. Eu havia tido tempo suficiente para digerir minha situação e só queria lhe fazer uma pergunta.

– Você acha que vou melhorar até a segunda semana de outubro? – perguntei.

– Melhorar para fazer o quê, exatamente?

– A Moab 240.

Ele pareceu chocado, então expliquei sobre a corrida. Ele ficou achando que era piada e se virou para Kish em uma tentativa de confirmar suas suspeitas.

– Ele não está nem um pouco de brincadeira – disse Kish.

Casey viu nos meus olhos como aquilo era sério para mim, então pegou meu histórico e leu o laudo das duas ressonâncias em voz alta. Estava tudo ali. Mas, assim como tinha acontecido com qualquer diagnóstico que eu já havia recebido na vida, existia um desafio escondido em meio às notícias ruins. Isso havia passado batido por Casey, mas não por mim.

– É melhor não criar expectativas – disse ele.

Eu sorri e concordei com a cabeça.

– Positivo.

✤ ✤ ✤

Ter um alvo me ajudou a criar uma estratégia e organizar minhas prioridades. Não era apenas uma questão de me curar. Sempre que algo me atrapalha, estabeleço um objetivo, algo palpável a perseguir, que me mantenha focado na tarefa e me impeça de ficar chafurdando na tristeza da situação.

Mas é importante que a meta não seja fácil demais. Gosto de estabelecer objetivos ousados durante momentos sombrios. Com frequência, as pessoas se convencem de que estão se desafiando ao planejar conquistar algo que já alcançaram inúmeras vezes. É o que escuto sempre que alguém me procura pedindo conselhos de treinamento, o que é frequente. Spoiler: minha resposta raramente é o que queriam escutar. Há pouco tempo, uma pessoa me perguntou qual era a melhor forma de se preparar para uma meia-maratona.

– Por que você vai correr uma meia-maratona? – perguntei. – Você já está treinando, então por que não corre uma maratona inteira?

O cara se enrolou tentando encontrar uma resposta satisfatória, mas eu já sabia por quê. Ele estava treinando para algo que sabia ser capaz de fazer. Não estou implicando com ele. É assim que a maior parte das pessoas do mundo funciona. Pouquíssimos indivíduos saem da caixa e tentam expandir os próprios limites. Para eles, o espetacular está fora de cogitação. E impõem restrições à sua própria performance antes mesmo do dia do jogo. O fato de eu ter a intenção de correr a Moab me manteria sonhando grande enquanto pegasse pesado na fisioterapia e também me abriria à possibilidade de fazer algo especial.

Não havia garantias. Nem de longe. Meu corpo teria que reagir a todo o meu esforço e comprometimento. Eu teria que provar que era capaz de voltar a correr longas distâncias antes de estar naquela linha de largada, mas, se tudo desse certo, seria recompensado com uma oportunidade única e rara. Isto é, me recuperar de uma lesão e encontrar minha redenção em Moab. O fato de acreditar que era capaz disso, apesar da minha condição, me dava confiança e força. Uma força que era só minha. Uma força com que eu poderia contar mesmo se a fisioterapia não servisse para nada e ficasse claro que eu não conseguiria mais correr como antes. Esse seria o pior resultado possível para mim, mas, se acontecesse, eu já sabia o que faria. Encontraria outro objetivo impossível e voltaria ao trabalho.

Durante meus longos dias de reabilitação, visualizei o que o futuro próximo poderia trazer, começando com a pior das hipóteses e partindo daí. Encarar de frente o pior que pode acontecer é sempre meu ponto de partida em qualquer situação, porque isso acaba com o medo do fracasso, me prepara para todo e qualquer resultado, e me faz correr atrás do saldo positivo desde o começo.

Não importa o que aconteça, devemos sempre tentar manter um saldo positivo. Quando temos um dia ruim, é tentador ir dormir cedo e tentar esquecer tudo; mas, se formos dormir no vermelho, provavelmente vamos acordar do mesmo jeito, e esse tipo de negatividade costuma se transformar em uma bola de neve. Quando seu dia inteiro for uma porcaria, certifique-se de conquistar algo positivo antes de apagar as luzes. É provável que você tenha que ficar acordado um pouco mais para ler, estudar, encaixar um treino ou limpar a casa. Seja lá o que for preciso para ir deitar no azul, faça isso. É assim que permanecemos no saldo positivo no dia a dia. Quando isso se tornar automático, será muito mais fácil identificar as armadilhas emocionais que se aproximam e criar estratégias para dar a volta por cima.

Em Montana, isso significava manter a mente aberta e permanecer com os pés no chão. Eu sabia que meu objetivo era absurdo, e não necessariamente esperava conseguir terminar a Moab 240. Talvez conseguisse correr uns 80 quilômetros? Talvez desse para matar uns 160? Naquela situação, a pior coisa que poderia acontecer era eu nem conseguir me inscrever na corrida. Havia uma chance maior ainda de a prova ser cancelada por causa do coronavírus, como estava acontecendo com todo o resto. Eu superaria tudo, porque existem outras corridas, e eu sabia que sairia daquela experiência com cinco meses de treinamento e fisioterapia intensos, o que só me ajudaria a seguir em frente. Após duas semanas, eu ainda não tinha a menor ideia se conseguiria voltar a correr, embora permanecesse focado e me esforçasse para alcançar meu objetivo absurdo. Isso me permitia transformar todo o desconforto e a frustração que eu sentia em nutrientes que impulsionavam o meu crescimento.

Enquanto isso, era impossível ignorar as notícias. A primeira onda do vírus varreu a nação, trazendo quarentenas, hospitais lotados, o uso obrigatório de máscaras – e uma população inteira, que estava acostumada com uma vida muito confortável e previsível, perdeu as estribeiras coletivas diante da tragédia e da adversidade. Muitas coisas na vida são mascaradas pelas circunstâncias. Os meus joelhos fracos, doentes, tinham sido encobertos por quadríceps fortes que eram capazes de compensar a instabilidade das articulações, e agora minha vida inteira tinha virado do avesso.

O coronavírus expôs a falta de estabilidade da sociedade. Ele mostrou que a unidade nacional é frágil e que as estruturas e os hábitos sociais com que contamos podem desaparecer num piscar de olhos. Na primavera de 2020, a vida complicou e, de repente, todo mundo estava em casa. Muitos de nós se sentiam desprotegidos. Os níveis de desemprego explodiram, as pessoas ficavam doentes e morriam, aluguéis não eram pagos, escolas foram fechadas e cadeias de suprimentos inteiras foram interrompidas. Isso é a desproteção num nível global. Tudo estava de cabeça para baixo; nós vivíamos uma situação assustadora, frustrante e imprevisível, e muitas pessoas não passaram no teste. Elas foram pegas desprevenidas. Eu, não.

Todos temos uma coisa em comum. Nós estamos aqui, presos no jogo da vida, frequentemente à mercê de forças fora do nosso controle, mas nunca nos preparamos para elas. Nós nos dedicamos a objetivos externos, sejam eles baseados em preparo físico, estudos ou trabalho, como se fossem acontecimentos isolados, de alguma forma desconectados da totalidade da nossa vida. Sendo que tudo que fazemos é uma oportunidade de nos aprimorarmos. A minha história e o meu comprometimento em fazer o que for necessário mesmo quando não quero me prepararam para a pandemia, mas apenas porque encaro todas as coisas pelas quais passei como um treinamento.

Sou um estudante da vida. Sempre carrego um caderninho comigo. Registro as coisas. Estudo todas as tendências de altos e baixos nos meus dias como se a prova final fosse amanhã. Porque todos nós temos uma prova amanhã. Não importa se percebemos isto ou não: toda interação e toda tarefa são um reflexo da nossa disposição mental, dos nossos valores e das nossas possibilidades futuras. São uma oportunidade de nos tornarmos a pessoa que sempre sonhamos ser.

Ninguém precisa ter sobrevivido a um trauma nem se tornar uma fera do atletismo para treinar para a vida. Todos nós já fomos desafiados física, emocional e intelectualmente, e todos nós já fracassamos. Não tenha receio de desencavar seus arquivos perdidos. Não importa quanto essas experiências pareçam irrelevantes agora, elas contam, porque foram simulados para o que quer que venha a seguir.

Essa consciência de que tudo que fazemos é apenas um treinamento para o próximo capítulo é como um filtro que expande a sua percepção. Quando você é escolhido para fazer algo que não quer no trabalho ou na escola, quando se mete em um conflito inesperado, quando uma pessoa próxima fica doente ou morre, ou quando uma relação passa por problemas, esses desafios podem ser encarados como novos capítulos no livro da vida, que você pode estudar para garantir que a próxima temporada de perdas não seja um soco tão forte no estômago. Não apenas para você, mas também para as pessoas ao seu redor. Todos nós sabemos que precisamos treinar para ganhar destaque em esportes de competição, para entrar nas melhores universidades e para competir pelos empregos mais cobiçados, porque é assim que nos preparamos. Se a pandemia mostrou uma coisa, é que todo mundo deveria se preparar melhor para lidar com as reviravoltas sombrias e repentinas da vida.

Após um mês de fisioterapia intensa, fiz uma corrida de 5 quilômetros para avaliar o meu progresso. Apesar de o meu ritmo ser ridículo, fiquei chocado com a diferença que senti na minha passada. Sempre tive um estilo de corrida mais acelerado, sem conseguir dar passadas muito largas. Mas, naquela primeira corrida, meu corpo inteiro absorveu o impacto quando meu pé tocou no chão, não apenas os joelhos. Era um avanço impressionante no qual eu poderia me apoiar para progredir mais, e foi exatamente o que fiz.

Como sempre, minha carta na manga durante todo o processo foi Kish, mas o tempo dela em Montana havia chegado ao fim, então mudei de ritmo e entrei no modo monge total. Minha existência girava em torno de treinar, visualizar e me recuperar. Eu passava parte desse tempo com Casey. E apesar de ser inegável que ele inventava exercícios de fisioterapia de que eu nunca ouvira falar – tipo usar um simulador de escalada com aparelhos de pressão presos às minhas pernas e usar uma máquina de estímulo muscular de alta velocidade durante abdominais e treinos de perna –, para cada hora que eu passava com ele, passava mais cinco horas treinando sozinho.

A maioria das pessoas que tenta se recuperar de uma lesão grave faz fisioterapia algumas vezes por semana, durante uma hora no máximo, e transforma o fisioterapeuta em seu líder, convencendo-se de que é dever dele consertar o problema. Não podemos esperar que os outros nos levem aonde queremos ir. Precisamos de mais responsabilidade pessoal e autoliderança. Quando eu passei por dificuldades na escola, minha mãe me colocou para estudar com professores particulares. Na primeira vez, não fez muita diferença, porque eu só abria meus livros quando a professora aparecia, uma vez por semana. Em vez de usá-la como uma guia para me ajudar a entender como aprender melhor por conta própria, ela se tornou uma treinadora cara de dever de casa. Essa situação não durou muito tempo, e minhas notas foram caindo mais e mais. Na segunda vez em que contratamos um professor particular, eu estava focado em conseguir me formar e passar no teste da ASVAB, e deu certo. Não porque o segundo professor fosse melhor, mas porque eu estava comprometido com meu próprio sucesso e me dediquei por conta própria.

Casey me ajudou muito, porém ele não era meu líder. Ele era um consultor. Eu estava no comando da minha própria reabilitação e me dedicava a ela dez horas por dia, sete dias por semana, porque o tempo estava correndo. Eu precisava me fortalecer e me reabilitar em tempo hábil, ou a Moab nunca rolaria. Apertei a dieta para perder qualquer excesso de peso e amenizar a carga sobre os meus joelhos. Acrescentei um treino baseado na frequência cardíaca pela primeira vez em anos. Voltei ao cross-training. Eu nadava, remava e passava horas no simulador de escada e na bicicleta ergométrica. Eu estava aberto a qualquer exercício com alto fator de sofrimento que conseguisse aguentar por longos períodos e ao mesmo tempo poupasse meus joelhos. Meu sono estava melhor do que nunca. E a cada treino e a cada dia o cão ficava mais e mais ávido. A Operação Redenção Moab estava a todo vapor.

É claro que sempre que David Goggins acha que resolveu todos os problemas, o carma instantâneo dá as caras. Eu enfrentava episódios intermitentes de inchaço e continuava tendo que drenar o joelho. Na verdade, cinco dias antes da corrida, drenamos um cisto de Baker do tamanho de uma bola de beisebol atrás do meu joelho, porque ele estava atrapalhando minha nova amplitude de movimento. Pois é, eu ainda tinha problemas, mas classifiquei meu joelho como "bom o suficiente" e, no dia 7 de outubro, fui para a linha de largada. Foi uma conquista imensa. Para mim, eu já estava no azul, e tudo que acontecesse a partir dali seria lucro. E isso me libertou para correr com vontade.

Fiquei chocado ao perceber quanto eu me sentia bem, e não conseguia parar de pensar que algum problema logo iria aparecer. Por volta do quilômetro 112, comecei a sentir um tendão acima do tornozelo esquerdo e, apesar de ser uma dor atroz, tentei não me concentrar muito nela. Minha atenção estava focada em seguir meu mapa ao pé da letra. Por volta do quilômetro 209, fiquei sem água durante o horário mais quente do dia. Fazia 32°C, e entornei 3 litros mais rápido do que nunca, ficando desidratado vários quilômetros antes do posto de apoio seguinte. Meu ritmo foi de ligeiro para lento, e lamber os lábios não estava adiantando muita coisa. Apesar de a desidratação ser um problema, eu também tinha questões bem mais graves para resolver. Minha nova passada aumentava bastante a pressão sobre o tornozelo esquerdo. Ele tinha aguentado bem durante a primeira parte da corrida, mas havia alcançado seu limite e a dor tinha deixado de ser algo que eu conseguia ignorar ou deixar de lado. Ela berrava.

Ligamos para avisar, e Kish nos aguardava com água, água de picles e eletrólitos quando chegamos ao posto de apoio por volta das duas da tarde. Eu estava confortavelmente em segundo lugar, cerca de uma hora atrás do líder. O único abrigo era nosso veículo de apoio, e sentei no banco do carona enquanto me hidratava. Kish colocou bolsas de gelo sob meus braços e na minha nuca, e posicionei mais uma sobre a virilha, todos os pontos que baixam rapidamente a temperatura do corpo. O restante da equipe nos deixou a sós. Eu esfriei tão rápido que não demorei muito para começar a tremer e, desta vez, me entreguei à sensação. Kish sentiu minha preocupação.

– Tem alguma coisa te incomodando – disse ela –, mas não posso te ajudar se você não me contar o que é.

Concordei com a cabeça e tirei o tênis do pé esquerdo. Meu tendão tibial anterior, que fica acima da articulação do tornozelo, estava tão inchado que tinha a grossura de uma corda, e qualquer movimento causava a sensação de estar enfiando meu pé em uma lâmina ardente. A dor era tanta que Kish trincou os dentes enquanto pegava o celular para ligar para Casey.

Eu tinha convidado Casey para fazer parte da equipe, porque era óbvio que a velha prática de simplesmente me matar nas provas, que eu tinha usado por tanto tempo, não bastaria dessa vez. Meu corpo de 45 anos estava se deteriorando, e eu sentia que precisaria dos conhecimentos dele em algum momento pelo caminho. O problema era que ele estava descansando na cabine da equipe em Moab, e levaria uma hora e meia para chegar até nós. A culpa era minha. Eu devia ter me certificado de que ele estaria em cada posto de apoio, especialmente em uma fase tão avançada da maratona, só que isso não constava no meu mapa completo.

Àquela altura, fazia cerca de 36 horas que eu estava acordado, e minha única alternativa era fechar os olhos e tentar dormir enquanto esperava por ele, mas, entre o calor, a dor no tornozelo, meu coração acelerado e o estresse do cronômetro correndo, eu não conseguia relaxar. Ficava imaginando o líder da corrida disparando lá na frente feito uma lebre enquanto eu estava preso no posto de apoio.

– Valeu por toda a fisioterapia, cara. Ganhei uma nova passada, e meu tornozelo está ferrado – falei com um sorriso irônico.

Casey tinha chegado e inspecionava meu pé e meu tornozelo sob todos os ângulos. A articulação estava parcialmente deslocada, e o tendão tinha inchado demais, como se estivesse pronto para estourar minha pele esticada.

– Me diz que tem como consertar isso.

Ele baixou meu pé com cuidado e assentiu, as mãos na cintura. Seu olhar me lembrava o dos médicos que ficam a postos durante a Semana Infernal. Aqueles caras são especiais. Eles presenciam muito sofrimento, mas estão programados para jamais demonstrar empatia nem lhe dizer para desistir. Mesmo que seu osso esteja saindo da pele, eles o sopram, fazem um curativo e dizem: "Está liberado!" O comportamento de Casey era igualzinho, o que me convencia de que ele tinha alguma solução para me manter em movimento, mas seria algo horrível – e eu teria que chupar aquela manga!

– Esse tendão quer romper – disse ele. Isso me surpreendeu. E a Kish também. – Não tem problema. Posso impedir a ruptura e estabilizá-lo o suficiente para você continuar correndo, mas vai doer para cacete.

Durante a hora seguinte, ele raspou meu tendão inchado com um instrumento duro de metal enquanto eu estava deitado em sua maca portátil usando uma venda. A única forma de descrever a dor é que ela era tão ruim que eu só podia rir ou chorar. Escolhi rir.

– Antigamente, só gente branca era idiota o suficiente para achar que correr 380 quilômetros seria divertido – falei enquanto Casey esfregava meu tendão, tentando mover o fluido o suficiente para deslizá-lo para o lugar certo. – Aí eu apareci! Vocês todos têm noção de que eu escolhi fazer isso, né? Que isso foi decisão minha! E tem mais, paguei para estar aqui. Eu paguei para este cara aqui vir a Utah e me torturar com esse negócio aí no meio do nada!

Quanto mais Casey raspava meu tendão, mais altas ficavam minhas gargalhadas. Estamos falando de risadas descontroladas, ofegantes, de fazer a barriga doer. Não demorou muito para a equipe inteira estar morrendo de rir.

Quando eu fora mancando até a maca de Casey, estava irritado, e a equipe parecia triste. Todos estavam empolgados enquanto eu corria pau a pau com o líder por boa parte dos primeiros 145 quilômetros. Eles tinham assistido ao meu desempenho e me viram montar estratégias para permanecer firme no segundo lugar enquanto esperava a metade final para meter bala, apenas para encontrar outro obstáculo. Quase sempre algo dá errado comigo. Isso não é segredo, mas é frustrante se pegar na mesma situação o tempo todo.

A equipe se sentia mal, mas eu não precisava nem queria a pena deles. Isso não me servia de nada. Pena não tem força nenhuma. O humor, por outro lado, anima todo mundo. É algo que melhora os ânimos bem rápido. Rir de si mesmo, do absurdo da vida e de suas próprias escolhas bobas faz as endorfinas e a adrenalina fluírem. Foi o que me ajudou a enfrentar a dor e distraiu minha equipe do fato de que o restante da corrida quase com certeza seria um festival de caminhada. Todos acreditavam nisso, porque era óbvio que meu tornozelo tinha uma lesão grave, e eles sabiam pelo meu tom de voz e pelas minhas risadas que eu não estava prestes a desistir.

Uma pessoa que se recusa a desistir tem muitas ferramentas à sua disposição, e eu não usava o humor apenas para me anestesiar ou como uma distração estratégica. Eu o usava para aumentar ainda mais o foco. Quanto mais Casey me apertava e minha equipe ria, mais eu conseguia enxergar que minha corrida não estava nem perto de terminar.

Continuem rindo, pensei. *Esperem até vocês me verem de volta na pista.* No fim das contas, todo aquele riso despertou outra vez o selvagem adormecido dentro de mim.

Mais de três horas após eu chegar ao posto de auxílio, meu tornozelo estava de volta na articulação e enfaixado em seis tipos de fita esportiva para me impedir de flexioná-lo. Era quase um gesso, mas Casey garantiu que, apesar da sensação, aguentaria o impacto.

– A articulação precisa se mover – disse ele. – Vai doer, mas continuar correndo é o ideal.

Em outras palavras: Feliz Natal para você também!

Após passar três horas e meia fora da corrida, e agora quatro horas inteiras atrás do líder, chegara o momento de ver o que eu conseguia fazer. Por sorte, a Srta. Kish era minha *pacer* seguinte. Quando saímos do posto de apoio, Jason, outro membro da equipe, foi falar com Casey.

– Você acha que vai dar certo? – perguntou ele.

– Vamos saber no próximo posto de apoio – respondeu Casey. Alguns segundos depois, reapareci na pista lá embaixo, e Kish mal conseguia me acompanhar. – Ou você pode se virar e ver por conta própria.

Antes da corrida, Kish escolhera o mesmo trecho de que tinha gostado tanto em 2019 no seu turno como minha *pacer*, e fazia um ano que eu estava ansioso por aquele momento. De todo o trajeto de 386 quilômetros, eu tinha pensado naquela parte específica bem mais do que em qualquer outra, e assim que voltamos ao percurso acelerei o ritmo. Depois de 6 quilômetros, Kish fez uma careta, olhou para seu smartwatch e pareceu confusa.

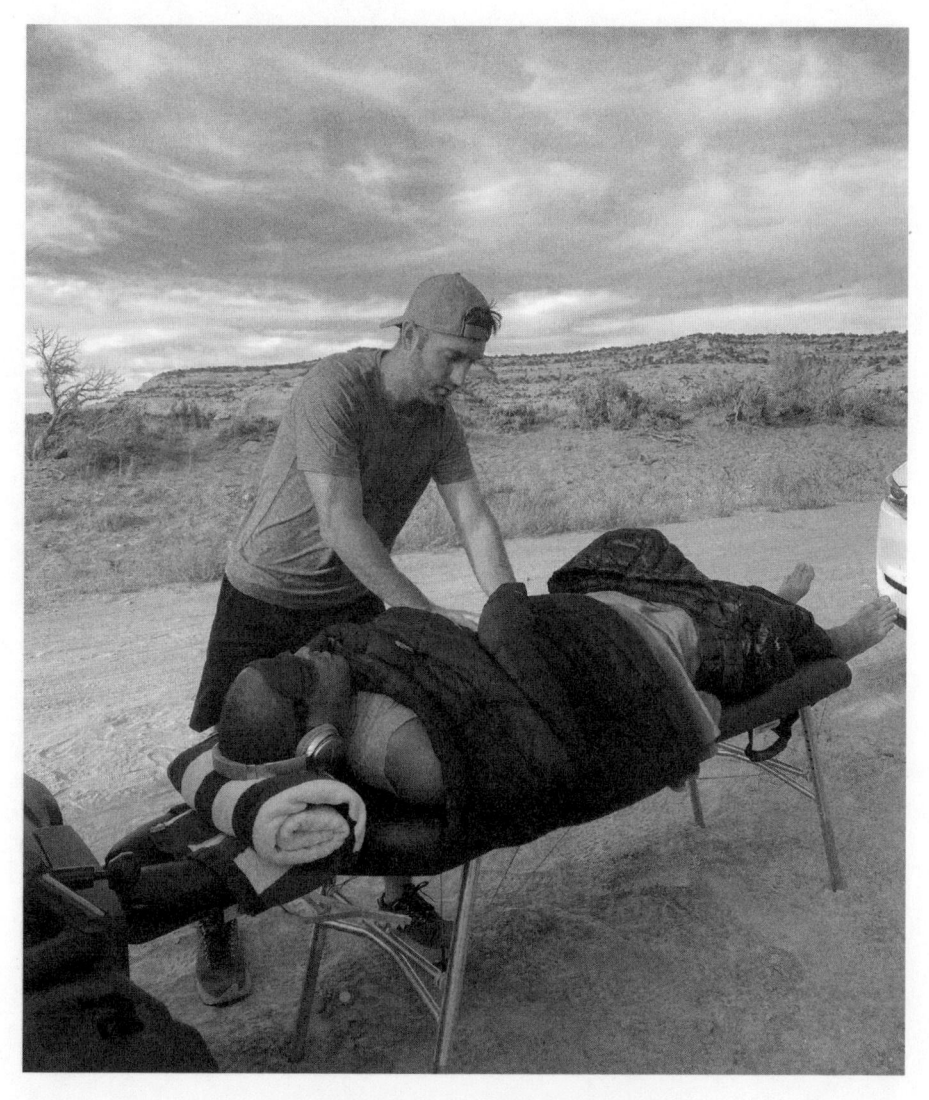

Sendo ajustado no quilômetro 225

Últimos ajustes no tornozelo no quilômetro 225

– Acho que a gente correu mais devagar no ano passado – disse ela.

– Ah, você percebeu? – perguntei, sorrindo para mim mesmo. – Liga para o Casey e conta que eu estou com tudo!

Acelerei morro acima, o que surpreendeu Kish. Como *pacer*, o trabalho dela era ficar ao meu lado, e ela acelerou para me acompanhar. Na verdade, para seu grande desprazer e pela primeira vez na prova, eu estava correndo ao subir todas as ladeiras. Finalmente, quando chegamos ao início de outra subida, ela agarrou meu braço para me segurar.

– Você não quer subir esta andando? – perguntou ela, ofegante.

– Beleza – respondi, rindo comigo mesmo.

Mas, antes de chegarmos ao topo, saí em disparada de novo. Kish corre muito bem, mas não estava esperando um treino pesado àquela altura da maratona. Especialmente depois do papo sobre tendões rompidos. Isso era nítido. Era audível na sua respiração. Ela começou a apontar as subidas bem antes de elas aparecerem. A menos que eu pedisse para fazer intervalos antes. Várias vezes, falei para ela que correríamos por cinco minutos e caminharíamos por três, apenas para esticar os cinco minutos até 20, e depois 25. Era divertido vê-la sofrer com o desconhecido.

Eu estava torturando a doce Kish? Sim. Sim, eu estava. Mas não se sinta mal por ela. Eu tinha meus motivos, e sei como ela funciona. Kish é muito carinhosa, refinada e educada, mas não deixe a aparência sofisticada enganar você. Veja só por quem ela se apaixonou. Ela é casca-grossa que nem eu. Existe um cão feroz dentro daquela mulher, e ela não tolera nenhum tipo de moleza.

No começo do nosso relacionamento, ela sempre dizia que faltava algo nos seus relacionamentos anteriores. Ninguém nunca a instigava o suficiente. Ela nunca se sentia desafiada, e ela adora ser desafiada. Na verdade, ela falava tão mal dos ex-namorados que, em muitos momentos durante a Moab de 2019, quando ela me viu sofrendo ao longo do mesmo trecho que agora eu enfrentava com tanta facilidade, era impossível não me perguntar o que ela estaria pensando. E era essencial recuperar qualquer respeito que eu tivesse perdido naquelas colinas.

Eu sabia que tinha cumprido meu trabalho quando ela finalmente disse:

– Não me lembro deste trecho ser tão difícil.

De novo, eu ri. Gargalhei.

Terminamos o trecho de Kish 90 minutos mais rápido do que em 2019, e eu me sentia cada vez mais forte. Só que estava na hora de enfrentar a altitude e o terreno que havia ameaçado minha vida no ano anterior. À medida que o percurso ganhava altitude rumo à cadeia de montanhas que parecia um dragão encolhido, eu não conseguia ignorar o medo. Temia a reação do meu corpo após passar 40 horas acordado e correndo. Estava apavorado diante da possibilidade de meus problemas de pulmão de longa data voltarem com tudo. Eu tinha medo de não conseguir.

Sempre sinto medo, mas aprendi a usá-lo a meu favor, encarando o que me assusta de cabeça erguida. Quando comecei a enfrentar meus medos, eu hesitava. Isso é normal, e as emoções e o desconforto que eu sentia eram provas de quão intenso esse processo pode ser. A ansiedade borbulhava e a adrenalina bombava à medida que minha mente se aproximava cada vez mais daquilo que eu estava desesperado para evitar. Porém, em meio a toda essa energia, há um fator de crescimento mental e emocional que pode levar a uma força inigualável.

Assim como células-tronco produzem um fator de crescimento que estimula a comunicação celular, o desenvolvimento muscular e a recuperação de lesões no corpo, o medo é uma semente do fator de crescimento para a mente. Quando você, de forma consciente e consistente, confronta seu medo de altura ou de pessoas, lugares e situações específicos, essa semente germina e sua confiança aumenta exponencialmente. Talvez você continue detestando pular de lugares altos ou nadar para além da arrebentação, mas a sua disposição a continuar fazendo isso vai ajudá-lo a aceitar o desafio. Quem sabe você até se sinta inspirado a aperfeiçoar o que antes o deixava apavorado. Foi assim que um cara que passou a vida inteira com medo da água se tornou um Navy SEAL.

Algumas pessoas seguem o caminho contrário e se escondem de seus medos. Elas são como camponeses tão aterrorizados por boatos da presença de um dragão que deixam até de sair de casa. Elas ficam encolhidas de medo, e o tal dragão, que nunca viram, vai apenas ganhando força e tamanho na mente delas, porque, quando nos escondemos das coisas que nos assustam, o fator de crescimento se volta contra nós. É o medo que acaba aumentando exponencialmente, enquanto nossas possibilidades se tornam mais limitadas.

Eu tinha pela frente 64 quilômetros de ganho constante de altitude. Era bastante tempo para contemplar o fracasso do ano anterior e para ter flashes do meu corpo curvado, implorando por oxigênio. Mas cada passo na subida pela espinha daquele dragão confirmava meu comprometimento com a tarefa. Até eu me tornar o cavaleiro que aparecia no vilarejo em uma noite tranquila, afiava a espada e matava o dragão.

Em 2020, o ar rarefeito não me incomodou. Meus pulmões funcionaram perfeitamente e corri tão bem que meus *pacers* tiveram dificuldade em me acompanhar, mas isso teve um preço.

Uma assadura horrível surgiu na minha bunda, meu pé esquerdo inteiro era uma bolha ambulante e, após aguentar quase 96 quilômetros, a fita cuidadosamente enfaixada que sustentava meu tornozelo começou a se desfazer – junto com meu foco. Eu sentia tanta dor que era difícil andar, que dirá correr, e impossível pensar. Goggins, o selvagem, tinha saído de cena, e foi David quem chegou ao quilômetro 323 e seguiu mancando para o posto de apoio.

A assadura ardia tanto que fui andando de lado até o banheiro químico sem dizer nada para ninguém. Kish foi atrás de mim com roupas limpas e uma bisnaga tamanho família de pomada para assadura. Quando ela tirou minha cueca, arfou ao ver como a situação estava feia. Minhas nádegas estavam em carne viva. Chegava a minar um fluido, mas Kish colocou a mão na massa e espalhou aquela pomada com zinco em tudo quanto era lugar até suas mãos estarem cobertas com meu sangue. Isso é amor verdadeiro. Sempre que ela encostava na assadura, um choque elétrico de agonia subia pela minha espinha e me fazia trincar a mandíbula.

Como se não bastasse, Casey furou minhas bolhas e fez curativos sobre elas, depois enfaixou de novo meu tornozelo. Isso também não foi agradável, mas eu estava cansado demais para outro show de comédia. O processo todo levou uma hora – o que era tempo demais –, mas eu não me importava porque estava sofrendo demais para pensar em qualquer outra coisa que não fosse sobreviver.

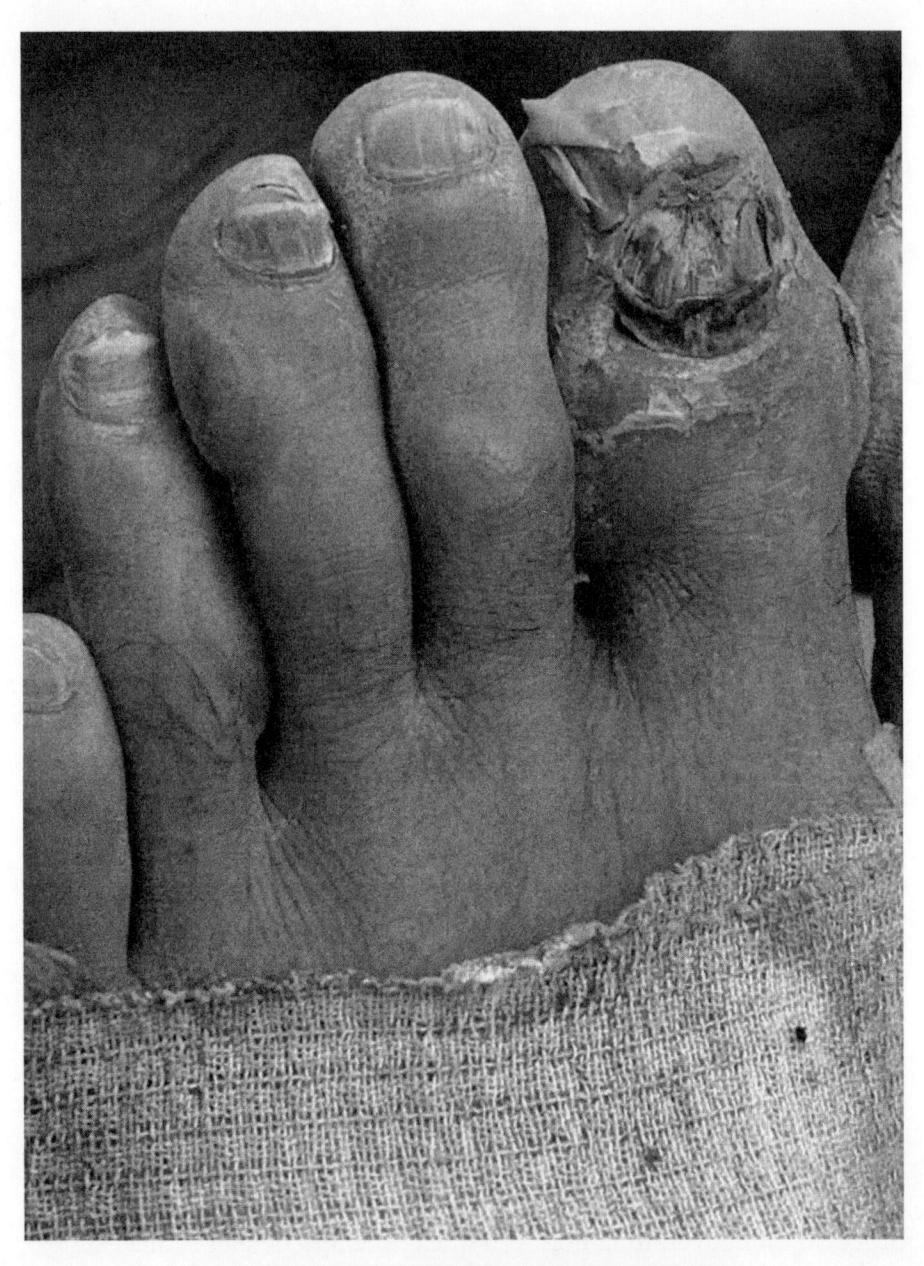

Imagens de dor e sofrimento no quilômetro 323

Eu e Mike partindo no quilômetro 323

A dor era quase bíblica quando meu *pacer* Mike e eu voltamos ao percurso e seguimos em frente no meu ritmo de zumbi. A cada passo, parecia que minha bunda era cortada e fatiada com lâminas enferrujadas. As bolhas ardiam e era apenas questão de tempo até o tendão do tornozelo arrebentar feito um elástico. Depois de 9 quilômetros, encontramos um banheiro público em um acampamento perto de um lago. Menti e falei para Mike que eu precisava ir. Na verdade, eu estava desesperado para me sentar. Faltando 53 quilômetros para o fim, eu tinha chegado ao meu limite e só queria que aquela prova acabasse.

A dor nunca tinha sido capaz de me deter em uma ultramaratona. Mas lá estava eu, fugindo, me escondendo no banheiro, tremendo na base dos meus tênis de corrida. Foi então que Goggins voltou e me encontrou. Goggins sabia que a única forma de lidar com a dor é correr apesar dela, então ele deu uma facada em David, o jogou privada abaixo e assumiu o controle.

Daquele ponto em diante, meu desempenho alcançou um nível que eu acreditava ser impossível. Usei Mike como combustível e apostei corrida com ele, como se fosse meu concorrente. Eu o deixei para trás em uma descida. Longos trechos monótonos de descida são a única fraqueza dele como corredor, e o meu ponto forte. Tudo que é longo e monótono é meu ponto forte, e ganhei vários minutos à frente dele. Mike é um cara muito bem-sucedido. Ele trabalha no mercado financeiro em Nova York e é um ótimo ultramaratonista. Ele não está acostumado a comer poeira, muito menos para um cara que já tinha corrido 322 quilômetros – e ficou zangado.

Diminuí o ritmo para deixá-lo me alcançar e, quando isso aconteceu, ele ligou para Kish avisando que estávamos bem adiantados, o que a surpreendeu, porque ela estava no chalé da equipe lavando roupa e esperava que ainda fôssemos demorar várias horas para chegar. Depois ele ligou para a esposa, que também é maratonista experiente, e ficou reclamando sobre como eu o deixara para trás. Ele queria que eu o escutasse contando como estava se sentindo e, ao desligar, começou a gritar comigo também.

Ele tinha interpretado meu comportamento como um "chega pra lá", mas foi meu respeito por Mike que me incentivou a tentar deixá-lo para trás. Eu sabia que ele é um grande corredor e competidor, e queria provocá-lo. Eu estava arrumando briga com um cara que adora brigar porque sabia que isso seria capaz de extrair de nós dois tudo que ainda tínhamos para dar, e era disso que eu precisava.

Exatamente como eu pretendia, ele encarou aquilo como um desafio pessoal. Eu lhe causara sofrimento e humilhação, e isso o deixou mal-humorado o suficiente para revidar. Naquele instante, a Moab 240 desapareceu e se tornou uma corrida de 28 quilômetros entre dois alfas que dariam tudo de si. Ele parou de correr e andar e começou a disparar, trazendo sofrimento para nós dois. Àquela altura, eu já havia corrido 354 quilômetros e ele, 129, e mesmo assim alcançamos velocidades de menos de cinco minutos por quilômetro, e a marra corria solta. Em algum momento, resolvemos voltar a ser amigos, e ele me encarou, embasbacado.

– Nunca vi isso antes – disse ele. – Você é bizarro. Como alguém consegue levantar peso como você faz e continuar correndo assim? Seu tornozelo e seu joelho estão estourados, você já correu mais de 320 quilômetros, e ainda me deixa para trás?

Escuto muito esse tipo de comentário de amigos e desconhecidos. Eles leem a meu respeito, sobre como enfrento desafios incríveis com alta performance, ou veem isso com os próprios olhos, e acham que nasci assim. Que tenho algum dom inato que falta a eles. Mesmo depois de *Nada pode me ferir*, muita gente ainda pensa isso, quando, na verdade, é o oposto. Nasci com doenças congênitas, com pouquíssimas chances e fui criado no inferno, mas encontrei meu caminho. Mike sabia minha história toda, mas testemunhou algo que nunca vira antes. Ele tinha me visto desafiar meu corpo destruído e não apenas me recusar a desistir, mas continuar firme de um jeito que desafiava a lógica.

– Não sou bizarro – respondi. – Sou só um cara que acredita em si mesmo mais do que a maioria das pessoas. Sei do que todos nós somos capazes e, para chegar lá, preciso reunir cada gota de força e energia. Uma força que existe dentro de todos nós e ao nosso redor. Eu uso a sua fraqueza como força. Uso a sua irritação como força. Uso o seu espírito competitivo para instigar o meu, para me obrigar a ir mais rápido. Porque, se eu conseguir fazer um cara durão feito você comer poeira a esta altura da maratona, o que isso diz sobre mim?

Mike deixou o mau humor para trás e estava feliz quando chegamos ao posto de apoio seguinte. Nosso objetivo era levar sete horas até lá. Levamos cinco. Eu estava exausto de apostar corrida com ele, mas só restava uma hora e meia de luz do sol, e eu ainda tinha 25 quilômetros para correr. Precisava seguir em frente. Durante a fisioterapia em Montana, Casey tinha começado a correr comigo, e ele havia me impressionado tanto que pedi para que me acompanhasse no trecho final.

A menos que acontecesse alguma catástrofe, o segundo lugar era meu; mas, antes de começar cada trecho novo, eu estabelecia pequenos objetivos menores. O terreno adiante era cheio de colinas e trilhas estreitas repletas de pedras e rochas. Meu objetivo era manter meu ritmo médio em no máximo 7:45 por quilômetro. Se eu conseguisse isso, terminaria com o quinto melhor tempo da história daquela prova.

Nós arrasamos nas parciais. Mesmo após escurecer e ligarmos as lanternas de cabeça, éramos como uma dupla de cabritos correndo. Pulávamos de uma rocha para a outra e descíamos voando pelas trilhas estreitas, passando por barrancos altíssimos e pelas sombras lançadas pelas formações rochosas da região. Chegamos a fazer parciais de menos de quatro minutos por quilômetro em alguns momentos. O cascalho e a terra que pisoteávamos se espalhavam feito uma nuvem de fumaça atrás de nós. As estrelas resplandeciam lá em cima, e a mais brilhante era minha mítica Estrela do Norte, que me fazia entrar no *flow* outra vez e numa nova dimensão.

Até aquele momento, eu achava que 2007 tinha sido o auge da minha forma atlética. Na época, eu tinha 33 anos e devorava maratonas de 160 quilômetros como se elas fossem KitKats, porém eu ainda não era a fera mental que me tornaria aos 45. Minha versão de 2007 era um selvagem durão em seu auge físico. Aquele cara atravessaria blocos de concreto correndo, mas era menos flexível e consciente, menos estratégico. Não sei se minha versão mais jovem cogitaria correr 386 quilômetros cinco dias após drenarem seu joelho.

Nunca tinha me sentido tão bem numa estrada ou trilha quanto no último trecho da Moab de 2020 nem havia corrido tão rápido no fim de uma ultramaratona. Quando as primeiras luzes da cidade brilharam lá embaixo, soube que finalmente conquistara a redenção. Entrei em um estado de euforia. Não era uma felicidade do tipo que você deve conhecer. Era a versão Goggins: desaforada e elétrica. Eu praticamente falei em línguas comigo mesmo, com meus demônios, com as montanhas, com o céu escuro da noite e com minha Estrela do Norte.

– Você não me conhece, meu camarada! – berrei. – Você não me conhece, meu camarada!

A plateia esparsa gritou de alegria e minha equipe riu quando me joguei no chão e fiz 25 flexões só porque ainda era capaz disso. Eu tinha passado boa parte da corrida em segundo lugar. Quando saí do posto de apoio do quilômetro 225, estava quatro horas atrás do líder, mas corri uma das metades finais mais rápidas da história da Moab 240 e terminei num tempo total de 62:21:29, apenas 90 minutos atrás do vencedor. O selvagem agora estava em plena forma e era insaciável.

※ ※ ※

No caminho de volta para casa, Kish e eu conversamos sobre nossos planos para o Dia de Ação de Graças. Passaríamos o feriado na casa da família dela, na Flórida, e contei a ela como, antigamente, quando eu viajava como recrutador, costumava me inscrever em qualquer ultramaratona que encontrasse pelo caminho. Eu as chamava de escalas. Ela fez uma busca e encontrou uma escala em Maryland na semana antes do Dia de Ação de Graças. A prova se chamava JFK 50 Mile. Eu me inscrevi na mesma hora e terminei no tempo de 7:08:26, bom o suficiente para ficar no 25º lugar geral.

Casey tinha se inspirado com sua própria performance em Utah e nos encontrou lá para competir em sua primeira ultra. Os últimos 32 quilômetros foram bem puxados para ele; então, depois que minha corrida acabou, eu e Kish o encontramos no percurso, e fui *pacer* dele até a linha de chegada. Foi assim que minha escala de 80 quilômetros se transformou em uma escala de 100.

Eu não podia estar mais satisfeito com o resultado das duas maratonas. Apesar de minhas articulações estarem doloridas de tanto serem massacradas e pela quantidade de tempo que eu tinha passado em pé, meus músculos se recuperaram mais rápido do que nunca. Eu sentia como se estivesse alcançando um auge atlético inesperado.

No dia seguinte, pegamos um voo de Maryland para a Flórida. Na tarde de quarta-feira, meu telefone se iluminou. Era um velho amigo falando sobre um novo evento que tinha descoberto, a Across Florida 200. Não era exatamente uma maratona. Não havia largada nem uma equipe centralizada de logística, e você ficava 100% por conta própria. Começava na Costa do Golfo e seguia por cerca de 290 quilômetros de trilhas e estradas de terra, e 30 quilômetros de uma pista asfaltada que serpenteava feito uma cobra fujona rumo ao nordeste, atravessando o estado para terminar no Oceano Atlântico. Os participantes tinham 72 horas para terminar o percurso, e ninguém tinha conseguido essa façanha até então. Um cara havia conseguido concluir 193 quilômetros. Outra equipe tinha aguentado uns 80 antes de jogar a toalha.

Kish estava se matando de trabalhar na minha equipe, em uma corrida atrás da outra, e não via a hora de ter uma folga no fim de semana com a família, então tentei deixar a AF 200 para lá. Só que a ideia de participar da corrida de Ação de Graças mais ridícula de todos os tempos girava na minha mente como uma lua extraterrestre. Sempre que eu fechava os olhos, ela estava lá, brilhando feito um globo espelhado, me desafiando a tentar.

Estou sempre em busca de mais combustível, porque não me encaixo direito nesta era moderna, que sempre dá um jeito de sugar minha força vital. De tempos em tempos, todos nós precisamos recarregar as baterias mentalmente. Algumas pessoas gostam de jogar golfe. Outras se divertem assistindo a jogos de futebol aos domingos. Eu me enfio no meio do nada e passo dias dando uma surra em mim mesmo. Aquela era uma oportunidade inesperada de encher meu tanque mental até o gargalo e, depois do nosso jantar de Ação de Graças, o cão continuava ávido atrás de algumas migalhas, então eu e Kish fomos de carro para o norte. Na manhã de sexta-feira, parti da costa do Golfo e comecei a correr rumo ao leste.

Corri ao longo de dois dias e meio, passando por trailers de caipiras caçando e gente bêbada fazendo racha. Corri pelo acostamento de estradas pulsantes, sob o zumbido de torres de energia e céus sangrentos ao pôr do sol. Atravessei propriedades particulares e florestas pantanosas, úmidas, encontrando praticamente todo tipo de animal selvagem que a Flórida tem a oferecer. Estamos falando de cobras, ursos, jacarés e uns vinte tipos diferentes de insetos que bebem sangue. Juro que encontrei todos eles. Aquilo era uma porcaria de safári pela Flórida!

Faltando menos de 50 quilômetros para acabar, no meio da madrugada, eu estava correndo no acostamento de uma estrada movimentada quando um policial ligou as luzes da sirene e me fechou. Eu não via uma pessoa negra desde o início da corrida e, levando em consideração que eu estava no norte da Flórida, me preparei para o pior, mas aquele policial branco me cumprimentou com um aperto de mão e um sorriso empolgado. Ele era meu fã, estava acompanhando meu progresso pelo Instagram e torcendo para me encontrar. Após trocarmos algumas palavras amigáveis, ele tocou a sirene, abriu o mar de faróis que passavam correndo e me escoltou até o outro lado da estrada, onde Kish havia estacionado e me esperava com comida quente. Então ele passou um rádio para seus amigos. Não demorou muito para três viaturas e quatro policiais estarem ao nosso redor, tirando fotos e batendo papo. Todos foram muito educados e respeitosos.

Porém, sendo o mundo do jeito que é, menos de 10 quilômetros depois, naquela mesma estrada, uma caminhonete velha passou devagarinho por mim. Eu me virei e olhei para o garoto no banco do carona, e ele me chamou daquela palavra racista.

Balancei a cabeça enquanto eles seguiam em frente, mas o comportamento ignorante não me abalou. Aquilo era problema dele. Na verdade, a palavra que ele tentou usar para me ferir não surtiu efeito nenhum. Eu estava prestes a completar 805 quilômetros em ultramaratonas em menos de seis semanas. Era uma marca fenomenal, e só consegui alcançá-la porque estava focado em dar o meu melhor o tempo todo. Quando vivemos dessa forma, não há tempo para prestar atenção em racistas interioranos nem em gente mesquinha. A essa altura da minha vida, a palavra supostamente ofensiva, proibida, com seu passado sombrio e violento, foi reduzida a uma cadeia de símbolos inocentes: consoantes e vogais que não significam nada.

Faltando 3 quilômetros para o fim, o céu desabou. Chuva gelada, purificante, jorrava das nuvens e lavava meu suor, minha sujeira e meu sangue, deixando tudo na estrada de terra.

– O deus da chuva é um bobalhão! – berrei. – Queria que estivesse chovendo mais!

Segui a estrada até ela se esticar em meio às árvores e chegar a uma praia de areia branca diante do Oceano Atlântico. Eu tinha oficialmente atravessado a Flórida em menos de três dias e me tornado o primeiro a terminar a AF 200.

Aos 45 anos, eu estava na melhor forma da minha vida e mal podia esperar para 2021. Com minha Estrela do Norte iluminando o caminho, imaginei um ano em que destroçaria todos os meus recordes pessoais.

Mantendo isso em mente, em fevereiro, marquei uma consulta com um ortopedista para falar sobre a dor incômoda que sentia nos dois joelhos. Eu tinha ouvido falar que ele oferecia um tratamento novo com células-tronco que poderia me ajudar, porém a sugestão dele foi cirurgia mesmo. Seria uma limpeza artroscópica simples, segundo ele. As bordas gastas seriam removidas, assim como qualquer tecido solto, e recebi a promessa de melhorias perceptíveis após duas a três semanas de recuperação.

Concordei com o plano, mas, conforme a data da cirurgia se aproximava, fui ficando mais apreensivo. Eu já tinha passado por operações malfeitas, estava correndo bem apesar da dor, e não queria perder o que tinha. Ainda assim, sempre que eu parava para pensar no quadro geral, me lembrava do que ele tinha dito para mim e Kish no consultório. O risco era tão baixo que não havia desvantagens. Todos concordamos com um objetivo simples: remover a fonte da minha dor residual para que eu conseguisse continuar ralando.

Na manhã da cirurgia, no dia 10 de fevereiro, saí para uma longa corrida. Com uma previsão de no mínimo duas semanas de repouso, eu precisava correr pelo menos mais uma vez. Depois tomei banho, me barbeei e fui de carro para o hospital. O cirurgião me encontrou na sala de recuperação. O procedimento tinha demorado mais do que o esperado, mas ele não mencionou complicações nem qualquer mudança em nosso plano de fisioterapia-reabilitação, e me deu alta sem nem ao menos um par de muletas.

Nas noites seguintes, a dor era tão intensa que eu ficava enjoado. Eu precisava me apoiar nas paredes para ir da cama ao banheiro. Mal conseguia apoiar peso nos joelhos, e sabia que não devia estar me sentindo tão mal depois de um procedimento tão simples. A maioria das pessoas consegue andar imediatamente depois da operação e volta à ativa em menos de duas semanas. Algo de muito errado devia ter acontecido naquela mesa de cirurgia, mas o médico não me disse nada. E havia outra sensação no ar: de que eu nunca mais voltaria a correr.

EXERCÍCIO TÁTICO Nº 7

Desde que me entendo por gente, eu quis me destacar. Mesmo na adolescência, eu sabia que um dia queria ocupar o mesmo espaço que as pessoas mais importantes na minha área. Acho que posso atribuir isso a um desejo profundo de ser respeitado. Eu queria tanto me tornar alguém porque me sentia um zé-ninguém. Por isso, fui atraído pelas Operações Especiais desde muito novo e, quando descobri que ficaria reprovado na escola, tive motivação para mudar. Eu sabia que nunca ganharia destaque se não levasse minha vida a sério. E, mesmo assim, por maior que fosse o meu desejo de estar entre os grandes, os tomadores de decisões, os escolhidos, passei anos esperando um convite formal.

Não sei quantas vezes me imaginei recebendo o convite dourado com letras em alto-relevo para fazer parte de um clube com que eu sonhava, onde filé e lagosta seriam servidos por aqueles que nos admiravam e queriam se aproximar de nós, só que eu achava que teria que provar algo primeiro. Achava que, se conseguisse entrar na organização ou na estrutura certa e cumprir as exigências de forma consistente, alguém me notaria – um mentor ou um guia – e me contaria onde todos os poderosos se reuniam. Eu não queria ser o líder. Não me iludia tanto assim. Só queria ser um deles.

No meio-tempo, acabei me tornando um dos garçons que servia o clube de elite. Não demorou muito para alguns dos meus colegas, que não me pareciam tão qualificados quanto eu, começarem a entrar para o clube. Eu respirava fundo e os servia, ainda torcendo para alguém bater no meu ombro um dia e puxar uma cadeira para mim. Eu queria muito ser reconhecido e admirado por meus superiores. Queria que dissessem: "Você finalmente conseguiu, David Goggins. Agora, você é reconhecido como um dos melhores."

O problema é que esse convite formal raramente chega e, para mim, ele nunca chegou. Só que, enquanto eu esperava, observei meus supostos superiores bem de perto. Observei como trabalhavam, como se apresentavam, e percebi que muitos deles eram pessoas basicamente comuns. E eu queria ser o raro. Porque é a história rara, o líder raro, que inspira os outros a buscarem se conhecer melhor, a se esforçarem mais, a enfrentarem desafios.

Não é segredo que a grande maioria das pessoas prefere ser guiada, porque é mais fácil seguir do que abrir seu próprio caminho. No entanto, com muita frequência, somos guiados por chefes, professores, treinadores e líderes poderosos que exibem sua patente e seu cargo, esbanjam discursos otimistas, seu jargão profissional e as estratégias que aprenderam em alguma universidade, em algum seminário ou com algum colega num clube de executivos, mas não nos inspiram. Talvez seja porque eles falam demais e fazem muito pouco. Talvez seja porque a vida deles está fora de controle. Seja lá qual for o motivo, com o tempo fica óbvio que esses homens e mulheres que antes admirávamos não são capazes nem de guiar a si mesmos, que dirá outras pessoas. Ainda assim, quando eles nos rejeitam ou nos ignoram, permitimos que isso limite a nós mesmos e a nossa capacidade de influenciar a organização da qual nós e as pessoas ao nosso redor fazemos parte.

Não precisa ser assim.

Muita gente confunde liderança com o que acontece no topo, no centro das atenções, naquele clube mítico, enquanto alguns dos líderes mais poderosos trabalham duro na surdina. Eles sabem que oportunidades para fazer a diferença na vida de seus vizinhos, familiares, colegas de trabalho e amigos surgem o tempo todo. Eles têm uma influência imensa sem precisarem fazer muita coisa, ou mesmo qualquer coisa, e o primeiro passo para se tornar um desses heróis desconhecidos é aprender a se tornar líder de si mesmo.

Em 1996, quando eu era um aviador de 21 anos em uma unidade do Grupamento Tático de Controle Aéreo (TACP, na sigla em inglês), aceitei a definição básica de liderança, como quase todo mundo faz. Um líder era a pessoa no comando. A que tinha a maior patente, o salário polpudo, a equipe prestativa. Um líder tinha o poder de contratar e demitir, de fazer a carreira ou de destruir iniciantes como eu. Nunca achei que uma pessoa sem qualquer autoridade sobre mim acabaria sendo uma influência importantíssima na minha vida. Eu nem desconfiava que logo acabaria recebendo um curso intensivo sobre como me tornar meu próprio líder e sobre como isso pode transformar qualquer um em um exemplo poderoso e impossível de ser ignorado ou esquecido.

Em geral, o TACP faz a conexão entre a Força Aérea e o Exército, e eu estava alocado em uma base militar em Fort Campbell, no Kentucky, onde fica a renomada Escola de Assalto Aéreo. A escola é renomada por oferecer "os dez dias mais difíceis no Exército americano". Quase metade de toda turma é reprovada, porque o treinamento mistura treinos físicos pesados com um intenso rigor intelectual enquanto os candidatos completam uma maratona de exercícios táticos e aprendem a prender equipamentos pesados, como Humvees e tanques de combustível, como carga externa em helicópteros. Tudo precisa ser preso com precisão para garantir que a carga seja entregue no lugar certo, na hora certa. Como um cara da Força Aérea que passaria quatro anos em Fort Campbell, eu sabia duas coisas. Que eu com certeza receberia ordens de frequentar a Escola de Assalto Aéreo e que, se eu não me formasse com aquela insígnia no meu uniforme, isso seria um sinal claro de que eu não tinha motivação suficiente e era um fracassado.

Agora, você acha que eu me preparei como se essas ordens pudessem chegar a qualquer momento? Não, não me preparei. Eu tinha tudo para me formar com louvor, mas não ajustei meus treinos para a Escola de Assalto Aéreo. Eu tinha acesso a uma pista de obstáculos e a duas pistas de marcha com *rucking*, e nunca fui correr em nenhuma delas. Também não abri os livros nem conversei com os caras do trabalho que sabiam em primeira mão como era o teste de carga externa. As novas turmas de assalto aéreo começavam todo mês. Eu podia ter treinado e estudado, para solicitar minha entrada na escola quando estivesse pronto. Em vez disso, fiquei esperando as ordens caírem no meu colo e, quando isso aconteceu, me apresentei sem o mínimo preparo.

A diversão começou com um teste de aptidão física no Dia Zero, quando os candidatos precisam correr 3 quilômetros em menos de dezoito minutos antes de completar um percurso de obstáculos infernal composto de escaladas destruidoras, uma subida por corda e um teste de equilíbrio em uma série de vigas que levam a plataformas elevadas a até 9 metros do chão. Havia tanta gente lá que ninguém se destacou muito, e boa parte não conseguiu alcançar os padrões mínimos para ser aceita na escola, mas eu fui aprovado.

Antes do amanhecer do Dia Um, me aproximei dos arcos que formavam a entrada do campus junto com um homem que eu não havia notado no dia anterior. Apesar de estar escuro, dava para perceber que tínhamos mais ou menos a mesma altura e idade. Agora que éramos oficialmente alunos da turma de Assalto Aéreo, sempre que passávamos pelos arcos precisávamos fazer uma série de "cinco-dez". Isso significava cinco repetições na barra fixa e dez flexões elevadas. Nós passávamos embaixo daqueles arcos várias vezes ao dia, e sempre precisávamos pagar o mesmo pedágio.

Nós agarramos a barra ao mesmo tempo, eu fiz as cinco repetições, mas, depois que terminei minhas flexões, o cara ainda continuava na barra fixa. Levantei e fiquei olhando enquanto ele fazia bem mais do que cinco repetições. Satisfeito, ele saltou para o chão, se jogou para a frente e mandou ver em bem mais do que dez flexões. Só depois disso ele foi para a aula. Tínhamos um dia pesado de treinamento físico pela frente, que incluiria muito mais flexões e repetições na barra fixa, e o restante de nós se dava por satisfeito em cumprir o esperado, torcendo para ter energia suficiente para sobreviver aos dez dias. Mas aquele cara estava pronto para se matar antes mesmo de o Dia Um raiar. Era a primeira vez que eu via alguém fazer mais do que o necessário. Eu sempre tinha achado que meu trabalho era cumprir os requisitos exigidos pelos oficiais superiores, mas ele nitidamente não estava preocupado com o que era esperado nem com o que estava por vir.

– Quem é aquele cara? – perguntei falando sozinho.

– É o capitão Connolly – respondeu alguém.

Beleza, então ele era um capitão do Exército, mas, na Escola de Assalto

Aéreo, ele não tinha autoridade nenhuma. Era apenas um de nós, apenas outro aluno tentando ganhar sua insígnia. Pelo menos era o que eu supunha.

Alguns minutos depois, nos alinhamos para uma marcha de 9,6 quilômetros carregando mochilas com carga de 15 quilos. Fazia apenas um ano e meio que eu tinha parado de correr num ritmo de menos de 4 minutos por quilômetro, chegando perto do topo em quase todas as corridas no treinamento de paraquedismo de resgate. Antes do Dia Um, novamente voltei a me iludir, achando que estaria na frente do grupo em todas as corridas e até conseguiria vencer algumas. Só que eu estava me comparando com as pessoas comuns. Minha mente estava presa aos parâmetros aplicados a 99,999% da população e, quando chegou a hora do vamos ver, achei que me destacaria em relação ao restante da turma. O fato de eu não pesar mais 79 quilos e ter engordado 15 de tanto levantar peso e comer besteiras não fazia diferença. Eu ainda parecia forte e em forma para a maioria das pessoas, inclusive para mim mesmo. Ah, mas na verdade eu estava virando um baita molenga.

Quando os instrutores gritaram "Vai", nem todo mundo saiu na pressão. Tínhamos 90 minutos para terminar o percurso, e boa parte da turma pretendia caminhar por um longo trecho. Eu queria correr/andar pelo trajeto todo, sabendo que ganharia tempo correndo, o que me colocaria na frente. Pelos primeiros 3 quilômetros, mais ou menos, fiquei na dianteira com outros cinco caras, incluindo o capitão Connolly. Íamos trocando provocações. Estávamos correndo pesado, mas também implicávamos uns com os outros, e, com 25 minutos, eu já estava exausto. O capitão, que havia passado o tempo todo em silêncio, mal suava. Enquanto desperdiçávamos tempo valioso fazendo palhaçada, ele permanecia contido e concentrado, focado apenas em dar uma surra na gente.

Por volta do quilômetro 5, a pista subia para as colinas de calcário, e o grupo inteiro pareceu diminuir a marcha ao mesmo tempo e começar a andar, como se tivéssemos combinado. Estávamos ofegantes, e eu sabia que caminhar pelas subidas e correr por trechos planos e descidas seria a melhor forma de terminar em um tempo razoável e ainda ter energia suficiente para as muitas horas de treino físico que tínhamos pela frente. O capitão Connolly não diminuiu a marcha. Ele saiu em disparada na nossa frente, silencioso feito um fantasma. Alguns dos caras botaram banca de que o ultrapassariam quando ele finalmente se cansasse, mas eu tinha certeza de que só o reencontraríamos na linha de chegada. O capitão Connolly era de uma espécie diferente. Ele estava fora dos parâmetros – era um dos raros. Não era um de nós.

É inquietante saber que você está correndo perto do que supõe ser seu limite (na época, eu ainda alcançava só 40% do meu potencial) e ver alguém fazendo o difícil parecer fácil. Era nítido que o preparo dele estava vários níveis acima do nosso. O capitão Connolly não estava ali apenas para seguir o currículo e colocar um broche no uniforme ao se formar. Ele tinha ido para explorar o que conseguia fazer e evoluir. Isso exigia disposição para estabelecer novos padrões sempre que possível e causar um impacto, não necessariamente para nós, mas para si mesmo. E ele tratava todos os instrutores e a escola com respeito, mas não estava ali para ser liderado.

A marcha com *rucking* acabou nos arcos e, ao nos aproximarmos, dava para enxergar a silhueta do capitão Connolly na barra fixa. Mais uma vez, ele zombava do que era esperado enquanto o restante de nós ficava mais do que satisfeito em completar nosso cinco-dez. Em comparação com nossos colegas, o nosso desempenho estava bem acima da média, só que, depois de assistir ao desempenho do capitão Connolly, eu não estava muito impressionado comigo mesmo. Porque sabia que, apesar de eu achar que deveria simplesmente começar o curso para ver no que dava, ele tinha se preparado para aquele momento, abraçado a oportunidade e se destacado.

A maioria das pessoas adora padrões de referência. Eles dão ao cérebro algo em que se concentrar, e isso nos ajuda a sentir que realizamos alguma coisa. A estrutura organizacional e os tapinhas no ombro que ganhamos de nossos instrutores ou chefes nos mantêm motivados para continuarmos nos esforçando e crescendo. Já o capitão Connolly não precisava de motivações externas. Ele havia treinado segundo seus próprios padrões e usava a estrutura existente para alcançar seus próprios propósitos. A Escola de Assalto Aéreo se tornou seu ringue particular, em que ele conseguia se testar em um nível que nem mesmo os instrutores sequer imaginavam.

Pelos nove dias seguintes, ele manteve a cabeça baixa e seguiu em frente destruindo cada um dos padrões da Escola de Assalto Aéreo. Ele encarava os resultados que os instrutores desejavam e que o restante de nós tentava alcançar como uma meta a ser superada – e os superava o tempo todo. Ele entendia que sua patente só significava alguma coisa se buscasse uma certificação diferente: uma insígnia invisível que dissesse: "Eu sou o exemplo. Venham comigo e vou lhes mostrar que a vida vai além de supostas autoridades, patentes e broches em um uniforme. Vou mostrar o que é ambição de verdade fora de todas as estruturas externas, em um espaço de crescimento mental ilimitado."

Ele não falou nada disso. Ele nem abria a boca. Não me lembro de tê-lo visto dar uma palavra naqueles dez dias, mas seu desempenho e sua dedicação extrema deixavam um rastro de migalhas para qualquer um que estivesse prestando atenção o suficiente para segui-lo. Ele mostrou seu arsenal. Mostrou o que significa ser um líder intenso, silencioso, exemplar. Ele participava de toda corrida do Grupo de Ouro, que era liderada pelo instrutor mais rápido da escola, e se oferecia para ir na frente carregando a bandeira.

Quando chegou a hora do teste de carga externa, achei que encontraria sua criptonita. Eu estava torcendo para ele ser só um cara fortão, uma aberração da natureza. Eu queria encontrar algum defeito nele, porque isso me faria me sentir melhor a respeito de mim mesmo. Só que, quando os instrutores perguntaram quem queria se voluntariar para ser o primeiro a fazer o teste que reprovaria metade da turma, ele não levantou a mão nem falou nada. Simplesmente deu um passo à frente para ser avaliado com helicópteros, ganchos de içamento, cabos, amarração correta e inspeção antes de todo mundo. E ele fez tudo à perfeição.

Ele ganhou cada um dos exercícios táticos, foi o primeiro aluno da turma em todas as provas e fez o grupo inteiro querer se esforçar mais. Todo mundo queria ser igual a ele. Nós queríamos competir com ele e o usávamos como régua, como alguém que poderíamos imitar, porque ele nos dava permissão para ir além dos padrões. Graças a ele, me ofereci para carregar a bandeira em uma das corridas do Grupo de Ouro, e até hoje essa foi uma das corridas mais difíceis de que já participei. Quando não podemos usar os braços, é impossível gerar a mesma força e o mesmo impulso, e aquela bandeira parece um paraquedas puxando você para trás.

No entanto, o meu preparo físico não chegava nem aos pés do dele e, no Dia Dez, quando chegou a marcha com *rucking* de 20 quilômetros – nosso último teste na Escola de Assalto Aéreo –, não pude fazer nada além de ficar assistindo enquanto ele desaparecia ao longe e destroçava o recorde da escola com a corrida de 20 quilômetros mais rápida da história.

Eu me formei exausto tanto no sentido mental quanto físico, mas não senti quase nada quando recebi a insígnia de asas que eu pensava que me tornaria um figurão em Fort Campbell. Eu continuava confuso e irritado com a dedicação do capitão Connolly, que quase parecia uma afronta. Conviver com ele não era muito divertido, mas eu valorizava cada segundo. Ele me deixava desconfortável porque tornava evidente minha falta de dedicação e disposição em oferecer meu melhor todo santo dia. Conviver com pessoas assim nos obriga a nos esforçarmos mais e nos aperfeiçoarmos, e embora isso seja bom, quando você é uma pessoa inerentemente preguiçosa, a única coisa que realmente quer é tirar uns dias de folga. Os capitães Connolly do mundo não lhe dão essa escolha. Quando eles estão na sua trincheira, não há dias de folga.

O condicionamento dele obviamente era fora do comum, e não falo apenas do aspecto físico. Ter capacidade física é uma coisa, porém você precisa ter muito mais energia para permanecer mentalmente preparado em um lugar como a Escola de Assalto Aéreo e estar pronto para dominar tudo todo dia. O fato de ele conseguir fazer isso mostrava que aquilo não era um caso isolado. Devia ser o resultado de inúmeras horas solitárias na academia, em pistas de corrida, debruçado sobre livros. Boa parte do esforço dele ficava oculta, mas é nesse esforço invisível que nascem as pessoas que são líderes de si mesmas. Suspeito que ele conseguisse ser tão consistente em superar todo e qualquer padrão porque se dedicava a se preparar para toda e qualquer oportunidade em um nível que a maioria das pessoas nem sonha.

As pessoas que não aprendem a ser líderes de si mesmas encaram a vida da mesma forma como eu encarei a Escola de Assalto Aéreo. Elas não se preparam nem têm um plano de ataque. Elas ficam esperando, caem de paraquedas em alguma situação – numa escola, num trabalho, em um teste de aptidão física – e improvisam. Pense em quanta informação existe na internet. Pense em qualquer ferramenta que possa aprimorar suas habilidades, desde um campo de treinamento até a Escola de Negócios de Harvard, desde um certificado de técnico em enfermagem até um diploma de engenharia – tudo isso está descrito na internet nos mínimos detalhes. Você pode estudar os pré-requisitos e começar a se dedicar antes mesmo de se inscrever. Pode se preparar como se já estivesse lá, para que, quando o momento chegar e a oportunidade bater à porta, já esteja pronto para arrasar. É isso que um líder de si mesmo faz, não importa quão atribulada sua vida esteja. Não porque ele seja obcecado em ser o melhor, mas porque está se esforçando para ser o melhor possível.

Líderes de si mesmos raramente descansam. No calor da batalha, eles se tornam golfinhos que dormem com um lado do cérebro em alerta e um olho sempre aberto, para estarem prontos para ser mais espertos, mais rápidos e vencer seus predadores. Eles permanecem acordados o suficiente para conseguirem nadar até a superfície e respirar. Para manter esse nível de energia, líderes de si mesmos vivem voltando para os ideais que orientam sua vida. Eles vivem em prol de algo maior e, por causa disso, sua vida se expande e brilha com uma energia que é notável para os outros. Isso também pode dar início a uma reação em cadeia que desafia e desperta pessoas para o poder inexplorado dentro delas mesmas – o poder que desperdiçam a cada dia que passa.

Dar um exemplo por meio de ações, e não de palavras, sempre será a forma mais poderosa de liderança, e ela está disponível para todos nós. Você não precisa ser um grande orador nem ter um diploma avançado. Essas coisas são ótimas e têm o seu espaço, porém a melhor forma de liderar um grupo é simplesmente ser um exemplo e mostrar para sua equipe ou seus colegas, por meio de dedicação, esforço, performance e resultados, o que realmente é possível conquistar.

É nesse ponto que me encontro agora. Graças, em parte, ao exemplo do capitão Connolly e porque consegui entender que ele era alguém raro e tive humildade suficiente para estar disposto a aprender com ele. No entanto, como você bem sabe, a transformação não começou naquele instante. Infelizmente, depois que a Escola de Assalto Aéreo acabou e o capitão Connolly saiu da minha vida, aquela centelha se apagou e voltei aos meus antigos hábitos. Apesar de eu nunca ter me esquecido daquela experiência de dez dias, ainda não tinha forças para ser meu próprio líder. Eu devia ter aplicado aos próximos 50 anos da minha vida a lição que aprendi naquele período. Devia ter imaginado que o capitão Connolly estava me vigiando todo santo dia. Acredite: quando você acha que está sendo observado, leva a sua vida de um jeito diferente. Passa a ser mais detalhista e correto. Não foi assim que aconteceu comigo. Seriam necessários mais três anos de burradas antes de eu exumar a pasta Connolly dos meus arquivos pessoais e estudá-la para aprender a ser líder de mim mesmo.

Foram necessários dois anos como SEAL para eu entender que ninguém apareceria para me ensinar nada nem para me guiar até a porta de entrada daquele clube, mas, àquela altura, eu queria superar todos os padrões. Eu queria criar minhas próprias oportunidades e me destacar sozinho. Eu queria me tornar um dos raros.

Acabei batendo o recorde do capitão Connolly na marcha com *rucking* de 20 quilômetros enquanto participava de uma de 28 na Força Delta. Fiz isso em um percurso bem mais difícil, com uma mochila mais pesada, e passei os primeiros 20 quilômetros imaginando que ele continuava na minha frente, deixando um rastro de migalhas, me provocando a superar o padrão que ele havia imposto anos antes. Ele foi a primeira pessoa a me mostrar como fazer mais com menos, e que não apenas era possível ir mais fundo como também era obrigatório fazer isso quando você tenta ser sua melhor versão. Quando superei o tempo dele, percebi que não estava mais correndo atrás do capitão Connolly. Dali em diante, toda escola, pista, maratona ou recorde que eu enfrentava era para o meu próprio desenvolvimento.

Quando você vive assim, costuma ficar muito além da influência de pais, professores, treinadores ou outros mentores tradicionais e suas filosofias. Para permanecer humilde, você precisa se certificar de que esteja vivendo de acordo com seu próprio código. Muitas organizações maravilhosas têm uma missão inspiradora. Unidades militares de elite são construídas com base em um éthos ou credo que define como seus homens e mulheres devem se comportar. Sempre que eu chegava a uma nova escola ou planejava entrar para uma nova unidade de operações especiais, estudava e decorava o juramento, e essas palavras sempre acabavam ajudando a motivar a mim e à maioria dos meus companheiros. Porém, tornar-se complacente faz parte da natureza humana. Não importa quão poderosos sejam os ideais organizacionais de uma instituição, até mesmo as pessoas bem-intencionadas que amam o que fazem – sobretudo aquelas com cargos importantes – podem não ter a resiliência mental para seguir as próprias crenças todos os dias. E, se a maioria das pessoas dentro de uma organização não segue nem adere de verdade aos seus princípios básicos, então de que eles servem? Por isso, criei meu próprio juramento para mim mesmo:

Eu vivo com uma mentalidade de Dia Um, Semana Um. Essa mentalidade é baseada em disciplina, responsabilidade pessoal e humildade. Enquanto a maioria das pessoas para quando se cansa, eu paro quando termino. Em um mundo em que a mediocridade costuma ser o padrão, a missão da minha vida é me tornar raro entre os raros.

Todos temos o dever com nós mesmos de defender o que acreditamos. Princípios nos dão uma base – um chão firme em que podemos nos apoiar para nos desenvolver à medida que continuamos a redefinir o que é possível em nossa própria vida. Claro, algumas pessoas vão ficar desconcertadas ao ver sua dedicação e seu esforço. Outras dirão que você é obcecado ou acharão que enlouqueceu. Quando elas fizerem isso, apenas sorria e diga: "Não sou louco. Apenas não sou você."

Não conte com os princípios de outro grupo nem com a missão de uma empresa para serem os seus guias. Não ande por aí sem rumo, tentando encontrar um propósito ou se encaixar. Procure descobrir quais são seus valores principais e faça seu próprio juramento para si mesmo. Certifique-se de que ele seja inspirador e desafie você a se esforçar para conquistar suas metas, e siga-o todos os dias.

Quando as coisas ficarem confusas e estranhas e você se sentir sozinho e incompreendido, pense no seu juramento. Ele vai manter seus pés no chão. Às vezes, pode ser necessário revisá-lo, levando em consideração que prioridades mudam ao longo da vida, mas não o dilua. Cuide para que ele sempre permaneça forte o suficiente para servir como sua bússola diária ao encarar a vida e todos os seus desafios. Ao seguir esse juramento – o seu juramento –, você não precisará mais de outros guias. Porque, independentemente do que acontecer, nunca estará perdido.

> Quem você vai se tornar e que valores quer representar? Você está pronto para se tornar o padrão de referência? Se esse for o caso, compartilhe seu juramento para si mesmo. #NeverFinished #OathToSelf #SelfLeadership [juramento para mim mesmo; autoliderança]

CAPÍTULO 8

O JOGO SÓ ACABA COM O APITO DO JUIZ

Seis dias após a cirurgia, meus joelhos não tinham melhorado, e eu mal conseguia me mexer. Eu tinha uma consulta de revisão marcada com o cirurgião, que deu uma olhada nos meus joelhos inchados e decidiu drená-los. Em vez de líquido sinovial, ele removeu 75 mililitros de sangue desoxigenado roxo-escuro do joelho direito e 30 mililitros do esquerdo.

Dez dias depois, o inchaço voltou, e ele precisou drenar os dois joelhos de novo. Pela cara que fez, dava para perceber que a dor que eu sentia e o inchaço persistente não eram o resultado esperado. Havia algo muito errado.

Enquanto ele me dava a terceira rodada de injeções de plasma rico em plaquetas (PRP), torcendo para isso dar um tranco no meu processo de cura, recebi a primeira pista sobre o que de fato havia acontecido na mesa de cirurgia.

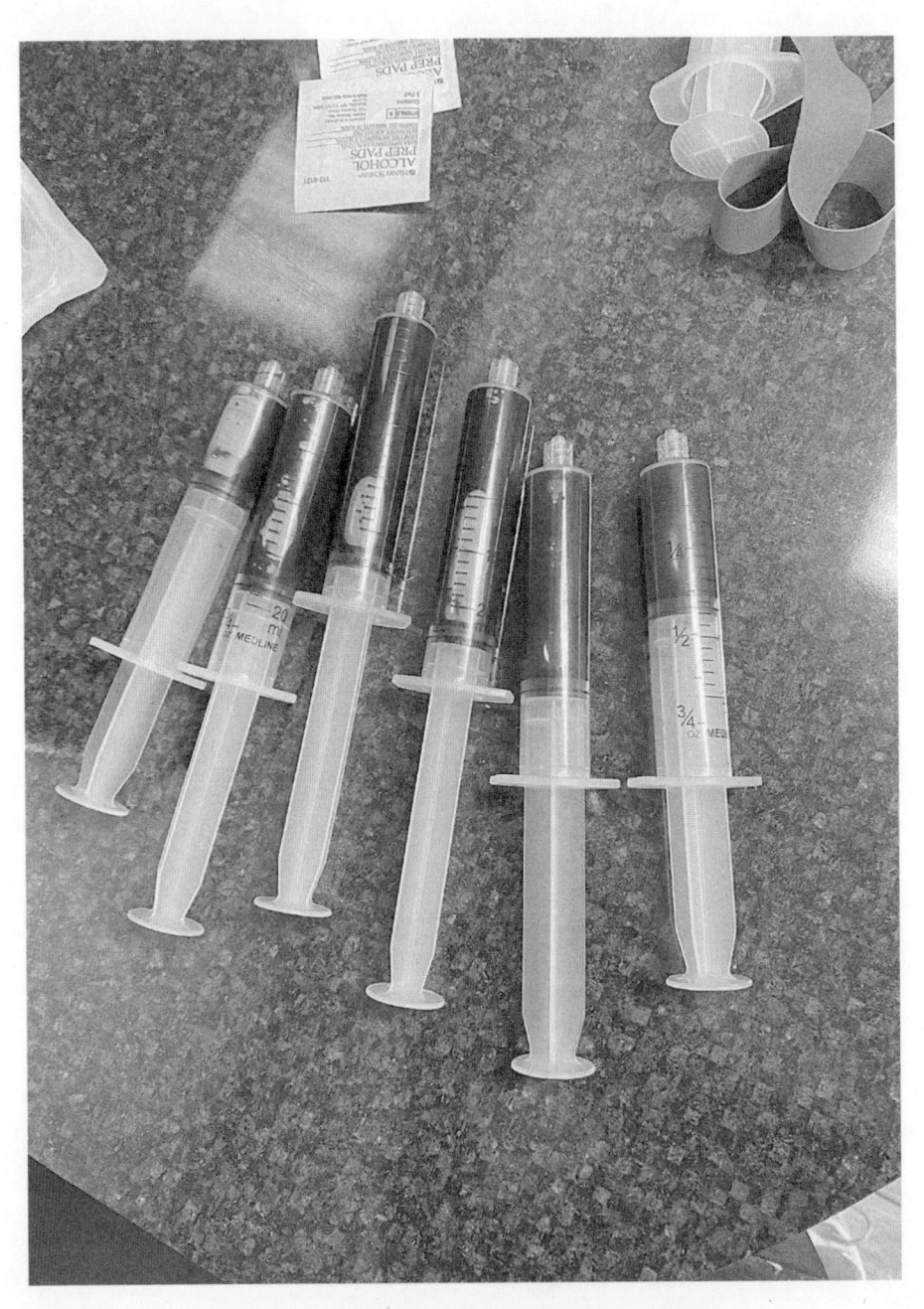

A quantidade de sangue desoxigenado drenada dos meus joelhos após a cirurgia era alarmante

Eu tinha ido fazer um procedimento simples para limpar o menisco, a almofada de cartilagem que absorve impactos entre a tíbia e o fêmur (o osso da canela e o osso da coxa), só que, quando ele tentou apará-lo, seu instrumento falhou. Meu menisco e a cartilagem articular presa às extremidades dos meus ossos estavam espessos e duros demais. Ele disse que isso se devia a um fenômeno chamado lei de Wolff, descoberto no século XIX por um cirurgião alemão que notou que, quando suporta cargas intensas por longos períodos, o osso se torna mais denso e bem mais forte. Parece algo positivo, só que, no joelho, a cartilagem pode acabar se deteriorando e sofrendo irregularidades, que causam artrite. No meu caso, a camada de amortecimento do menisco entre os ossos não era grossa e lisa feito um tapete de borracha, mas nodosa e retorcida feito um casco de árvore e dura como cimento. E a cartilagem articular era igualmente rígida. Em vez de ser fácil de cortar, era quase à prova de balas. Meu tecido conjuntivo torcido literalmente quebrou as lâminas caras do médico.

– Até a sua cartilagem é casca-grossa – brincou ele.

Eu não vi tanta graça, porque aquelas eram informações que eu devia ter recebido no início da recuperação, não duas semanas depois. Isso me incomodou. No entanto, era impossível não sentir um orgulho perverso. Tantas vezes na vida eu tinha me machucado ou ficado doente após um exercício tático intenso e me recusara a desistir, que isso forçara meu corpo a se tornar um grande compensador. Eu me adaptei para lidar com várias condições de saúde ao longo dos anos – algumas congênitas, outras adquiridas – para conseguir completar dezenas de façanhas de resistência física que duravam vários dias. Na perplexidade do meu cirurgião, encontrei a prova médica daquela compensação forçada. Eu tinha passado tanto tempo colocando uma carga pesada sobre os meus ossos que eles se tornaram densos feito pedra e transformaram minha cartilagem em um cimento quase impossível de penetrar. Porém, após várias tentativas fracassadas, o médico tinha conseguido realizar o procedimento.

Apesar de reconhecer que a compensação do meu corpo era uma adaptação fisiológica que havia me permitido continuar ralando feito um louco, ele ainda assim havia usado uma abordagem padrão na cirurgia. Era inegável que meus joelhos estavam danificados antes do procedimento, mas eu ainda conseguia usá-los. Poucas horas antes de ser levado de cadeira de rodas para a mesa de cirurgia, eu tinha corrido 16 quilômetros. Agora, duas semanas depois, eu fui mancando até a bicicleta ergométrica na academia, torcendo para conseguir suar um pouquinho, e aguentei só 22 minutos antes de a dor me vencer. Eu fui de correr a Moab 240 e atravessar o estado da Flórida para 22 minutos em uma bicicleta ergométrica.

Um mês depois da cirurgia, voltei ao consultório do médico e, ao ouvir o nível de dor que eu sentia e quão reduzida estava a minha mobilidade, ele fez pouco da informação e, como quem não quer nada, me informou que havia furado um dos meus ossos durante a operação. Em nenhum momento antes do procedimento ele havia mencionado que isso sequer seria uma possibilidade e, embora tenha conversado comigo na sala de recuperação e em duas consultas depois daquilo, não tinha me contado que fizera dois furos pequenos no meu fêmur esquerdo. E isso que era estranho, porque esse não é o tipo de coisa que um médico esquece.

Ele explicou que, após remover boa parte da cartilagem do joelho esquerdo, queria acessar minha medula óssea para ela vazar, se acumular e criar um coágulo que, com o tempo, imitaria o amortecimento oferecido por um menisco intacto. Ele também mencionou que, em algum momento durante a cirurgia, tinha removido da sala todas as pessoas que não fossem essenciais para o processo. Essa revelação não me deixou feliz. Ela me deixou com raiva. Eu já tinha passado por vários processos cirúrgicos graves na vida e nunca tinha recebido informações importantes e inesperadas assim, aos poucos. Cirurgiões são treinados para explicar o procedimento na primeira oportunidade, e aquele cara não estava fazendo as coisas como mandava o figurino.

Desde o dia seguinte à cirurgia, Kish quis entrar em contato com o cirurgião em vários momentos para pedir que ele explicasse minha dor e a falta de mobilidade, porque aquilo tudo não condizia com as expectativas que ele havia criado. Eu também queria, mas estava me esforçando para controlar minhas emoções e não entrar em pânico. No entanto, no caminho para casa após essa consulta, sabendo sobre os furos que ele havia feito, minha ansiedade disparou.

Naquela noite, eu e Kish investigamos um pouco, e o que lemos na internet foi preocupante. Pelo que eu tinha entendido, parecia que ele havia feito algum tipo de cirurgia de microfratura em mim sem nunca mencionar nada disso. Após várias noites sem dormir, mandei uma mensagem para o médico às cinco da manhã, dizendo que precisava de respostas diretas. Para a minha surpresa, ele respondeu na mesma hora e continuou insistindo que os joelhos só ficariam melhores após terem sido limpos. Eu o questionei sobre o procedimento da microfratura. Ele disse que a cirurgia de microfratura exige um mínimo de cinco furos, e ele "só" tinha feito dois, e que eles "deviam" estar preenchidos àquela altura. Ele disse que eu logo voltaria a correr como sempre e que nada seria capaz de me deter. Eu suspeitava que o médico não estivesse me contando tudo, e aquelas mensagens só serviram para confirmar isso.

Não dava mais para confiar nele. Por mais bem-intencionadas que suas escolhas pudessem ter sido, ele tomara decisões questionáveis e unilaterais, tivera um desempenho ruim e me deixara osso com osso, para depois ir me contando os detalhes aos poucos. Não havia desculpa para nada daquilo.

No dia 17 de março, pisei em uma esteira pela primeira vez desde a cirurgia. Eu estava na fisioterapia, e a equipe ainda não sabia, mas eu já tinha decidido que aquele seria meu último dia ali. O joelho direito estava um pouco melhor. O esquerdo estava bem pior do que antes da cirurgia, e ficava desabando no lado medial. Os fisioterapeutas que monitoravam meu progresso trabalhavam com o cirurgião e, apesar da minha dor, queriam que eu corresse por cinco minutos. Corri por 42.

Não porque eu estivesse me sentindo bem. Cada passo doía, mas segui em frente porque sabia que aquela seria minha última corrida em um futuro próximo, talvez para sempre. E, levando em consideração como correr tinha sido uma parte importante da minha vida por tanto tempo, cinco minutos pareciam uma despedida rápida demais. Oito quilômetros de ralação agoniante carregavam mais significado e, quando acabou, desliguei a esteira, pisei com cuidado no chão e fui embora mancando.

No carro a caminho de casa, eu estava em conflito entre meu compromisso em permanecer paciente o bastante para deixar a grande máquina de compensação fazer seu trabalho mais uma vez e meu medo de que realmente fosse o fim. Apesar de algumas vozes ao meu redor já terem aceitado que eu estava acabado, eu não queria acreditar nisso. Não podia. Porque, desde que eu tinha decidido não ser mais gordo, minha vida inteira girava em torno da minha capacidade física. Apesar de a disposição mental certa sempre ter sido a minha prioridade, eu só consegui alcançá-la por meio de treinos e desafios físicos homéricos que ofereciam um retorno imediato ao meu investimento. Essa não é a única forma de se tornar mentalmente durão, mas o processo é acelerado quando você corre milhares de quilômetros, nada longas distâncias na água fria ou faz milhares de repetições na barra fixa. Investir essa quantidade de dor e sofrimento em si mesmo vai produzir resistência mental.

Em outras palavras, minha vida e minha identidade, desde meus 24 anos até a data da cirurgia, se baseavam em treinar e competir dando o máximo para me tornar mentalmente forte. E isso tinha sido tirado de mim em 90 minutos. Não por um acidente ou por uma lesão aleatória, mas por um médico que não cumpriu seu juramento de Hipócrates: não causar o mal. Sei que não era a intenção, porém um mal imenso foi causado.

Como eu não podia usar os exercícios físicos para lidar com o estresse, era difícil processar todas aquelas emoções e tamanha frustração. Houve momentos em que quis me render e sentir pena de mim mesmo. Eu estava de saco cheio de Goggins, de saco cheio de ficar lutando o tempo todo e, apesar de detestar desculpas e de gente que as inventa, quando eu me olhava no espelho toda manhã e toda noite, dizia para mim mesmo a verdade nua e crua. *Acabou. Você não consegue mais.* E isso me reconfortava um pouco.

Eu me sentia como um jogador encurralado em campo e, apesar de pensar nas alternativas o tempo todo, não encontrava uma solução válida.

Não era como se aquilo fosse novidade para mim. Eu tinha passado a vida inteira encarando desvantagens, mas aquela era a maior de todas. Quando toda a sua existência está enraizada em um estilo de vida específico e ele é tirado de você, qual é a melhor estratégia a seguir?

Por mais inquieto e frustrado que eu estivesse, sabia que a única opção no momento era ser paciente. Às vezes, a melhor coisa que um jogador encurralado pode fazer é evitar perder mais terreno, pedir um tempo e refletir um pouco. Apesar de eu acreditar que meu joelho não melhoraria, ainda queria esperar um pouco para ver se a dor passaria ou se minha estabilidade aumentaria um pouco, então aquele não era o momento para tomar novas providências. Por mais triste que fosse o fato de alguém que tinha corrido mais de 320 quilômetros numa só maratona agora não conseguir nem descer um lance de escada sem seu joelho esquerdo ceder, eu precisava evitar cair na tentação de avaliar minha situação todo dia e toda semana. Em vez disso, dei um passo para trás e tentei enxergar o quadro geral.

A temporada de combate a incêndios do verão já era e eu não correria no futuro próximo, o que significava que era desnecessário procurar uma solução imediata. O ano de 2021 foi por água abaixo. Tudo girava em torno do verão seguinte e da temporada que viria. Isso me acalmou, porque significava que havia tempo de sobra. Eu não precisava marcar pontos nem tomar uma decisão imediatamente. Só precisava observar e esperar. Resolvi dar 90 dias completos (contados desde o dia da cirurgia) para meu corpo e torcer – lá estava a tal esperança de novo – para ele compensar os erros e as decisões equivocadas do cirurgião. Só que, depois que esse tempo passou, tudo continuava igual. Aquela tempestade continuava no meu caminho, e a espera havia acabado. Eu precisava fazer minha jogada.

Eu e Kish passamos os três dias seguintes aboletados à mesa da cozinha, vasculhando a internet. Lemos estudos científicos, periódicos médicos, sites de hospitais, biografias de clínicos, e descobrimos que a cirurgia de microfratura costumava ser um último recurso para problemas no menisco e que, quando ela não dava certo, o próximo passo lógico seria uma artroplastia, a substituição da articulação do joelho por uma prótese. Essa medida é um tipo de amputação. As extremidades dos ossos da canela e da coxa são removidas para acomodar o joelho artificial. Eu ainda não estava pronto para cogitar essa possibilidade.

Então, no quarto dia, exatamente ao mesmo tempo, eu e Kish encontramos uma matéria falando sobre o trabalho de um cirurgião mundialmente renomado no Hospital de Cirurgias Especiais em Nova York. O Dr. Andreas Gomoll era um dos poucos cirurgiões nos Estados Unidos capazes de conduzir transplantes de menisco e cartilagem para curar joelhos tão estourados que praticamente qualquer outro ortopedista os consideraria candidatos para a artroplastia. Aquela era a nova jogada que eu estava procurando.

De acordo com o que lemos, um transplante de menisco funcionava bem melhor do que uma cirurgia de microfratura. Não apenas reduzia a dor e restaurava a funcionalidade e a qualidade de vida como também poderia até me permitir voltar ao nível com que eu estava acostumado. Isso era importante, porque eu ainda tinha muito a fazer.

Eu mantinha o mesmo objetivo ambicioso desde 2014, um objetivo que prometia todas as exigências físicas e psicológicas das Operações Especiais e era impulsionado pelo mesmo espírito de coragem, só que, sempre que eu me aproximava dele, a oportunidade escapulia pelos meus dedos. Eu queria me tornar um bombeiro paraquedista.

Bombeiros paraquedistas combatem incêndios florestais. Eles saltam na floresta para apagar incêndios antes de eles se alastrarem furiosamente e virarem notícia pelo mundo. Esse desejo era o motivo pelo qual eu tinha começado a combater incêndios florestais. Após anos de frustração, eu finalmente tive a oportunidade de entrar para um corpo paraquedista em Montana, em 2020, só que meus joelhos não quiseram cooperar e, após a cirurgia fracassada de 2021, eu imaginava que meu sonho permaneceria inalcançável.

No dia 7 de junho, tive uma consulta com o Dr. Gomoll em Nova York. Ele avaliou minhas ressonâncias e tirou algumas radiografias da minha perna esquerda torta, e o desalinhamento o deixou chocado. A degeneração do meu joelho era mais grave do que ele esperava.

– Não sei como você conseguiu correr 1 quilômetro com esses joelhos – disse ele. – Que dirá 80, 160, 320.

O Dr. Gomoll sabia que eu tinha viajado de longe para a consulta, mas, por mais que quisesse ajudar, eu não era um bom candidato para o transplante de menisco porque meu joelho estava deteriorado demais. Ele me ofereceu uma órtese de apoio que poderia aliviar um pouco da dor, mas sabia que não era a solução ideal, porque ninguém passa 24 horas por dia usando uma órtese pesada e ela não me daria minha vida de volta.

Não havia muito mais o que dizer. Ele ficou em silêncio e absorveu minha evidente decepção. Não era apenas a questão da dor ou de a cirurgia não ser uma possibilidade. Eu também precisava engolir o fato de que os trabalhos mais extremos que eu sempre tinha admirado e almejado não estavam mais ao meu alcance. Ele se virou para ir embora, mas quando chegou à porta parou de repente e olhou para mim.

– Que tal você usar a órtese por uns dois meses? – disse ele. – Se isso ajudar, talvez exista outra opção a discutir.

– Eu gostaria de discutir essa opção agora, se possível – respondi.

Àquela altura, eu estava desesperado por qualquer vislumbre de possibilidade. Apreensivo, ele concordou com a cabeça, sentou-se diante de mim de novo e explicou um procedimento pouco comum e que não é muito ensinado hoje em dia chamado osteotomia tibial alta. É uma cirurgia que realinha a articulação do joelho para aliviar a pressão e a dor; só que, para isso, ele teria que serrar minha tíbia, abrir uma fissura de 5 milímetros para criar um espaço no osso, e então prender uma placa de metal afunilada para cobrir o espaço, que eventualmente seria preenchido por novo tecido ósseo.

– Não é uma solução garantida, de jeito nenhum – disse ele –, e é por isso que hesitei em tocar no assunto.

Ele explicou que o resultado dependia muito do paciente e da sua força de vontade durante a reabilitação, mas ele conhecia meu histórico e não se preocupava com isso. Sua relutância se devia ao fato de que nós dois podíamos fazer tudo certo e meu corpo ainda assim não reagir bem ao procedimento. Alguns joelhos não têm jeito e, até eu estar na mesa de cirurgia, ele não teria como saber se era o caso dos meus.

– Às vezes, a cirurgia não consegue resolver o problema, e a última coisa que queremos é piorar a situação.

– É verdade – respondi. – Mas, se a cirurgia for um sucesso, o que isso significaria para mim?

– Dependendo de quanto tempo a recuperação demorar, você teria pouquíssimas ou nenhuma restrição física.

– Eu topo – falei.

Ele pareceu desconcertado. Evidentemente, a maioria das pessoas não se anima muito com a ideia de ter um osso serrado.

– Ainda acho que você devia tentar a órtese primeiro.

– Você disse que se isso der certo vou poder fazer de tudo? – perguntei.

– Quase. Saltar de aviões talvez já seja demais.

Parei para digerir essa informação. No começo, foi como outro soco no estômago, mas não era uma certeza. Ele achava que saltar de aviões talvez fosse demais, mas não me conhecia.

– Beleza – falei, sorrindo. – Nada de saltar de aviões. Mas, Dr. Gomoll, o senhor é um dos médicos mais importantes no melhor hospital ortopédico dos Estados Unidos e, na sua opinião profissional, não existem outras opções para mim?

Ele ficou um pouco vermelho com minha avaliação das suas habilidades. Sua humildade me agradava.

– Se você estiver comprometido a recuperar o que perdeu – disse ele –, então, sim, acredito que essa seja a melhor opção para o seu caso.

Ao se deparar com aquelas probabilidades, algumas pessoas achariam que seria um risco imenso recorrer a uma cirurgia pouco comum e dolorosa, sem a garantia de sucesso. Imagino que tudo se resume ao que somos capazes ou não de suportar na vida. Muita gente é capaz de aceitar a mediocridade. Não apenas de conviver bem com ela como de ficar satisfeita com ela. Bom, feliz Natal para essa galera, só que isso não funciona para mim. Ah, eu também queria descansar, mas não por enquanto. Se houvesse a mínima possibilidade de aquilo me levar aonde eu precisava ir, então já estava decidido.

– Beleza, então, doutor – falei. – Pode quebrar a perna.

Passei pela cirurgia no dia 30 de junho e fiquei duas noites internado no hospital, além de uma semana em um quarto de hotel em Nova York. Como eu me sentia? Como se alguém tivesse serrado a minha perna! Quando eu tentava me levantar, a dor era nível dez de dez. O sangue ia todo para o lugar onde a placa estava presa, fazendo eu me contorcer e ficar tonto. Eu me arrastava com muletas e precisava tomar banho sentado em um banquinho. Colocava bolsas de gelo e recebia estímulos elétricos nos ossos e nos músculos várias vezes por dia, além de alguns exercícios básicos de fisioterapia deitado na cama.

Meu voo para casa foi um pesadelo. A dor me atravessava em ondas. Eu suava e estava praticamente delirante enquanto pensava na minha última consulta com o Dr. Gomoll antes de irmos embora da cidade.

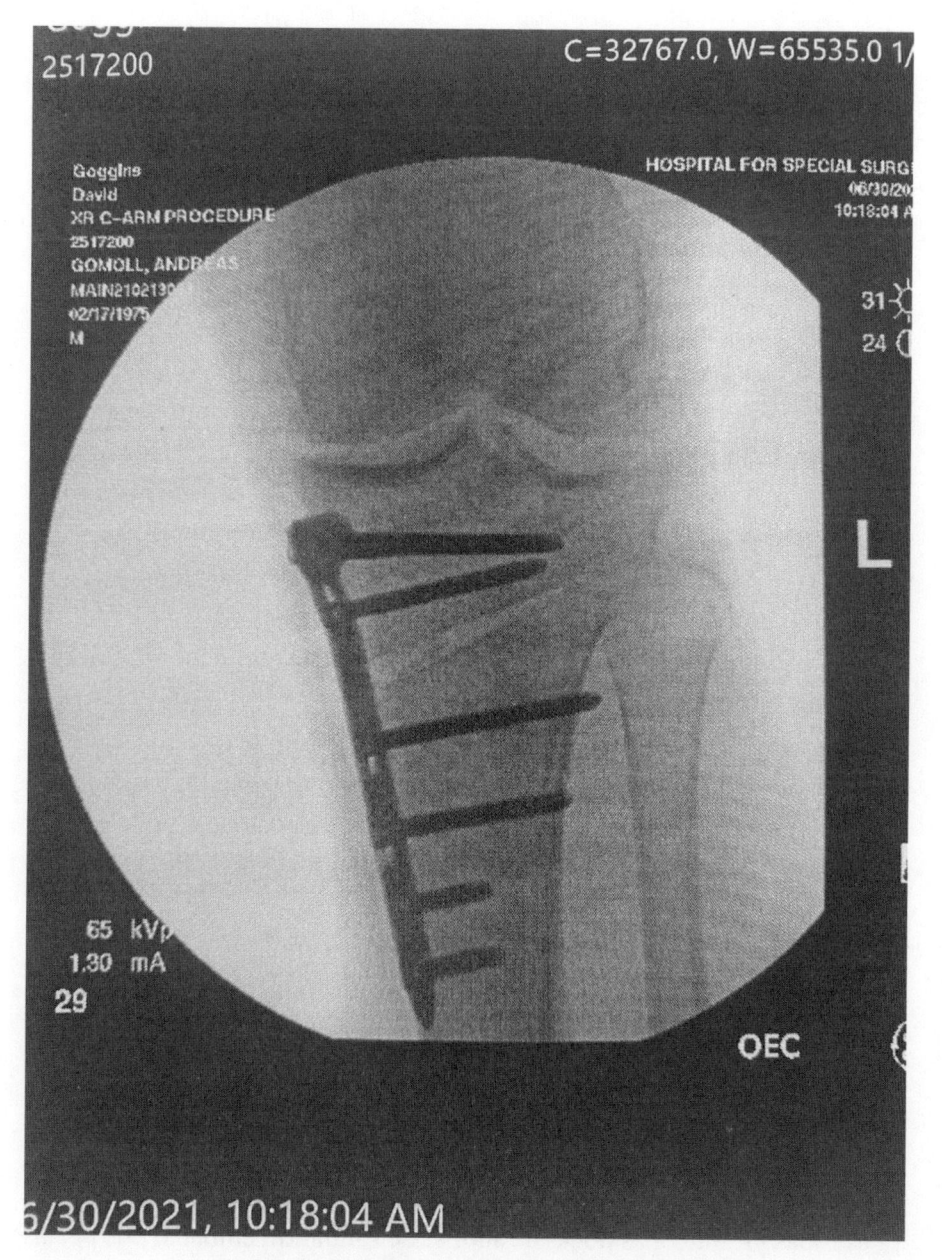

A única forma de resolver meus problemas de
alinhamento seria quebrando minha perna

– O realinhamento foi um sucesso – disse ele, sorrindo e apontando para minha radiografia mais recente.

Eu não estava mais osso com osso.

Até aquele momento, ele tinha hesitado em fazer muitas promessas. Eu também tinha controlado minhas expectativas. Nos últimos dias antes da cirurgia, eu havia lido inúmeros artigos, fóruns e grupos sobre a recuperação da osteotomia tibial alta, e as notícias eram desanimadoras, na melhor das hipóteses. A maioria das pessoas demorava três a seis meses para andar normalmente. Uma matéria elogiava um corredor que havia superado as expectativas dos médicos e terminado uma maratona dezoito meses após a cirurgia. Para mim, ele se tornou o padrão-ouro. Apesar de correr uma maratona não ser algo fácil sob nenhuma circunstância, não era nada comparado com o que eu teria que fazer para me tornar um bombeiro paraquedista. Se isso ainda fosse possível. Na minha idade, cada temporada de incêndios perdida era uma oportunidade essencial desperdiçada, e eu tinha ficado de fora das últimas duas. As chances não estavam nem um pouco a meu favor.

Mas, agora que o Dr. Gomoll parecia convencido de que eu estava em uma trajetória diferente, era impossível não imaginar cenas do treinamento de bombeiro paraquedista. As imagens eram granuladas e em preto e branco, porém a trilha sonora era familiar. Era a melodia aguda de "Going the Distance", e ela tocava sem parar.

– Em quanto tempo posso voltar a treinar? – perguntei.

– Apesar de seu joelho não ser um problema, o local da cirurgia é. Ele vai demorar um tempo para curar. Mas, daqui a algumas semanas, você deve conseguir dar um giro em uma bicicleta ergométrica.

– Um giro – repeti.

Aguentei o restante do voo visualizando essa imagem. Eu me via cambaleando até uma bicicleta ergométrica naquelas malditas muletas. Observava as rodas girando e as poças de suor se acumulando embaixo dos pedais enquanto eu pedalava por horas.

No dia 15 de julho, um pouco mais de duas semanas depois da cirurgia, a cena se tornou realidade. Eu mal conseguia passar a perna por cima do selim e não apliquei muita força nos pedais. Sempre que pendia solta, a perna latejava como se a placa tivesse vindo acompanhada de um coração sobressalente. Cada pedalada era outro lembrete de como meu joelho continuava ruim. Era tão doloroso que eu tinha que me perguntar por que estava me obrigando a passar por aquilo. Aguentei meia hora. Não parece muita coisa, mas foi um primeiro passo fenomenal. A questão agora era: *Consigo aumentar a pressão?*

Quase nada na vida é constante. Condições e circunstâncias estão em perpétuo fluxo, como os ventos e as marés, e é por isso que nunca fixo a mente no mesmo lugar. Simplesmente analiso e ajusto, sempre procurando meu novo 100%. A idade, a saúde e as responsabilidades que carregamos podem ser limitantes. Isso não significa que devemos ceder a essas limitações ou usá-las como desculpas para desistir de nós mesmos ou dos nossos sonhos. Não tem problema reconhecê-las, contanto que permaneçamos comprometidos em descobrir o que ainda somos capazes de conquistar dentro dessas restrições – sejam elas temporárias ou indefinidas – e maximizar isso.

A maioria das pessoas, ao passar por uma cirurgia arriscada, relaxa pelo tempo de recuperação que o médico especifica. Elas aceitam suas férias de seis a oito semanas da ralação, ou sua licença de seis a doze meses. Antes de receber alta do hospital em Nova York, eu queria saber exatamente quando poderia voltar para a academia e com que intensidade poderia treinar. Aquela parecia ser minha última chance, e eu tinha muito a perder para ficar contando apenas com um fisioterapeuta. Eu conheço meu corpo melhor do que ninguém, e não queria negatividade na trincheira. O destino da minha recuperação e meu futuro ficariam nas minhas mãos, e isso me fez pensar de forma proativa.

Todo dia, milhares de pessoas acordam para uma vida definida por novas limitações que são difíceis de aceitar. Talvez elas tenham sido diagnosticadas com uma doença terminal ou sofrido uma lesão na coluna. Talvez tenham perdido uma parte do corpo ou sofram de estresse pós-traumático. Com frequência, as novas circunstâncias não são tão drásticas. Às vezes, a equação muda por causa de boas notícias. Quem sabe você tenha acabado de ter um filho ou conseguido um emprego lucrativo que exige expedientes de dez a doze horas por dia. Você pode ter se casado recentemente, o que significa que agora precisa levar em consideração mais do que apenas os seus objetivos. Não importa quais sejam as variáveis, seu novo 100% está esperando para ser descoberto.

A questão é que a maioria das pessoas não quer fazer isso. Porque tentar descobrir algo novo em nós significa que já não somos mais as pessoas que éramos, e isso pode ser deprimente o bastante para nos levar a desistir da busca. Algumas pessoas usam as novas circunstâncias como desculpa para se esforçar menos em vez de ajustar sua abordagem e continuar dando tudo de si para conquistar seus objetivos. É preciso usar o que a gente tem. Eu não conseguia correr nem fazer *rucking*, mas isso não significava que estivesse fora da briga.

Não importa com o que você esteja lidando; seu objetivo deveria ser maximizar os recursos e as capacidades ao seu alcance. Caso você tenha sofrido um acidente aleatório ou recebido um diagnóstico que muda tudo, qual é seu novo nível de esforço máximo? Muita gente prefere ir com calma e esperar para ver o que acontece, mas, depois de um ano ou dois, se dá conta de que continua esperando. Sempre que a vida der uma guinada inesperada, por mais pesada que ela seja, precisamos nos manter comprometidos em encontrar nossos novos limites. Porque isso não apenas ajuda a mente a permanecer ativa e a afastar os demônios como também pode acabar nos levando a conquistas que nossa antiga versão jamais teria imaginado.

Nunca corri tão rápido quanto quando eu tinha 19 anos. Na época, eu devorava 2,4 quilômetros em 8:10, mas aquele garoto teria dado risada se alguém lhe pedisse para correr 80 quilômetros de uma vez, que dirá 386. É claro que, aos 46 e com uma placa de metal na tíbia, a Moab 2020 parecia ter acontecido em outra vida. Antes da cirurgia, o Dr. Gomoll explicou que seria improvável que eu voltasse a correr outra prova de 160 quilômetros, e que não tinha como garantir nem que eu receberia autorização médica para correr qualquer distância. Isso não me desanimou. Eu simplesmente teria que encontrar outra forma de treinar pesado.

Ironicamente, no dia 1º de junho, antes mesmo de eu saber quem era o Dr. Gomoll, eu tinha me inscrito para a The Natchez Trace 444, uma corrida de longa distância de bicicleta que aconteceria no começo de outubro. Eu não achava que teria condições de competir. Mas sabia que correr não seria uma opção, então fazia sentido criar objetivos de ciclismo. Quando o Dr. Gomoll me sugeriu usar uma bicicleta ergométrica como quem não queria nada, o ciclismo se tornou meu ponto de partida. Eu me agarrei a ele com todas as minhas forças e comecei a escalar.

Não foi fácil. Toda manhã, quando eu pegava as muletas, sentia que tinha voltado a ter 24 anos e 135 quilos, me esforçando para correr só mais 1 quilômetro. Minha perna estava muito inchada. Cada volta no pedal era uma tortura. A resistência continuava muito baixa, mas a dor me fazia suar. Quis desistir mil vezes, mas me recusava. Assim como o David gordo de anos antes, eu tinha medo de parar e nunca mais conseguir recomeçar.

Ao longo de uma semana, todo treino começava assim, mas em vez de diminuir o ritmo eu acelerei. Veja bem, eu ainda precisava das muletas. Não podia pegar peso por quatro semanas e tinha que usar as muletas por seis, mas pedalava 60 minutos toda manhã, e mais 20 à tarde como parte do meu plano de reabilitação. Os músculos das minhas pernas estavam se fortalecendo e minha frequência cardíaca em repouso já começava a diminuir. Tudo aquilo representava progresso, mas os treinos rápidos, junto com as duas horas de alongamento e os exercícios para manter a amplitude de movimento, não eram suficientes para me convencer de que eu estaria pronto para pedalar por mais de 700 quilômetros na primeira semana de outubro. Para interromper o fluxo de pensamentos negativos, mantive minha mente ocupada.

Para mim, o condicionamento mental e o físico sempre estiveram entrelaçados e, apesar de eu ter perdido duas temporadas seguidas de combate a incêndios florestais, decidi aproveitar meu tempo de reabilitação para estudar e desenvolver mais habilidades. Porque, mesmo que o meu corpo não conseguisse se recuperar a ponto de eu me tornar bombeiro paraquedista, ainda seria possível apagar incêndios, pelo menos. Uma habilidade interessante para muitos corpos de bombeiros é o certificado avançado de técnico em emergências médicas, mas, por causa da minha agenda de viagens, eu nunca tinha tempo para fazer o curso. Aquele era o momento perfeito para isso, e encontrei um intensivo perto de casa e que estava prestes a começar. Depois que me inscrevi, desencavei do armário meu antigo livro do curso técnico, abri na primeira página e comecei a relembrar os conhecimentos básicos. Para mim, as aulas já tinham começado.

Como sempre, minha agenda cheia me ajudou. Cada atividade alimentava a próxima, em uma sinergia de autoaperfeiçoamento. Eu tinha horas disponíveis para estudar o corpo humano e aprender a salvar vidas, e não passava tanto tempo em uma bicicleta desde que tinha treinado para a Race Across America em 2009.

Durante meus treinos matinais, eu pensava naqueles dias longos e calmos na bicicleta. Apesar de eu ser conhecido pelas corridas, sou um ciclista melhor. Ainda assim, antes de eu realmente começar a levar a sério a ideia de participar da corrida em outubro, precisava sair da bicicleta ergométrica. No meio de agosto, quatro semanas após meu primeiro treino de meia hora, liguei para o Dr. Gomoll e perguntei se ele me liberaria para pedalar na estrada.

– Qual distância você pretende pedalar? – perguntou ele.

– 714 quilômetros – respondi.

Ele sabia exatamente quanta dor eu ainda sentia, e aquele era meu primeiro dia sem muletas, mas considerei um sinal de progresso no nosso relacionamento médico-paciente o fato de ele não ter gargalhado da minha cara.

Fiquei surpreso por eu mesmo não rir. Treinar para uma corrida de bicicleta de 714 quilômetros em uma bicicleta ergométrica é uma ofensa risível. Nenhum ciclista sério faria uma coisa dessas. Triatletas e ciclistas profissionais forçados a treinar em ambientes fechados durante o inverno prendem a bicicleta em um suporte. Tudo que eu tinha feito era aumentar minhas aulas de spinning de duas vezes por dia para três.

Nas semanas seguintes, me tornei extremamente solitário. A fisioterapia, as sessões de estudo e as pedaladas eram missões solo. Era monótono e exaustivo, e a pior parte era saber que o dia seguinte seria exatamente igual, assim como o outro, e o outro que viria depois desse. Na maioria das manhãs, era difícil encontrar forças para persistir, mas eu encontrava, e, sempre que subia naquela bicicleta, sentia uma onda de vitória que só aparece quando supero meu desejo de diminuir o ritmo ou desistir completamente. Ela é fugaz, porém, quanto mais você faz isso, mais intensa a sensação se torna.

Dez dias antes da corrida, a parte inferior da minha perna esquerda continuava extremamente inchada. Ela acumulava tanto fluido que tinha a densidade de um travesseiro viscoelástico. Quando eu a apertava, a marca da minha mão demorava vários minutos para desaparecer. Mesmo assim, tirei minha velha bicicleta de corrida do depósito e limpei a poeira. Era uma Griffen, top de linha no fim dos anos 2000. Em 2021, era uma relíquia e até já tinha parado de ser fabricada.

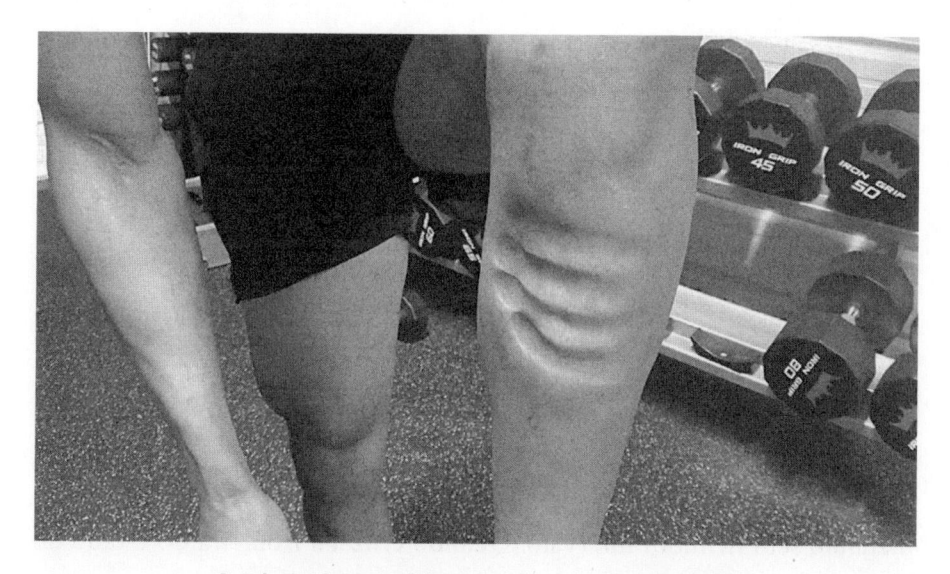

O edema levou vários meses para desaparecer

Eu a coloquei no meu novo suporte de bicicleta e pedalei por 2h18. No total, completei oito treinos no suporte. Minha corrida mais longa levou 4h31. Mas eu ainda não tinha pedalado na estrada quando embarcamos para Nashville, apenas treze semanas após minha cirurgia.

O instinto de autopreservação pode nos tornar tão cuidadosos que beiramos a imprudência. A parte inferior da minha perna ainda permanecia pelo menos parcialmente oca, e eu tinha passado por coisas demais para me expor aos motoristas distraídos e impacientes da cidade grande. Não podia correr o risco de sofrer um acidente. A Natchez Trace Parkway, por outro lado, é uma estrada interiorana plana, com pouquíssimo trânsito, sem placas de pare nem curvas, e eu teria um veículo de apoio. Não haveria forma mais tranquila de praticar ciclismo de estrada. A menos, é claro, que você levasse em consideração o fato de ter que pedalar a noite toda e a falta de sono.

No entanto, por estar hesitante a me expor a lesões, na manhã da corrida ainda fazia anos que eu não pedalava ao ar livre, eu não estava acostumado com meu selim novo e Kish nunca tinha me entregado uma garrafa de água ou comida em movimento. Sendo assim, nos poucos minutos que tínhamos para treinar antes do começo da prova, eu e Kish praticamos a entrega crucial em um estacionamento fechado.

A largada foi escalonada, como numa prova de contrarrelógio. Todos os competidores estavam por conta própria. Fui um dos últimos a partir, e os primeiros quilômetros foram um pouco estranhos enquanto eu reaprendia como e quando mudar de marcha, mas logo entrei no ritmo da Natchez Trace Parkway, uma estrada bonita cheia de história, que se desdobrava como uma fita plana e sinuosa de Nashville, no Tennessee, até Natchez, no Mississippi. Ela passava por rios e pântanos, seguia ao longo das trilhas originais usadas por mascates, exploradores e povos nativos, e passava por antigos locais de cerimônias indígenas e postos de comércio. Velhos carvalhos cheios de musgo se arqueavam e se inclinavam sobre as duas pistas em ambas as direções, mas não reparei em nada disso. Eu estava ocupado mantendo o foco naquela linha branca enquanto passava o dia inteiro me matando sem nenhum intervalo. Quando cruzei a fronteira do estado do Mississippi, eu estava em quarto lugar.

Percorri mais de 320 quilômetros em menos de 12h30, só parando para fazer xixi. Porém, ao pôr do sol, ficou mais difícil ignorar a dor lancinante na minha perna. Ela era causada pela posição da placa de metal, que pressionava o ponto de inserção dos músculos isquiotibiais. Eu sentia sempre que a perna dobrava. E, quando você está pedalando uma bicicleta por centenas de quilômetros, sua perna dobra *bastante*. Quando finalmente não aguentei mais, parei em um retorno em que Kish pudesse parar ao meu lado.

– Isso foi uma péssima ideia – murmurei. – Foi uma burrice.

Entrei no carro arrastando a perna, irritado por ter me colocado em mais uma situação torturante. Eu tinha oficialmente decidido participar da corrida apenas dez dias antes e não treinara direito. Minha estratégia tinha sido fazer aulas de spinning por alguns meses e completar oito treinos chatos na bicicleta sobre um suporte enquanto assistia à ESPN. Mesmo assim, já tinha conseguido percorrer 322 quilômetros. Vendo por esse lado, parecia uma conquista e tanto. Mais do que o suficiente para começar a me convencer a desistir. Fechei os olhos e me conectei com a voz na minha cabeça. A que se contenta com o que é bom o suficiente.

Mais de 320 quilômetros! Quem faz uma coisa dessas? Quem pedala mais de 320 quilômetros treze semanas depois de uma cirurgia dessas na perna? Você é um cara casca-grossa, Goggins!

Tudo isso era verdade – não fosse pelo fato de se tratar de uma corrida de 714 quilômetros, em que ninguém lhe dá uma medalha por completar menos de metade do percurso. Uma pergunta mais interessante seria: *Quem pedala 714 quilômetros treze semanas depois de uma cirurgia dessas na perna?*

Isso parece um sonho impossível, eu sei. Era o que eu estava pensando quando abri a porta do carro e subi de novo na minha velha guerreira Griffen. Achei que não conseguiria aguentar por muito mais tempo, e talvez por isso minha decisão não faça sentido para a maioria das pessoas. Elas pensariam que é mera teimosia arriscar piorar uma lesão só para tentar fazer o impossível. Mas o Dr. Gomoll tinha me garantido que eu não corria risco de lesionar meu joelho e que a placa estava firme. Além do mais, sei do que todos nós somos capazes quando estamos dispostos a deixar a razão de lado e insistir além do ponto em que praticamente todo mundo teria desistido.

A dor não desapareceria. A questão era quanto eu estava disposto a suportar. Pensei nisso quando, alguns quilômetros à frente, na escuridão da noite, minha Estrela do Norte afastou duas nuvens e Goggins ressurgiu das cinzas pela primeira vez em quase um ano.

Quem pedala 714 quilômetros treze semanas depois de uma cirurgia dessas na perna? Eu pedalo!

Pedalei como se estivesse em um transe. Metade do tempo, nem percebi que Kish continuava atrás de mim. Simplesmente segui a linha branca e continuei passando reto por todas as atrações históricas na beira da estrada e pelo mundo fantasma de pessoas escravizadas que fugiram e comerciantes de escravos, guerreiros indígenas, soldados da Guerra Civil americana e, na minha cabeça, apaguei tudo. Eu estava escrevendo uma nova história da Natchez Trace. Era sobre o cara mais casca-grossa a atravessar aquela terra sobre duas rodas.

Faltando 137 quilômetros para o fim, começou a chover. Eu estava usando rodas de fibra de carbono o dia inteiro e parei para trocá-las pelas de alumínio. Eu permanecia em quarto lugar e, àquela altura, sabia que conseguiria suportar a dor e chegaria a Natchez. Parti de novo em um ritmo confortável e imediatamente percebi como as rodas novas eram melhores. Eu sempre tinha preferido rodas de alumínio e, agora, lembrava por quê.

Elas eram mais pesadas e me davam retorno imediato. Eu conseguia sentir a força que aplicava a cada pedalada, e isso me alimentava. Só me dei conta da minha proximidade em relação aos líderes quando fiz uma curva voando e vi dois participantes lá na frente num retão, a alguns metros de distância um do outro.

Passei com facilidade pelos dois e acelerei até a chegada. Fui o participante mais rápido no percurso durante os 137 quilômetros finais e cruzei a linha de chegada à margem do rio Mississippi em segundo lugar, após percorrer 714 quilômetros em 25 horas e alguns minutos. O vencedor tinha treinado doze meses e terminara apenas três horas antes de mim. Meu primeiro treino tinha acontecido onze semanas antes do dia da prova. Fazia apenas sete semanas que eu tinha saído das muletas, e eu ainda mancava.

Não havia tempo para comemorar. Eu tinha tirado alguns dias de folga dos estudos para participar da prova e, assim que coloquei a bicicleta em sua mala de viagem, abri meu livro. Aquele esforço imenso na bicicleta já tinha ficado para trás, porque eu não podia deixar a matéria acumular. Estudei no aeroporto e no voo de volta para casa, e, dentro de oito semanas, me formei no curso avançado de técnico em emergências médicas como o melhor aluno da turma.

Em dezembro, meu foco passou para o exame nacional. Passei dez madrugadas seguidas indo dormir às duas da manhã, fazendo simulado atrás de simulado. Respondi mais de 4 mil perguntas e, sempre que errava uma resposta, abria os livros para entender por quê. Eu não gostava de fazer isso, mas tenho dificuldade em aprender, então esse é o esforço que preciso fazer para ter sucesso na sala de aula.

A maioria das pessoas que fica para trás nos estudos, no trabalho ou no esporte não está disposta a fazer o que é necessário para recuperar o tempo perdido e maximizar o próprio potencial. Elas não se esforçam mais do que os colegas de classe e concorrentes, e simplesmente cumprem os padrões determinados por professores e treinadores. Elas fazem o suficiente para conseguir a nota dentro da média e mergulham na mediocridade, convencendo-se de que fizeram o melhor que podiam com os recursos que tinham. Mas tenho padrões elevados quando se trata de definir esforço e sucesso, sobretudo na área médica, onde não há espaço para adivinhações. Toda resposta errada nos meus simulados representava uma vida arruinada ou perdida. Aquilo não era brincadeira para mim. Era a vida real, e eu não queria passar e conquistar um certificado para fazer um trabalho apenas adequado. E é por isso que, mesmo depois de passar na prova, voltei para casa e estudei as poucas perguntas que eu acreditava ter errado até saber todas de cor.

※ ※ ※

Em janeiro de 2022, segui minha Estrela do Norte até os pontos nevados mais altos da Colúmbia Britânica, ao sul da fronteira com o território de Yukon, para ir atrás da oportunidade com que eu sonhava havia tanto tempo. Conversei com alguns bombeiros paraquedistas veteranos da North Peace Smokejumpers, em Fort St. John. A temperatura estava -33ºC, os ventos uivavam e o céu parecia irritado enquanto me mostravam as instalações. Descobri que a maioria dos incêndios que eles enfrentam é causada por raios que caem no meio da mata fechada, a quilômetros da estrada mais próxima, onde pouquíssimas pessoas já estiveram, se tanto. Antes de eu ir embora, eles me incentivaram a me inscrever. Se eu fosse aceito e aguentasse o árduo treinamento de seis semanas que começaria em abril, a carga de trabalho seria intensa.

Quando meu voo decolou na manhã seguinte, o céu estava aberto o suficiente para revelar a imensidão da paisagem. Havia montanhas a perder de vista, picos de granito e centenas de quilômetros de floresta boreal se estendendo até o Alasca. Imaginei mergulhar nela, e como isso seria apavorante e emocionante, mas a verdade era que fazia anos que eu não saltava de um avião e dez meses que eu não corria nada, e o Dr. Gomoll tinha dito que a única coisa que minha perna cirurgicamente reparada supostamente não suportaria era aterrissar de um voo de paraquedas.

Você pode passar décadas se matando de trabalhar, se adaptando e evoluindo mais do que a maioria das pessoas, porém não importa quem você é ou o que fez antes: não dá para forçar algo a se encaixar. Dessa vez, até eu precisava admitir que a probabilidade de aquilo dar certo era minúscula. Com frequência me perguntam como eu me sentiria se meu corpo se rebelasse e eu não pudesse mais correr, pedalar ou competir em qualquer esporte. A resposta é fácil, porque eu já sei o que faria. Talvez levasse alguns meses para lidar com a frustração e refletir um pouco, mas depois eu seria excelente fazendo outra coisa.

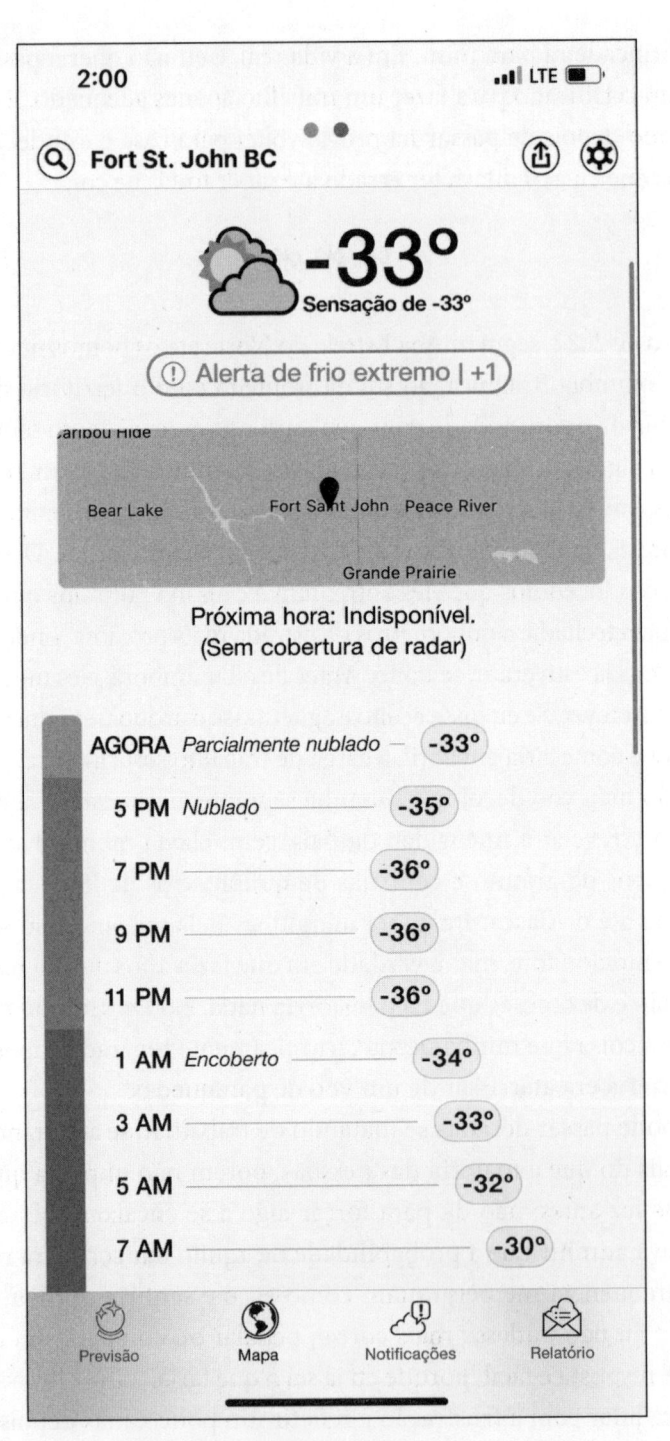

Boas-vindas calorosas de Fort St. John

Fazia seis meses desde a cirurgia, e agora faltavam menos de dois meses para o meu desafio 4x4x48, e eu precisava saber como me sentiria correndo. Apesar de eu fazer o 4x4x48 por conta própria, convidei meus seguidores nas redes sociais para participarem do desafio comigo em 2020, e os incentivei a tentarem ir pouco mais além e angariar dinheiro para a instituição de caridade da sua escolha. A ideia é correr 4 milhas (ou 6,5 quilômetros) a cada quatro horas ao longo de 48 horas, totalizando 48 milhas (ou 77 quilômetros). Nos últimos três anos, juntos, angariamos vários milhões de dólares para instituições de caridade do mundo todo. É uma honra pensar no impacto que esse desafio causou em apenas poucos anos. Ele mudou inúmeras vidas com o dinheiro das doações e com a experiência de ralar por um único fim de semana sem dormir. É esse tipo de coisa que pode acontecer quando um grupo de indivíduos bem-intencionados que querem ser melhores se une para treinar para a vida.

Apesar de ter sido idealizado como um evento de corrida, desde o começo deixei claro que, se correr não fosse possível, os participantes poderiam caminhar, nadar ou puxar ferro na academia por cerca de quarenta minutos a cada quatro horas. Em 2021, após as primeiras cirurgias nos joelhos, eu também não conseguia correr. Então bolei um circuito de alta intensidade que fez uma corrida de 6,5 quilômetros parecer um tratamento de spa.

Meu objetivo era correr em 2022, só para ver o que era possível. Na segunda semana de janeiro, subi em uma esteira pela primeira vez em dez meses para um treino de corrida-caminhada. Corri três minutos e caminhei dois, e aguentei cinco séries. Minha canela esquerda doía demais, mas continuei correndo todos os dias e fui aumentando a quilometragem. Ao longo das várias semanas seguintes, saí da esteira e passei a correr em trilhas, até finalmente voltar para as ruas, enquanto notícias periódicas de Fort St. John chegavam por e-mail.

Todas pareciam uma provocação. Sempre que eu lia sobre o condicionamento físico necessário e as tarefas que aguardavam os novos recrutas, sentia uma onda de inveja. Mas, quando pesquisava as exigências do treinamento, via que minha perna não aguentaria.

Nesse meio-tempo, aceitei um trabalho como técnico no pronto-socorro de um hospital de cidade grande em uma área violenta. Vivíamos na correria, e eu tinha pacientes de todos os tipos. Eu me esforçava para me tornar indispensável durante meus plantões de doze horas, e o cuidado que oferecíamos era de ponta. Eu fazia acessos venosos, limpava pacientes com úlceras de pele e fezes sangrentas pingando pelas pernas, e ajudava a tratar outros que sofriam paradas cardíacas. Quando o volume de pacientes caía, eu esfregava o chão das áreas de tratamento e limpava as bancadas de trabalho. Eu só me sentava na hora de almoçar. E, antes e depois do trabalho e nos meus dias de folga, treinava e continuava com a fisioterapia.

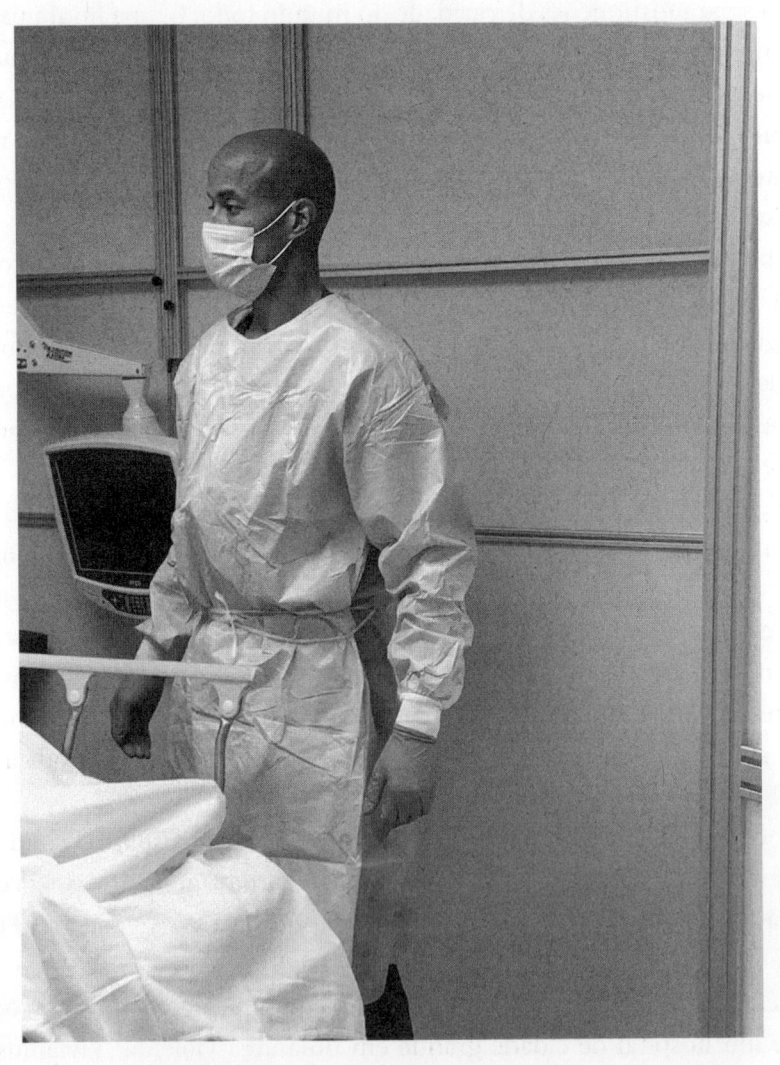

No plantão do pronto-socorro no hospital

Consegui completar o 4x4x48 e, em vez de guiar todo mundo por uma live no Instagram, botamos o pé na estrada e organizamos várias corridas em grupos. O primeiro evento foi em Chico, na Califórnia; o segundo foi em Sacramento, e então seguimos para o sul. Pessoas de todas as idades e com todos os históricos se reuniram, e corremos como uma matilha selvagem por trilhas estreitas, ruas de bairros residenciais e no meio da cidade. No penúltimo evento, meio que tomamos a famosa ciclovia de Hermosa Beach. À medida que o fim de semana progredia, fui me tornando mais rápido.

Por mais que eu apreciasse a popularidade e o entusiasmo pelo evento em todo o litoral, sou introvertido, e ser o centro das atenções não é algo muito natural para mim. Após mil selfies e cumprimentos em Hermosa, seguimos para Costa Mesa e me voltei para dentro de mim mesmo para recarregar as energias durante a viagem. Também fiz uma varredura rápida do meu corpo. Apesar de ainda sentir certa queimação na perna esquerda, eu tinha corrido 70 quilômetros em menos de 41 horas, estava satisfeito com a minha condição e sabia que ainda conseguiria render mais. Estava estabelecendo o novo padrão-ouro para a recuperação de uma osteotomia tibial alta. Fiquei me perguntando o que o Dr. Gomoll diria.

O último trecho foi o que corri mais rápido. Fui desafiado por várias pessoas que podiam ou não ter participado de todos os eventos. Isso que era legal naquele fim de semana. Algumas pessoas apareciam para sentir a energia e só corriam uma vez nas 48 horas. Eu corri todos os doze intervalos, e aquele último foi o mais veloz de todos. Durante os últimos 800 metros, eu nem estava mais no ensolarado sul da Califórnia. Eu estava lá no norte, onde não há nada além de montanhas e florestas iluminadas por raios que forjaram uma unidade de combate aéreo de incêndios que consegue vencer desafios capazes de fazer algumas das pessoas mais duronas que já conheci questionarem o próprio potencial.

Eu estava me iludindo, é claro. Os bombeiros paraquedistas do Canadá não usam paraquedas retangulares, que permitem aterrissagens suaves. Eles preferem acertar o chão com tudo e rolar. O Dr. Gomoll provavelmente tinha razão: se eu aterrissasse como eles, minha perna acabaria se partindo ao meio. Mas todo estatístico diria que, quando lidamos com probabilidades, sempre existem exceções.

Sempre!

O desafio 4x4x48 de 2022 em Hermosa Beach, uma corrida íntima com oitocentas pessoas. (Foto: Jerry Singleton – @gts310)

EXERCÍCIO TÁTICO Nº 8

A MAIORIA DAS PESSOAS PASSA A VIDA INTEIRA SEM PENSAR NO que significa ser grandioso. Para elas, a grandeza é representada por Steph Curry, Rafael Nadal, Toni Morrison, Georgia O'Keeffe, Wolfgang Amadeus Mozart ou Amelia Earhart. E colocam todos os grandes em pedestais enquanto elas próprias se consideram meras mortais. E é exatamente por isso que a grandeza lhes escapa. Ao transformá-la em algo intocável, que quase ninguém é capaz de alcançar, elas nem cogitam almejá-la.

Não importa o que eu esteja fazendo ou com o que esteja trabalhando, sempre vou buscar a grandeza, porque sei que todos nós somos meros mortais e ela está ao alcance de qualquer um disposto a encontrá-la na própria alma. No idioma do Goggins, a grandeza é o estado de deixar para lá os próprios defeitos e imperfeições, reunir todas as forças e energias e usá-las para se tornar excelente em tudo aquilo que você estiver determinado a fazer. Mesmo quando alguém lhe diz que é impossível. É um sentimento buscado pelas almas raras que estão dispostas a ir além da razão e pagar caro por isso.

No final dos anos 1950, o capitão Joseph Kittinger era um piloto da Força Aérea que trabalhava com aviação experimental e paraquedismo no Novo México. Seu nome não era conhecido. Na verdade, quase ninguém tinha ouvido falar dele até o dia 16 de agosto de 1960, quando ele vestiu um macacão pressurizado vermelho remendado com fita adesiva e embarcou em uma gôndola aberta na lateral, presa a um balão cheio de gás hélio com formato de cebola. Ele voou nessa parafernália até alcançar mais de 30 mil metros de altitude, chegando à fina linha na atmosfera em que o azul do céu se torna preto. Ele tinha alcançado um lugar onde o horizonte não existia. Estava acima e além de todos os limites conhecidos até então. Suspenso a mais de 30 mil metros, ele se soltou das amarras e saltou no espaço. Sua queda livre durou quase cinco minutos. A velocidade máxima alcançada foi de 988 quilômetros por hora. Ele despencou mais de 24 quilômetros na vertical antes de seu paraquedas abrir. Aquela não era uma festa patrocinada pela Red Bull. Não era um programa de televisão. Kittinger não era um artista, mas um explorador. O desbravador de um novo reino para o mundo – pois seu voo e seu salto ajudaram a tornar possíveis as viagens espaciais tripuladas – e também para si mesmo.

Eu não salto do espaço sideral, mas conheço essa linha atmosférica que divide o azul do preto. É o vislumbre da grandeza que existe na alma humana. Todos nós temos isso. A maioria nunca a verá, porque, para alcançá-la, é preciso estar disposto a chegar ao limite, sem qualquer garantia de sucesso.

Por outro lado, o sucesso é apenas mais um marco na jornada. Aterrissar após o salto, acender um cigarro e sair andando, como se aquele não passasse de um dia comum de trabalho, fez Kittinger parecer descolado, mas não o tornou grandioso. O que o tornou grandioso foi sua disposição em fazer aquilo tudo sabendo da grande probabilidade de fracasso e do preço que teria que pagar. Não foi uma jogada para conseguir fama ou publicidade. Foi apenas uma tentativa de ver o que seria humanamente possível.

Assim como as palavras podem ser redefinidas, nunca duvide que podemos nos redefinir também. Talvez pareça impossível em certos momentos, porque vivemos em um mundo cheio de limites arbitrários e regras sociais imutáveis grossas como as muralhas de uma fortaleza. Pior ainda: permitimos que essas muralhas nos limitem de várias formas. A lavagem cerebral começa cedo e em casa. As pessoas que nos cercam e os ambientes onde crescemos determinam quem achamos que somos e o que pensamos da vida. Quando somos jovens, só conhecemos o que vemos, e a grandeza não passará de uma fantasia se formos expostos apenas a pessoas preguiçosas, que se contentam com a mediocridade ou que nos convencem de que não temos valor.

Se você mora na periferia ou em uma cidade industrial ou rural decadente, onde há um excesso de construções abandonadas, o uso de drogas saiu de controle e as escolas são uma porcaria, esses fatores vão influenciar as possibilidades que os outros imaginam para você e que você imagina para si mesmo. Porém, até pessoas privilegiadas podem se sentir limitadas pelas circunstâncias. A grande maioria dos pais desconhece a grandeza, então é incapaz e tem medo de incentivar grandes sonhos. Eles querem que os filhos tenham uma vida segura e não experimentem fracassos. E assim os horizontes limitados são transmitidos de geração em geração.

Devemos mesmo ficar surpresos por quase todo mundo arrumar um jeito de distorcer a própria história e virá-la contra si mesmo? Escuto esse tipo de coisa o tempo todo. Jovens privilegiados falam: "Eu tenho coisas de mais, então não sou capaz de desenvolver as mesmas habilidades que você." O cara que cresceu na miséria diz: "Eu tenho coisas de menos, então não sou capaz de desenvolver as mesmas habilidades que você." Não importa a situação de uma pessoa, ela sempre cria desculpas para não conseguir chegar aonde precisa ir. No momento em que abre a boca, já dá para ver como seus horizontes são limitados, e sua lenga-lenga vem acompanhada da expectativa de que eu lhe entregue de mão beijada um plano para "ser grandioso". Mas não é assim que a banda toca.

A identidade é uma armadilha que vai limitar sua visão se você permitir. Às vezes, nossa identidade é imposta pela sociedade. Outras vezes, é uma categoria em que nos encaixamos de bom grado. Associar-se a uma cultura, um grupo, um trabalho ou um estilo de vida específico pode ser empoderador, mas também limitante. Quando nos cercamos apenas dos nossos semelhantes, podemos acabar adotando uma mentalidade de rebanho, que nos impede de descobrir quem realmente somos e tudo que somos capazes de conquistar. Conheço pessoas que eram tão obcecadas em conquistar um emprego específico que, ao conseguirem o que queriam, cortaram as próprias asas. Elas nunca cresceram além desse ponto nem experimentaram coisas diferentes, e isso as impediu de evoluir e desenvolver novas habilidades.

Às vezes, nos deixamos iludir por pessoas que nos categorizam com base no que acreditam ser nossa identidade. No meu primeiro contato com recrutadores da Marinha, muitos tentaram me dissuadir de seguir com o treinamento dos SEALs e optar por uma oportunidade diferente, porque eu não me encaixava no perfil. Eu estava acima do peso, minha pontuação na ASVAB era baixa e havia a questão da cor da minha pele. Não esqueça, eu fui apenas o 36º Navy SEAL negro. O objetivo dos recrutadores não era me magoar, e não acho que fossem racistas. Eles sinceramente acreditavam que estavam me ajudando ao me apresentar opções mais realistas.

No geral, entretanto, somos nós que nos iludimos. Aqueles de nós que têm dificuldade em enxergar o próprio valor, como aconteceu comigo quando garoto, com frequência constroem identidades associadas às coisas que mais os atormentam. Não de propósito, mas porque, inconscientemente, se convenceram de que é assim que todos os enxergam. Não podemos permitir que nosso progresso seja bloqueado pela opinião de outra pessoa a nosso respeito nem pelos problemas com que estamos lidando.

O ambiente em que cresci e a minha história me tornaram ansioso e estressado. A cor da minha pele me tornou um alvo. Em quase toda situação, eu recebia prejulgamentos e ficava vulnerável, e era obrigação minha desafiar tudo isso. Não importa quanto seu ambiente seja problemático, desolador ou privilegiado; é obrigação sua, dever seu e responsabilidade sua achar a linha que separa o azul do preto – aquele vislumbre – escondida na sua alma e buscar a grandeza. Ninguém pode lhe mostrar esse vislumbre. Você precisa se esforçar para encontrá-lo por conta própria.

Não há pré-requisitos para se tornar grandioso. Você pode ter sido criado por uma matilha de lobos. Pode não ter onde morar e ser analfabeto aos 30 anos, e se formar em Harvard aos 40. Pode ser uma das pessoas mais bem-sucedidas do país e ainda assim ter mais garra e gana de trabalhar duro do que qualquer um para dominar uma nova área. E tudo começa pelo compromisso de olhar além do próprio umbigo. Além da sua rua, da sua cidade, do seu estado ou da sua nacionalidade. Além da sua cultura e identidade. É só então que a verdadeira autodescoberta começa.

Depois disso, vem o trabalho real. É enlouquecedor passar dias inteiros lutando contra seus demônios. Porque eles só querem nos derrubar. Eles não nos incentivam nem aumentam nossa confiança para enfrentarmos a crosta e o mofo tóxicos que são o complexo de inferioridade, a insegurança e a solidão. Eles querem nos limitar. Querem que a gente se renda e bata em retirada para aquilo que já nos é familiar. Querem nos fazer desistir antes mesmo de alcançarmos a maleabilidade, quando o sacrifício, o trabalho duro e o isolamento que por tanto tempo pareceram muito pesados se tornam nosso refúgio. Quando, após anos lutando para visualizar a grandeza, ela se mostra naturalmente. É aí que o embalo se acumula para formar uma corrente de ar que nos eleva até os limites do mundo conhecido.

> É hora de evoluir e buscar aquela linha que divide o azul do preto. A linha que separa o que é bom do que é grandioso. Ela existe no interior de cada um de nós. #NeverFinished #GreatnessIsAttainable [a grandeza é possível]

CAPÍTULO 9

DESNUDANDO A ALMA

Meus olhos se abriram seis minutos antes de o alarme tocar. Às vezes, 5h30 chega mais cedo do que parece. Na minha época de SEAL, eu acordava antes de o sol nascer para capturar almas e não perdia tempo. Mas, naquela manhã de abril, precisei me mover um centímetro por vez. Meu lado esquerdo tinha hematomas do quadril até as costelas. Meus músculos intercostais estavam tão doloridos que doía para respirar. Meu pescoço estava tão travado que minha cabeça mal virava.

Fazia duas semanas que o treinamento de bombeiro paraquedista iniciante tinha começado, e estávamos imersos no treinamento de solo, além de ser a temporada de Pouso de Paraquedas em Rolamento (PLF, na sigla em inglês) em Fort St. John. Meu corpo velho e cansado passaria a maior parte do dia quicando pelo chão congelado.

Peguei o telefone que vibrava na mesa de cabeceira e arranquei meu corpo do colchão. Eu não me sentia tão cansado e dolorido desde os meus 24 anos. Naquela época, eu estava fazendo de tudo para perder peso e terminar o treinamento dos SEALs, porque sabia que aquilo mudaria tudo. Eu conseguiria deixar Indiana para trás, conquistar respeito próprio e autoconfiança e trazer um novo significado à minha vida. Só que, agora, não havia nada em jogo. Pouca gente sabia onde eu estava e por quê. Eu não tinha um pingo de motivação exterior, e só me restava a dor.

Todos os dias de manhã, eu me fazia a mesma pergunta: *Por que estou me colocando nesta situação?* Não me faltava autoconfiança, eu não estava em busca de um sentido para a vida, e tampouco precisava de dinheiro. Em resumo: era simplesmente porque é assim que eu sou.

Quase dava para ouvir meus ossos estalando conforme eu me levantava devagar, ia até a janela e abria as cortinas. Mais 30 centímetros de neve tinham caído durante a noite, e continuava a nevar forte. Já esperávamos que fizesse frio no norte da Colúmbia Britânica, mas aquilo era demais. Ninguém se lembrava de já ter encarado uma primavera tão fria. Quando não chovia, nevava, e as ventanias do norte faziam doer até os ossos.

Houve uma época em que bastava uma chuva forte batendo no telhado à uma da manhã para despertar meu selvagem interior. Eu encarava o tempo ruim como uma provocação. Ele afastava a leve névoa do sono e acendia um fogo dentro de mim. Quanto mais chovia ou nevava, mais eu corria, porque sabia que mais ninguém faria algo tão horrível se não fosse obrigado. Algumas das minhas corridas favoritas de todos os tempos foram as de 32 quilômetros que eu fazia ao longo do lago Michigan durante os famosos invernos de Chicago, mas isso foi há muito tempo.

Olhei para Kish, toda aconchegada e em sono profundo. Tecnicamente, eu não precisava me apresentar na base antes das oito, e a cama estava me chamando de volta para seus braços, então virei de novo para a janela e fiquei olhando a neve cair. Minha impressão era que o inferno havia congelado, e foi aí que a ficha caiu. Vesti uma blusa térmica, um short de corrida normal, um gorro, um par de luvas aquecidas e fui correr 15 quilômetros.

Eu não queria ir. A dor na minha perna esquerda era excruciante pela manhã, mas eu não podia amolecer. Minha rotina não era mais ditada por mim. Eu tinha passado os últimos sete anos treinando quando quisesse. Tudo era planejado ao redor das minhas corridas e séries na academia para otimizar meu condicionamento e desempenho. Agora eu voltara a ser um novato, e não podia chegar à base travado a ponto de não conseguir fazer nada.

As corridas matinais eram obrigatórias para este novato de 47 anos, porque quase todo mundo na minha turma tinha 20 e poucos anos. A maioria vinha do interior do Canadá e tinha crescido jogando hóquei no gelo seis meses por ano. Eles escolheram não fazer parte da Geração Molenga, e alguns estavam determinados a competir comigo, dando tudo de si. Eu respeitava essa postura, mas, se você quiser tentar depor o antigo rei, saiba que vai enfrentar uma reação.

Essa é uma forma mais elaborada de dizer que o fato de o meu corpo não se recuperar como o deles não fazia diferença. Nem o fato de eu precisar me alimentar de forma mais saudável, fazer alongamentos pela manhã e à noite e priorizar a recuperação. Não fazia diferença eu ter que dormir menos porque o dia tem uma quantidade limitada de horas. Se era isso que precisava ser feito, este guerreiro estava disposto.

E guerreiros dispostos não inventam desculpas. Apesar de fazer parte da natureza humana não querer realizar coisas difíceis ou inconvenientes, sabemos que não temos escolha. Muita gente se alista nas Forças Armadas ou na polícia, se candidata a um emprego ou se matricula em uma faculdade ou pós-graduação porque espera receber algum retorno oportuno e palpável do investimento feito. Guerreiros não buscam recompensa financeira nem benefícios. Tudo que vier é lucro. Mesmo sem dinheiro, eu teria arrumado um jeito de pagar à Marinha para me tornar um SEAL. Ninguém me recrutou para Fort St. John, e eu perdi dinheiro aceitando esse trabalho. Mas nós, guerreiros dispostos, vamos atrás das nossas próprias missões e pagamos qualquer preço. Eu queria esse trabalho, e ponto-final.

O frio era extremo, e eu estava dolorido, mas os meus hematomas e o clima terrível não estavam nem aí para mim, e a recíproca era verdadeira. Porque eu não me contentava em apenas marcar presença e me formar. Quando ficamos mais velhos, constantemente somos elogiados apenas por nos comprometermos com um desafio físico. Ninguém espera muito de nós, e é tentador corresponder a essas expectativas baixas. Marcar presença é um primeiro passo importante, mas, se já estivermos ali, por que não dar nosso melhor?

A neve ainda cobria tudo. Eu andei pela neve fofa nas ruas secundárias até chegar à rodovia, onde corri pelas marcas lamacentas deixadas por pneus de picapes e caminhões. A população de Fort St. John é composta por pessoas que acordam cedo para trabalhar em ranchos locais, na indústria de óleo e gás ou nos infinitos hectares de florestas de pinheiros, e que amam dirigir em alta velocidade naquelas pistas cheias de gelo.

Meus pés ficaram dormentes bem rápido, e a neve aumentou a ponto de se tornar quase uma tempestade. A neve e o gelo batiam no meu rosto enquanto eu corria no contrafluxo dos carros com os olhos semicerrados. Com frequência, eu precisava trocar o meio da pista pela segurança do acostamento cheio de neve e, sempre que eu tinha um vislumbre de um motorista, era inspirador ver seus olhos arregalados de perplexidade e choque ao se deparar comigo me materializando no meio da nevasca como um ser sobrenatural, com uma auréola de vapor emanando de mim. Todos pareciam se perguntar a mesma coisa: "Esse cara é maluco ou é o sujeito mais motivado que eu já vi?"

Cada pegada naquela rodovia e cada rua que percorri eram apenas minhas. Não havia mais ninguém andando pela cidade. A maioria dos outros novatos continuava em sono profundo. Mas, mesmo aos 47 anos, depois de tudo que conquistei, eu ainda recebia os mesmos olhares chocados que me lançavam aos 20 e poucos. E aquilo acendia um fogo dentro de mim.

Minhas lesões não importavam mais. A dor que me aguardava no treinamento dali a algumas horas não fazia a menor diferença. Meu corpo estava aquecendo, e minha mente mais uma vez endurecia como ferro fundido. Demorou quase 15 quilômetros, mas depois disso o selvagem estava pronto para qualquer coisa que colocassem no seu caminho.

Os dois corredores mais velozes da minha turma em distâncias curtas eram um cara que eu chamava de Prefontaine (PF) e outro que tinha o apelido de Todo Pilhado (TP). Ambos tinham 20 e poucos anos e, no primeiro dia do treinamento, quando passamos por uma série de testes de condicionamento, eles ganharam de mim na corrida de 2,4 quilômetros. Na ocasião, ninguém sabia que eu tinha passado por uma cirurgia para colocar uma placa na perna apenas nove meses antes. Ou que o meu tempo de 8h25 estava apenas 15 segundos acima do meu recorde pessoal estabelecido quando eu era um adolescente na Força Aérea. Eu estava orgulhoso do meu desempenho. Os dois eram ótimos atletas. Saber que eu tinha a idade dos pais deles e ainda conseguia acompanhá-los era um lembrete de que eu continuava durão que nem bico de pica-pau.

Boa parte do treinamento físico que fazíamos envolvia distâncias e durações desconhecidas, porque, ao combater um incêndio, você nunca sabe quando o esforço, o trabalho e o sofrimento vão acabar. Por isso os instrutores queriam ver como nosso corpo e nossa mente reagiam ao elemento-surpresa. Aquilo era perfeito para mim. Quanto mais longa a corrida, mais pesada a mochila, mais intensa a série na academia, maior o sofrimento, melhor eu ficava. Aqueles garotos podiam ser mais rápidos em curtas distâncias, mas eu quase sempre aguentava mais do que eles.

Em um treino de *rucking*, eu e TP nos destacamos na frente do grupo. Aumentei o ritmo, e ele permaneceu colado em mim. Estávamos correndo em terreno plano, e, após alguns quilômetros de corrida intensa, a respiração dele se tornou pesada e ofegante. Ele parecia um buldogue no cio, mas se recusava a sair de cima de mim e não queria parar. Ele já havia desistido uma vez, durante outra corrida longa que fizemos juntos depois do trabalho. Dessa vez, ele insistiu até a linha de chegada, respirando como se seus pulmões estivessem virados do avesso. Terminamos lado a lado, ambos exaustos. Virei para ele, assenti e falei:

– É assim que se faz.

Eu estava orgulhoso dele, mas também estava orgulhoso de mim mesmo. Tive pouquíssimo tempo para entrar em forma para realizar um dos trabalhos mais difíceis do mundo. A jornada tinha sido dura, com a agonia sempre no meu encalço. Mesmo assim, treze semanas após a cirurgia, eu tinha pedalado 714 quilômetros. Depois de oito meses, corri 77 quilômetros em 45 horas; e, após nove meses, estava desafiando jovens de 20 e poucos anos em tudo – na corrida, no *rucking*, nas flexões, carregando equipamentos pesados por longas distâncias. Mas eu não queria capturar a alma deles. Aquele grupo de jovens me inspirava. Eu queria incentivá-los da mesma forma que eles me incentivavam, porque eles eram a nova geração de caras durões e, apesar de gostar de ganhar um número razoável de corridas e treinos, gostava ainda mais quando eles me venciam.

Após minha corrida de 15 quilômetros, ao chegar ao trabalho, olhei para meus colegas de turma, e ficou óbvio que todos nós estávamos sofrendo. Eu era o paramédico mais experiente da base, e alguns deles me pediam ajuda quando tinham canelite e sintomas de fraturas por estresse. Um deles havia sofrido uma concussão, e todos nós sentíamos dores no pescoço, porque, quando você salta de 1 metro de altura usando um capacete, os músculos do seu pescoço precisam trabalhar.

Faltava ânimo. Todo mundo estava se arrastando, e nosso espírito de equipe nem deu as caras quando fomos instruídos a entrar em fila e fazer flexões. A função do bombeiro paraquedista exige muita força nos membros superiores e no core. O salto e o pouso são muito exigentes em termos físicos. Além disso, teríamos que caminhar carregando pelo menos 27 quilos de mangueira nas costas, além de motosserras, bombas e vários outros equipamentos para combater incêndios – e nada disso é leve. Com frequência, carregávamos bombas de água e movíamos troncos sem a ajuda de nenhum veículo. Cabia a nós pegar qualquer equipamento lançado de paraquedas e levá-lo até o local adequado. Para ajudar no nosso preparo, os instrutores vira e mexe ordenavam que fizéssemos flexões no meio do treinamento, entre outros treinos de força e calistenia. Não sabíamos quantas repetições teríamos que fazer por dia nem quando. Só sabíamos que as ordens viriam o dia inteiro.

Naquela manhã, nossa forma e nosso ritmo estavam uma bagunça. Alguns de nós faziam as flexões com facilidade. Outros sofriam e estavam nitidamente desanimados. Quando terminamos, reuni o grupo e disse a eles que, na série seguinte, faríamos diferente e trabalharíamos em equipe.

Pouco tempo depois, quando os instrutores pediram flexões, todos esperaram que eu começasse primeiro.

– Pronto! – gritei ao me posicionar.

– Pronto! – berraram eles, e deitaram no deque.

Então começamos no meu ritmo.

– Chão! – gritei.

– Um – responderam eles.

– Chão!

– Dois!

– Chão!

– Três!

A contagem em cadências militares tem algumas funções. Ela ajuda na respiração, libera uma dose de adrenalina e aumenta o ânimo geral. Para os desinformados, pode parecer uma palhaçada desnecessária, mas, para uma equipe exausta e esgotada mental e fisicamente, esse tipo de camaradagem transforma algo monótono e brutal em um rito de passagem empoderador. Você nem está mais fazendo flexões. Você e a equipe estão se tornando uma coisa só, fundindo-se numa energia única, e isso ajuda todos a manter o foco para aguentar cada dia, cada módulo do treinamento. Todo mundo passou a amar aquelas flexões!

Era bom estar entre os melhores da turma nos treinamentos físicos, mas os meus desafios não se limitavam às manhãs. Todos os dias, antes de começar os PLFs, tínhamos que vestir nossos macacões de Kevlar em menos de três minutos e, levando em consideração que meu corpo ainda estava em recuperação após a cirurgia e que fazíamos tudo a céu aberto em temperaturas negativas, eu enfrentava algumas complicações.

Era difícil me ajoelhar, e meu velho amigo Raynaud havia voltado com tudo, porque eu não podia usar as luvas aquecidas durante o treinamento. Meus dedos perdiam toda a coordenação motora em questão de minutos. Eu não conseguia senti-los, muito menos manejar pequenos zíperes, tiras e fechos. Então eu demorava mais do que todos os outros – e muito mais do que os três minutos permitidos – para vestir o macacão, amarrar meu paraquedas reserva no peito e prender minha mochila entre as pernas. Os jovens achavam graça da minha dificuldade em me vestir. Era a primeira vez que minha idade ficava aparente para eles, que faziam todo tipo de piada. Mas, na hora do treinamento físico, eles sempre ficavam caladinhos, porque sabiam que era a minha vez de fazê-los sofrer.

Como sempre, os PLFs eram cruéis com todos nós. O frio implacável endurecia o chão e deixava nosso corpo tenso e mais frágil, o que aumentava o tormento, não importava se pulássemos de 30 centímetros, de uma plataforma de 1 metro ou de um trapézio balançando. O objetivo era criar memória muscular e adotar aquilo que os instrutores chamavam de "postura de pouso adequada".

Quando a maioria das pessoas salta de uma altura qualquer, o reflexo é abrir os braços e as pernas e olhar para baixo durante a queda. Fomos ensinados a manter o corpo unido, juntando pés e joelhos. Unir as pernas permite a distribuição e a absorção do impacto. Não queríamos uma aterrissagem perfeita. Estaríamos nos movendo rápido demais para isso. Nós praticávamos cair no chão e rolar para um dos lados. Como cada salto oferece diferentes elementos e condições, tínhamos que ser capazes de rolar para a direita e para a esquerda, para a frente e para trás, e alternávamos as repetições.

Nada disso era novidade para mim, porque eu era um dos poucos novatos que já tinham experiência com saltos. Eu havia saltado de diversas altitudes e aeronaves com uma grande variedade de equipamentos, mas não saltava com fita estática desde a minha época de Navy SEAL, e levei um tempo para ajustar minha técnica. Todo mundo tinha um desafio ali e, por estar tão preocupado em proteger a perna esquerda de impactos diretos, meu quadril e minhas costelas sofriam sempre que eu rolava para a esquerda. Eu absorvia a dor crescente porque as palavras do Dr. Gomoll ainda estavam coladas no quadro de avisos do meu cérebro. Se a perna quisesse quebrar, teria que esperar um salto de verdade. Não importava quão roxo e inchado ficasse, eu não colocaria a minha tíbia em risco saltando de uma plataforma de metal ou do arco de um trapézio esquisito. Talvez isso explicasse minha falta de fluidez no geral. Depois de cada PLF, os instrutores diziam como melhorar nossa postura, e a palavra que eu mais ouvia era "desajeitado".

Após vários dias me jogando na terra, passamos para a torre de choque, uma plataforma de 6 metros onde nos sentávamos em uma simulação de porta de avião, presos a um cabo rígido, e praticávamos nossas saídas. O exercício incluía uma queda de 3 metros interrompida por um tranco repentino, que fazia um leve efeito chicote. Em uma das minhas primeiras tentativas, fiquei atrás de uma moça pequena porém atlética que eu chamava de PB – de pit bull – por ela ser muito simpática, mas ter um forte espírito de luta guardado dentro de si. Só que, quando ela recebeu o tapa nas costas do instrutor sinalizando que era sua vez de saltar às cegas, ela congelou.

PB é muito temente a Deus. Eu me policiava ao falar perto dela, porque palavrões a deixavam desconfortável. O Goggins da Equipe de Bote Dois teria continuado a xingar como o marinheiro que era, sem dar a mínima para ela. E, ao vê-la paralisada pelo medo no meio de um exercício tático, ele talvez desse risada. Porém, mesmo que meu selvagem interior estivesse bem vivo, eu não era mais aquele cara. Durante o treinamento de SEAL, eu adorava quando as pessoas congelavam e desistiam. Achava que aquilo me engrandecia de alguma forma, mas isso não passava de imaturidade, vaidade e falta de liderança. Hoje em dia, faço questão de ajudar todo mundo a se tornar melhor, não importa o trabalho ou a situação. Durante minha entrevista com os bombeiros paraquedistas da North Peace Smokejumpers, eles pediram que eu descrevesse minha maior qualidade.

"Se vocês me contratarem", falei, "todos os novatos na minha turma vão se formar. Essa é a minha maior qualidade".

Não era uma promessa vazia. Era um juramento.

– Você quer um tempo? – perguntou o instrutor à mulher.

– Quero, sim – respondeu PB.

Um dos elementos que me fez querer trabalhar com aquela equipe de bombeiros paraquedistas era a aceitação e o respeito por cada indivíduo. Embora houvesse padrões a serem seguidos e superados e estivéssemos motivados a dar tudo de nós, eles entendiam que todos têm seu tempo. Mas sei por experiência própria que ter mais tempo para pensar não ajudaria PB naquela situação.

Olhar para ela era como assistir a mim mesmo na arrebentação no início da minha segunda Semana Infernal, parecendo um cervo paralisado pelo brilho dos faróis de um caminhão imenso. Eu via em seu olhar perdido que ela não estava mais se divertindo e que o salto a apavorava, só que alguns medos devem ser vencidos imediatamente. A única coisa que poderia ajudar PB naquele momento seria parar de pensar, encarar o medo e pular mesmo assim. Quando ela recuou e me deu a vez para que eu fosse em seu lugar, neguei com a cabeça.

– Não faz isso. Fica na porta e começa de novo. – Nossos olhares se encontraram. – Se você paralisar agora, isso vai acontecer de novo, mas lá em cima, quando for à vera. Então, quando você estiver na porta, por mais assustador que seja, grita para despertar a adrenalina. Se concentra no horizonte e, quando o tapa nas costas vier, vai com tudo.

Ela concordou com a cabeça, determinada, ficou em posição, respirou fundo e gritou:

– Estou liberada?!

– Preparar – respondeu o instrutor e, no instante em que ele deu um tapa entre as escápulas dela, PB saltou com tudo.

Meu estilo de liderança em Fort St. John era camaleônico. Para alguns dos meus colegas, eu era o médico. Para outros, eu ajudava sendo firme no calor do momento. Eu competia com os melhores atletas para torná-los ainda melhores e recebia ligações no meio da noite daqueles que achavam que não conseguiriam se formar. Mas não sei quantos perceberam que eu também corria o risco de não conseguir por causa de certa habilidade que literalmente não conseguia desenvolver.

Ao contrário dos paraquedistas militares, que quase sempre saltam em terreno com poucos obstáculos naturais ou nenhum, os bombeiros paraquedistas têm que pousar em zonas de pouso (ZPs) estreitas. Durante o treinamento de solo, aprendíamos a procurar alternativas quando cometíamos algum erro ou os ventos mudavam, deixando a ZP inicial fora de alcance. Há momentos em que você simplesmente não consegue chegar à ZP e, com a floresta por todos os lados, é inevitável acabar pousando nas árvores às vezes. Quando isso acontece, ficamos dependurados, sem ninguém para nos resgatar. E é exatamente por isso que fazemos o treinamento de descida.

Todos nós carregávamos 45 metros de tiras de nylon em um dos bolsos da perna. Nosso cabo de descida de emergência. Fomos ensinados a amarrá-lo acima da cabeça no tirante do nosso velame com uma série de nós simples, e depois usá-lo para descer com segurança. Na teoria. Na prática, não era tão fácil quanto parecia, porque, quando você está pendurado por um paraquedas usando um capacete, os ângulos tornam difícil ver o tirante por cima do ombro. E só porque você está preso em uma árvore não significa que vai permanecer nela. O ideal é descer até o solo o mais rápido possível. E era por isso que o exercício precisava ser cronometrado. No dia do teste, devíamos finalizá-lo em menos de 90 segundos tanto no lado direito quanto no esquerdo, ou nem iríamos saltar.

Não cheguei nem perto de terminar dentro do tempo nas primeiras tentativas, porque eu não conseguia apalpar o cabo. Passamos semanas fazendo uma dúzia de repetições diárias, mas o clima seguia frio e minhas mãos não ajudavam. Eu me atrapalhava tanto que quase chegava a ser desconfortável para os instrutores e qualquer colega que estivesse prestando atenção. Apesar da minha idade, todos esperavam muito de mim. Eu deveria ser capaz de fazer qualquer coisa, porém continuava ultrapassando o limite de tempo em mais de 30 segundos à medida que o dia do teste se aproximava.

Mais uma vez, minhas dificuldades estavam à mostra, mas nunca abaixei a cabeça. Todo mundo teve pelo menos uma dificuldade em quase todos os dias do treinamento, e cada um de nós tem um desafio que precisa superar na vida. É assim que as coisas são. Quando você abaixa a cabeça, manda ao cérebro a mensagem de que não acredita ser capaz de melhorar. Assim fica bem mais difícil se concentrar e ter sucesso. Quando trabalhamos para alcançar um objetivo importante e as coisas não saem como o esperado, jamais podemos deixar o desânimo transparecer. Não dê essa satisfação a ninguém. Quando nossa cabeça está baixa, não conseguimos enxergar para onde precisamos ir nem o que precisa ser feito. E, se você precisar de ajuda, peça. Nunca se envergonhe disso. Sim, a temperatura era congelante. Sim, eu tive muitas dificuldades, mas não fiquei emburrado. Eu mantive a cabeça erguida e coloquei a mão na massa.

Eu treinava todas as noites, por horas a fio. Primeiro, montei uma simulação de tirantes de paraquedas com os cabides do meu armário e, antes de cada tentativa, deixava minhas mãos desprotegidas marinando no congelador, só que elas nunca ficavam frias o suficiente. Então transferi a operação para o ar livre, onde podia afundá-las na neve até não sentir mais nada. Depois, eu me prendia a alguma árvore e me soltava. Kish vinha cronometrar meu tempo, embrulhada em três suéteres, duas parcas e vários gorros.

Não se tratava de acostumar minhas mãos ao frio brutal. Isso nunca aconteceria, por causa da síndrome de Raynaud. Mas, ao fazer essas repetições por horas, minha mente e meu corpo entravam em sintonia. Eu sabia exatamente onde estava o cabo e o que fazer com ele, mesmo sem conseguir senti-lo. Cortei três segundos do meu tempo em uma noite. Na noite seguinte, outros cinco segundos. Minha melhora não foi imediata nem substancial. Mas seguia um ritmo estável, então continuei.

Não foi fácil manter uma postura positiva, além do compromisso de trabalhar e treinar por mais de dezoito horas diariamente durante seis semanas. Há um motivo para a maioria dos bombeiros paraquedistas serem jovens. Eu tinha chegado lá em ótima forma, mas meu corpo precisava fazer coisas que não fazia há anos, e o sofrimento não dava trégua. Eu também estava mentalmente exausto. Aquele não era o treinamento mais desafiador que eu já tinha enfrentado, só que era uma luta intensa, porque eu estava muito mais velho e não era mais o mesmo.

Muitas pessoas deixam esse tipo de constatação limitar o futuro delas. Como forma de se proteger, perdem a ousadia e reduzem ambições e expectativas. Elas se aposentam e param de se colocar em ambientes desconfortáveis e situações desafiadoras. Muito disso tem a ver com a passagem do tempo. Na vida, tudo passa. Mas, quando se trata de idade, parecemos ter uma percepção equivocada de que um número deve ditar o que fazemos. Só que, às vezes, o problema não é cronológico. Com frequência não é o Senhor Tempo quem nos prejudica, mas seu irmão, o Senhor Cansaço.

Dizem que o Senhor Tempo é imbatível, e isso pode até ser verdade, mas com certeza podemos fazer o irmão dele sentir a nossa resistência. E se estivermos dispostos a sobreviver à ventania do cansaço minuto após minuto, hora após hora, dia após dia, pelo menos conseguiremos ficar cara a cara com o Senhor Tempo e barganhar com ele. Sempre que eu me sentia exausto ou dolorido demais para sair da cama, fixava meu olhar no horizonte e me lembrava que o treinamento de bombeiro paraquedista era temporário. Algumas manhãs, era até bom sentir dor, porque era um sinal de que eu ainda estava disposto a me virar do avesso em busca daquela linha que separa o azul do preto e a fazer algo que tocasse minha alma.

É verdade que eu não era o mesmo David Goggins. Eu era uma versão muito melhor. Eu antes pensava que, para ser grandioso e um líder forte, era preciso ser o melhor em tudo. Não é o caso. Os corajosos entre nós são aqueles que enfrentam inúmeros obstáculos e não desistem. Quando aqueles jovens me viam correndo na neve antes do trabalho, isso mexia com eles. E quando ficaram sabendo que este coroa selvagem impressionante de 47 anos estava enfiando as mãos na neve para passar horas no cabo de descida, tentando se adaptar fisiologicamente, viram como é se recusar a ser incapaz de fazer algo, viram o que significa nunca ser hora de parar. Eles eram lembrados de que aquela oportunidade era especial e que provavelmente também tinham muito mais a oferecer.

Consegui cumprir o tempo no dia do teste de descida. Foi apertado, mas consegui. Também me vesti em menos de três minutos e, embora não tenha aterrissado ou rolado como um ginasta ou um bailarino, provei minha consistência e capacidade aos instrutores e a Tom Reinboldt, fundador do grupo North Peace Smokejumpers, e passei no treinamento de solo.

– Dá para perceber que você precisa se esforçar – me diria Tom mais tarde.

Assim como eu, ele tinha sobrevivido a uma infância difícil e passado um tempo perdido na juventude até se encontrar no combate aéreo de incêndios. Aos 27 anos, após um susto com a saúde, ele havia começado a própria unidade e desenvolvido uma cultura centrada no respeito e na excelência. Nada disso tinha sido fácil nem natural para ele, e é exatamente por isso que eu queria estar ali.

– Ainda bem que você não tem um talento natural – disse Tom. – Dá para notar sua força de vontade, e eu te respeito por isso.

Poucos dias depois, no início de maio, nos reunimos para uma simulação. Vestimos o equipamento de proteção, que incluía o macacão de Kevlar e um capacete com uma grade de proteção para o rosto, e caminhamos até a pista. O primeiro salto para valer estava programado para a manhã seguinte, dependendo do clima, e os instrutores mandaram a gente se espremer na Twin Otter, a menor das duas aeronaves da unidade. O objetivo do simulado é se familiarizar com o veículo, além de entender onde e quando se prender à fita estática.

O avião parecia ser bastante usado. O cheiro forte de combustível se alastrou pelo corredor e entrou no meu nariz enquanto nos preparávamos, e aquilo mexeu com alguma coisa dentro mim. Meu coração acelerou. Senti um arrepio de ansiedade. Mas era apenas uma simulação e, depois de recebermos as instruções, desembarcamos em um caminhão. Foi aí que o instrutor nos mandou repetir tudo de novo.

Quando embarquei de volta no avião, senti que não era mais um exercício, e então vi o piloto se dirigir para a porta da cabine. Eles iam nos pegar de surpresa. No instante em que sentamos, o piloto ligou as hélices sem nos dar tempo para pensar nem desistir. Dois minutos depois, estávamos no ar e subindo a 450 metros. Quando atingimos a altitude ideal, o observador designado lançou suas tiras de papel para avaliar a velocidade do vento. Eu as observei se abrirem na corrente de vento enquanto ele apontava a ZP.

O céu estava azul e limpo, o vento era leve, a uma velocidade entre 3 e 5 nós, e fazíamos longos círculos no ar. Um por um, nos levantamos e fomos até a fita estática, nos ajoelhamos e prendemos o equipamento.

Fui um dos últimos a saltar e estava calmo, ainda que hesitante, enquanto enfiava meu pino na linha e o travava. *Chegou a hora*, pensei. *É agora que a minha perna vai quebrar e acabar com o meu sonho*. Essa era a verdade nua e crua, mas ter chegado tão longe me confortava. Pelo menos eu saltaria. E, se aquela fosse minha primeira e última vez, era melhor eu aproveitar. O observador me informou a direção do vento, apontou a ZP e listou os riscos. O avião se inclinou em direção ao meu ponto de saída e gritei:

– Liberado?

Nós voávamos a mais de 160 quilômetros por hora, mas meus batimentos estavam surpreendentemente normais quando coloquei uma das pernas para fora da porta.

– Preparar – disse ele.

Apesar do frio, o suor escorria pela minha nuca enquanto tudo parecia acontecer em câmera lenta. E então o observador me deu um tapa nas costas.

– Abrir no um! – gritei e, usando as duas mãos, me empurrei para fora do avião e para o céu, saltando com fita estática pela primeira vez em catorze anos. – Quatro, três, dois! – Não há corda para puxar em saltos desse tipo, a menos que você precise acionar o reserva, e levei apenas cerca de cinco segundos para que meu velame se abrisse com um puxão violento. – Um!

Olhei para cima e verifiquei se meu velame tinha buracos ou torções. As linhas de suspensão estavam levemente torcidas, mas notei, puxei os tirantes, dei chutes no ar como se estivesse pedalando e girei em um piscar de olhos. O paraquedas se inflou totalmente, e minha velocidade diminuiu ainda mais.

Parecia que eu estava manobrando uma barcaça. Quando eu puxava para a esquerda ou para a direita, ele não respondia com tanta rapidez, mas interpretei bem o vento e manobrei a favor dele enquanto descia a uma velocidade de cerca de 19 quilômetros por hora. Isso parece muito rápido quando você vê o chão se aproximando, mas eu não estava olhando para baixo. Segurei firme, olhando para a frente e bati no chão com os pés e os joelhos juntos. Senti uma pontada de dor na canela esquerda enquanto rolava para a direita, mas passou rápido.

A perna aguentou!

Um instrutor correu até mim, ofegante, mas razoavelmente impressionado. Ele fez algumas observações e me ofereceu a mão. Quando me levantei, descobri que não conseguia parar de sorrir. E não era o sorriso maligno de Goggins. Era um sorriso largo e natural, e muito merecido.

Eu sorria porque tinha certeza de que a perna ia quebrar!
(Foto: Greg Jones)

Pelas duas semanas seguintes, continuamos saltando, e as ZPs foram ficando cada vez mais estreitas. Não havia mais campos abertos, apenas pequenos buracos na floresta. Muitas das árvores tinham sido devastadas por besouros, mas os troncos ainda conseguiam se manter de prontidão, como uma floresta de zumbis. De cima, pareciam espetos. Esses não eram os únicos perigos. Havia rochas, rios, lagos, pântanos, árvores derrubadas e arbustos espinhosos. E várias árvores firmes que se estendiam para nos pegar. Na maioria dos saltos, pelo menos um dos nossos colegas ficava preso. Um deles foi parar em cima de um pinheiro de quase 30 metros, que mal o aguentou. Ele teve sorte, porque o paraquedas se tornava inútil depois que murchava, e a queda teria sido fatal.

Havia momentos em que era difícil identificar a ZP do avião, e o vento variava muito. As informações do observador se tornavam desatualizadas em questão de minutos; então, se você não fosse um dos primeiros a saltar, teria que se virar na sua queda de 90 segundos. Aquilo tornava ainda mais difícil evitar todos os perigos enquanto eu procurava pelo X laranja demarcado pelos instrutores.

Nunca fiquei preso em uma árvore, mas bati com o ombro em uma durante um salto, girei no ar ao ser carregado por um vento instável e pousei rápido e com força em outra. Isso deu um susto nos instrutores, mas me deixou feliz, porque minha perna conseguiu absorver o impacto mais uma vez. A partir dali, eu tive a certeza de que ela estava boa.

Meu corpo estava se curando. A maioria dos hematomas havia desaparecido, e meus músculos intercostais relaxaram. Eu conseguia respirar tranquilamente nos últimos dias de treinamento, e meu ritmo diminuiu. Eu conseguia interpretar bem a direção do vento, manobrava com mais confiança, me aproximava mais rápido do X e começava a acertar o alvo com precisão.

Na formatura não houve pompa e circunstância – outro sinal de que eu estava no lugar certo. Alguns instrutores fizeram discursos breves, depois nos entregaram nossos uniformes, e pronto. Todo mundo se formou, com exceção de um aluno, o que provava quanto nossa turma era boa e quanto nos unimos como equipe. TP parecia muito feliz e PB estava radiante. Ela havia evoluído muito. Apesar de no início não conseguir saltar de uma plataforma de 6 metros, acabou se tornando uma das melhores saltadoras da nossa turma de novatos.

Eu também estava orgulhoso de mim mesmo, porque fazia apenas dez meses e meio desde a cirurgia que transformara meu objetivo de me tornar bombeiro paraquedista em uma missão impossível. E precisei reunir cada gota de resistência, dedicação e fé que havia dentro de mim para conseguir essa conquista. Agora que ela era uma realidade, embora eu estivesse satisfeito, já tinha idade e experiência suficiente em trabalhos difíceis para saber algo que os jovens novatos alegres ainda não entendiam: a parte difícil estava apenas começando.

Eu tinha visto como o trabalho era perigoso e sério. Todo salto era muito arriscado e, embora tivéssemos sido desafiados ao extremo, só havíamos passado pelo treinamento. No treinamento, você pode errar o X. Pode ficar preso nas árvores. Agora que participaríamos das operações, todos os detalhes tinham que estar perfeitos. Em um incêndio, não há tempo a perder se soltando de árvores ou abrindo uma trilha dentro do mato em busca da sua equipe enquanto esperam por você. Todos os outros novatos estavam sorrindo naquela tarde. Eu estava focado na luta que estava por vir.

A mentalidade de permanecer sempre buscando a próxima missão era fruto da experiência, mas não apenas da experiência militar. Eu tinha passado a vida inteira descobrindo, desenvolvendo, refinando e adaptando essa disposição mental. Muita gente ri ou sorri descrente quando me vê enfrentar um novo desafio, como se dissesse: "Por que alguém faria isso?" Essas pessoas acham que faço as coisas para chamar atenção, para receber elogios ou por dinheiro. Vamos esclarecer uma coisa: antes de você me conhecer, eu fui lobinho e escoteiro. Antes de você me conhecer, eu fui da Patrulha Aérea Civil e ROTC Júnior. Depois entrei para a Força Aérea. E entrei para a Marinha. Entrei na Escola de Rangers. Na Força Delta. E agora sou um bombeiro paraquedista da North Peace Smokejumpers, alocado em um aeródromo remoto no norte da Colúmbia Britânica. Você acha que esse tipo de coisa simplesmente acaba? Repito: esse é quem eu sou!

Em quase todas as etapas ao longo do caminho, pouquíssimas pessoas se pareciam comigo. Não fui o primeiro Navy SEAL negro, e não sou o primeiro bombeiro paraquedista negro. Na década de 1940, havia uma equipe de bombeiros paraquedistas negros chamada Triple Nickles, que combateu incêndios florestais no oeste dos Estados Unidos, mas sua contribuição não foi muito divulgada e, infelizmente, foi em grande parte esquecida. Hoje é muito raro encontrar uma pessoa negra combatendo incêndios florestais em qualquer lugar da América do Norte.

Mas não importa de onde você vem ou qual é a sua aparência, todos nós somos prejudicados por barreiras sociais supostamente intransponíveis. Seja qual for o seu gênero, sua cultura, religião ou idade, alguém já enumerou muitas coisas que pessoas como você não deveriam fazer.

É por isso que toda família, comunidade, cultura, nação e geração precisa de alguém que seja pioneiro e mude a maneira como os outros pensam sobre a sociedade e seu lugar nela. Alguém disposto a ser o ponto fora da curva. Um selvagem que se depara com aquelas muralhas e barreiras que constantemente tentam nos limitar e separar, e as derruba, mostrando a todos o que é possível. Alguém que demonstre grandeza e faça todos ao seu redor pensarem de forma diferente.

Por que não você?

A estrada para o sucesso raramente é uma linha reta. Para mim, sempre foi mais um labirinto. Muitas vezes, quando pensava ter finalmente decifrado o código, encontrado todas as respostas e o caminho direto para a vitória certa, eu me deparava com um obstáculo ou sofria uma reviravolta. Quando isso acontece, temos duas opções. Podemos ficar paralisados ou nos reorganizar, recuar e tentar novamente.

É aí que a evolução começa. Encarar esses obstáculos repetidas vezes nos torna mais resistentes e eficientes. A necessidade de recuar e formular um novo plano sem qualquer garantia de sucesso aumenta nossa consciência situacional e desenvolve nossa resiliência e nossa capacidade de solucionar problemas. Somos forçados a nos adaptar. Quando passamos por isso centenas de vezes ao longo de muitos anos, o processo se torna fisicamente exaustivo e mentalmente desgastante, e é quase impossível acreditar em nós mesmos ou no futuro. É nesse ponto que muitas pessoas param de acreditar. Elas se perdem entregando-se ao conforto ou ao arrependimento, talvez se fazendo de vítimas, e param de procurar o caminho para sair do labirinto. Outras continuam acreditando e encontram uma saída, mas torcem para nunca mais cair em uma armadilha parecida, e as habilidades que aperfeiçoaram e desenvolveram atrofiam. Elas enferrujam.

Estou sempre em busca de outro labirinto complexo no qual me perder, porque é ali que eu me encontro. A estrada tranquila rumo ao sucesso é inútil para selvagens como eu. Ela pode parecer o ideal, mas não vai nos testar. Ela não exige que tenhamos fé, por isso nunca nos tornará grandiosos. Cada um constrói sua fé de um jeito. Eu passo incontáveis horas na academia, fazendo milhares de repetições, correndo e pedalando na minha bicicleta por distâncias absurdas para cultivar a minha fé. Apesar do que possa parecer, não me considero um ultramaratonista, porque as corridas não são quem eu sou. Elas são ferramentas. Cada uma me proporciona um suprimento de fé e, quando fico empacado no labirinto da vida como um selvagem meio prejudicado, continuo acreditando que sou capaz de alcançar meus objetivos insensatos, como me tornar um bombeiro paraquedista aos 47 anos de idade, não importa o que a sociedade ou os médicos digam.

Não estou dizendo que você deva correr 160 ou 320 quilômetros para acreditar que tem a capacidade de chegar aonde quiser. Isso foi o que eu precisei fazer por causa da profundidade da escuridão de onde saí e do tamanho das minhas ambições. Mas, se você perdeu a fé, deve encontrar o caminho de volta até ela. Faça o que for necessário para acreditar que você é mais do que bom o suficiente para alcançar seus sonhos. E lembre que sua grandeza não depende de nenhum resultado. Ela está na coragem da tentativa.

Minha equipe era uma das quatro de prontidão quando os ventos se aceleraram e nuvens pesadas se espalharam pelo norte da Colúmbia Britânica. Estávamos em nossa base secundária em Mackenzie quando recebemos a chamada avisando que um raio havia caído, causando um incêndio que ocupava pouco mais de um hectare nas proximidades de Fort Nelson. Embora eu tivesse concluído o treinamento, só me tornaria oficialmente um bombeiro paraquedista após meu primeiro incêndio, e eu estava prestes a ser batizado. Nossa equipe de três homens entrou no DC-3 – uma relíquia da Segunda Guerra Mundial, reformada – com três outras equipes, equipamentos de combate a incêndios suficientes para acabar com o fogo e comida e água para dois dias.

Voamos por 90 minutos até chegarmos à fumaça negra que subia, e nivelamos a 450 metros. As fitas voaram, e o observador apontou um trecho coberto por vegetação, com no máximo 6 metros de diâmetro, a cerca de 1 quilômetro das chamas. Aquela era a ZP. Ajoelhado na porta aberta, o observador gritou a direção do vento e a lista de riscos mais alto que o ronco das hélices. *Positivo*, pensei.

– Liberado? – gritei.

O avião chacoalhava e tremia. Fazia tanto barulho que eu mal conseguia ouvir meus pensamentos. Meu coração acelerado liberou uma enxurrada de adrenalina por todo o meu corpo. Preso à fita estática, fui até a porta, agarrei as bordas externas com as duas mãos e me lancei no céu a tempo de ver o paraquedas de um colega de equipe se abrir 45 metros abaixo de mim. Assim que meu paraquedas se abriu, o ronco das hélices e o assobio forte do vento se fundiram em um sussurro relaxante. Olhei para baixo, localizei minha ZP, identifiquei todos os riscos e avaliei a extensão do incêndio. Havia riscos em todas as direções, mas eu enxergava beleza.

Meu corpo tinha passado oito anos seguidos me decepcionando. Eu poderia ter desistido pelo menos uma dezena de vezes. Em várias madrugadas e manhãs, minhas dúvidas berravam mais alto do que aquele DC-3. Eu tinha que conviver com meus questionamentos, encará-los e, na maioria das vezes, não havia respostas, não havia nenhum bom motivo para acreditar que eu chegaria até ali, porque, por uma razão ou outra, eu vivia fracassando. É mais fácil superar as dúvidas que criamos na nossa própria mente. É muito mais difícil quando você sabe que fracassou mais de uma vez e que as chances de sucesso são pequenas. Só que, por conta do meu estilo de vida, e graças à disposição mental que me esforço para manter, acreditei o suficiente para tentar mais uma vez.

Nunca conquistei nada de primeira. Precisei de três tentativas para passar pelo treinamento dos Navy SEALs. Tive que fazer a prova da ASVAB cinco vezes, e fracassei duas vezes antes de quebrar o Recorde Mundial do *Guinness* de maior número de flexões na barra fixa em 24 horas. Porém, àquela altura, fazia tempo que o fracasso já não me abalava. Quando estabeleço um objetivo insensato e não consigo alcançá-lo, nem encaro mais como um fracasso, mas simplesmente como a minha primeira, segunda, terceira ou décima tentativa. É assim que a fé funciona. Ela torna os fracassos insignificantes, porque você sabe desde o começo que o processo será longo e árduo, e é isso que fazemos.

Eu gostaria de poder explicar melhor como é desafiar a lógica e saltar de paraquedas no meio de incêndios florestais aos 47 anos. É quase impossível descrever a sensação. Só posso dizer que espero que você e todo mundo sintam isso um dia, porque não há nada melhor do que superar todos os obstáculos e chegar ao limite máximo de suas capacidades. Nos raros e breves momentos em que somos tomados por uma sensação de possibilidades infinitas e dominados pela glória, tudo que já nos foi imposto ou feito contra nós – todo o desrespeito, as rasteiras, as quedas, cada gota de dor, dúvida e humilhação – passa a valer a pena. Só que a única forma de chegar lá é continuar buscando a grandeza e estar sempre disposto a tentar de novo.

Nunca precisei ser a pessoa mais casca-grossa do mundo. Esse só se tornou meu objetivo porque eu sabia que iria despertar o melhor de mim. E é disto que nosso mundo tão cheio de problemas precisa: que todo mundo consiga evoluir e se tornar a melhor versão de si mesmo. É um objetivo que vive mudando de cara, e é uma tarefa interminável. É uma jornada vitalícia em busca de mais conhecimento, mais coragem, mais humildade e mais fé. Porque, quando reunimos força e disciplina para viver dessa forma, a única coisa que nos limita somos nós mesmos.

Saltando no incêndio G90317, em junho de 2022

Segundo salto em incêndio da temporada

AGRADECIMENTOS

A Jennifer Kish, que faria qualquer coisa para me ajudar a testar meus limites. Você esteve ao meu lado durante alguns dos momentos mais difíceis que tive que suportar. Obrigado pela sua firmeza. Você redefiniu o que significa fazer tudo por alguém.

Adam Skolnick, obrigado por aparecer todos os dias com a mente aberta e a postura necessária para estabelecer um novo patamar que muita gente nunca conseguirá alcançar. Tenha certeza de que este é um livro que vai entrar para a história.

Jacqueline Gardner, minha mãe, como sempre só você entende de verdade os meus agradecimentos. Imagine se ele pudesse nos ver agora! Nada do que ele disse sobre nós se tornou realidade.

Dr. Andreas Gomoll, muitos outros capítulos da minha vida serão escritos por causa do seu trabalho. O fim vai chegar um dia, mas não será hoje.

JeVon McCormick, em um mundo de gente esperta que sempre tem segundas intenções, sou grato a você e à sua equipe da Scribe Media por terem caráter. Caráter para cuidar, e não tirar vantagem, de cada um dos seus clientes. O trabalho de vocês é superior.

Joe Rogan, a sua amizade e o seu apoio foram muito importantes ao longo dos anos. Dá para entender o tipo de homem que você é não só por acreditar que o sucesso pode ser conquistado, mas também por fazer a sua parte para ajudar os outros a alcançá-lo. É rara a combinação de confiança e segurança que torna uma pessoa disposta a fazer isso.

Dwayne "The Rock" Johnson, quando se fala em celebridades importantes, você é o exemplo a ser seguido. Sua humildade diz muito sobre seu caráter. Falar para você "continuar durão" seria desperdiçar palavras. Continue verdadeiro, DJ!

Tom Reinboldt, você criou uma cultura especial em um mundo no qual a humildade frequentemente é perdida. Você construiu um ambiente que não só ensina líderes a liderarem, mas também a seguirem.

CONHEÇA OUTRO LIVRO DO AUTOR

Nada pode me ferir

A infância de David Goggins foi um pesadelo. Pobreza, racismo e maus-tratos físicos marcaram seus dias, assombraram suas noites e quase determinaram seu futuro.

Por meio da disciplina, da resistência mental e do trabalho duro, o jovem deprimido e obeso que havia perdido as esperanças deu a volta por cima, aprendeu a dominar a própria mente e se transformou em um ícone das Forças Armadas e um dos maiores atletas de resistência do mundo.

Único homem a completar o treinamento de três das principais forças de elite americanas e se tornar Navy SEAL, Army Ranger e especialista da Air Force Tactical Air Control Party (TACP), Goggins também bateu recordes em ultramaratonas e eventos de resistência.

Neste livro, ele compartilha sua surpreendente história de vida e revela que a maioria das pessoas utiliza apenas uma parte da própria capacidade física e mental.

De acordo com sua Regra dos 40%, quando pensamos que já atingimos nosso limite, ainda dispomos de uma grande reserva desconhecida de energia – e, para acessá-la, só precisamos vencer a batalha dentro da nossa própria mente.

Seu relato inspirador ilumina o caminho que você também pode trilhar para superar a dor, demolir o medo e alcançar níveis inéditos de desempenho e excelência no esporte e na vida.

CONHEÇA OUTRO LIVRO DA EDITORA SEXTANTE

Dopamina: A molécula do desejo
Daniel Z. Lieberman e Michael E. Long

A dopamina é o neurotransmissor que garantiu a sobrevivência dos nossos antepassados e que, ainda hoje, continua determinando a maioria dos nossos comportamentos. Graças a ela fomos à Lua, encontramos a cura de várias doenças e nos esforçamos para transformar o mundo em um lugar melhor.

Mas ela também nos torna suscetíveis a arriscar nosso casamento por uma aventura passageira e é capaz de explicar por que o dependente químico está disposto a fazer qualquer coisa pela próxima dose.

A dopamina é a causa de todos os nossos impulsos, o que nos faz querer sempre mais. Sem ela, não estaríamos aqui. Ao mesmo tempo, sua avidez insaciável pode ser uma verdadeira tortura que nos impede de aproveitar o aqui e agora.

Com uma abordagem inovadora, este livro revela como essa substância química influencia nossas atitudes em todos os âmbitos da vida – no amor, na carreira, nos hábitos, na religião, na política – e explica o que podemos fazer para encontrar o equilíbrio delicado entre o desejo e a satisfação.

CONHEÇA ALGUNS DESTAQUES DE NOSSO CATÁLOGO

- Augusto Cury: Você é insubstituível (2,8 milhões de livros vendidos), Nunca desista de seus sonhos (2,7 milhões de livros vendidos) e O médico da emoção
- Dale Carnegie: Como fazer amigos e influenciar pessoas (16 milhões de livros vendidos) e Como evitar preocupações e começar a viver
- Brené Brown: A coragem de ser imperfeito – Como aceitar a própria vulnerabilidade e vencer a vergonha (900 mil livros vendidos)
- T. Harv Eker: Os segredos da mente milionária (3 milhões de livros vendidos)
- Gustavo Cerbasi: Casais inteligentes enriquecem juntos (1,2 milhão de livros vendidos) e Como organizar sua vida financeira
- Greg McKeown: Essencialismo – A disciplinada busca por menos (700 mil livros vendidos) e Sem esforço – Torne mais fácil o que é mais importante
- Haemin Sunim: As coisas que você só vê quando desacelera (700 mil livros vendidos) e Amor pelas coisas imperfeitas
- Ana Claudia Quintana Arantes: A morte é um dia que vale a pena viver (650 mil livros vendidos) e Pra vida toda valer a pena viver
- Ichiro Kishimi e Fumitake Koga: A coragem de não agradar – Como se libertar da opinião dos outros (350 mil livros vendidos)
- Simon Sinek: Comece pelo porquê (350 mil livros vendidos) e O jogo infinito
- Robert B. Cialdini: As armas da persuasão (500 mil livros vendidos)
- Eckhart Tolle: O poder do agora (1,2 milhão de livros vendidos)
- Edith Eva Eger: A bailarina de Auschwitz (600 mil livros vendidos)
- Cristina Núñez Pereira e Rafael R. Valcárcel: Emocionário – Um guia lúdico para lidar com as emoções (800 mil livros vendidos)
- Nizan Guanaes e Arthur Guerra: Você aguenta ser feliz? – Como cuidar da saúde mental e física para ter qualidade de vida
- Suhas Kshirsagar: Mude seus horários, mude sua vida – Como usar o relógio biológico para perder peso, reduzir o estresse e ter mais saúde e energia

sextante.com.br